871A - B3R - 75
$$\frac{}{19}$$

ÉCRITS POLÉMIQUES
1. LA POLITIQUE
de Pierre Bourgault
est le cent vingt-deuxième ouvrage
publié chez
VLB ÉDITEUR.

À PARAÎTRE
CHEZ LE MÊME ÉDITEUR

ÉCRITS POLÉMIQUES
2. LE CULTUREL

Pierre Bourgault
Ecrits polémiques
1960-1981
1. La politique

vlb éditeur

VLB ÉDITEUR
2016 est, rue Sherbrooke
Montréal
H2K 1B9
Tél. 524.2019

Maquette de la couverture:
Mario Leclerc

Photos:
Denis Plain

Traduction des textes de *The Gazette*:
Patricia Godbout

Photocomposition:
Atelier LHR

Distribution en librairies et
dans les tabagies:
AGENCE DE DISTRIBUTION POPULAIRE
955, rue Amherst
Montréal
H2L 3K4
Tél.: à Montréal — 523.1182
       à l'extérieur — 1.800.361.4806
                       1.800.361.6894

L'auteur et l'éditeur tiennent à remercier Céline Ménard (qui a fait la recherche des textes publiés dans cet ouvrage) et Michel Danis, de la Bibliothèque nationale du Québec, qui s'est chargé de leur reproduction.

Préface

J'ai écrit, pendant les dernières vingt-cinq années, plusieurs centaines de textes. C'est ce que j'ai découvert en fouillant dans l'amoncellement de papier dans lequel j'ai dû choisir ceux que nous publions aujourd'hui.

C'était une première surprise. En effet, je croyais avoir beaucoup parlé et peu écrit. Mais voilà, j'ai dû reconnaître que j'avais écrit à peu près tout ce que j'avais dit.

Deuxième surprise: deux évolutions de taille. En 1960, je parlais encore des Canadiens français sans les distinguer des Québécois. Quelques années plus tard, la notion de nation québécoise ayant fait son chemin, les Québécois devenaient autre chose que les habitants de la ville de Québec.

Je me suis aperçu aussi — et vous le constaterez vous-même — que je ne parlais et n'écrivais qu'au masculin, comme à peu près tout le monde. Il faudra attendre les années soixante-dix pour voir apparaître les femmes dans notre langage et pour dénoncer la règle qui voulait que le masculin l'emportât sur le féminin.

Ces deux constatations en disent plus long sur l'évolution du Québec dans les vingt dernières années que les événements spectaculaires qui les ont ponctuées. Ils évoquent les mouvements profonds et irréversibles qui sont l'apanage de l'histoire.

Troisième surprise. Je me suis aperçu que je me querellais avec René Lévesque depuis bien plus longtemps que je ne l'imaginais. Et j'ai également constaté qu'il s'agissait moins d'un conflit de personnalité, comme on a voulu le croire, que d'un différend profond sur l'idée même de l'indépendance et sur la façon de la conquérir.

Quatrième surprise. Ce n'en fut pas vraiment une puisque je m'en doutais. Je n'ai pas, en vingt ans, changé d'idée et je dis aujourd'hui ce que je disais déjà au début des années soixante. Le discours, à quelques détails près, est resté exactement le même. Fidélité à soi-même ou radotage? Je vous laisse le choix des armes...

Il a fallu faire un choix parmi tous ces textes. Je me suis arrêté moins à la qualité de chacun qu'à leur signification. Il y en avait d'excellents qui ne veulent plus rien dire et il y en avait de forts mauvais qui ont gardé tout leur sens. Il y en avait aussi quelques-uns qui avaient toutes les qualités et je le dis sans modestie aucune.

Je n'ai pas tenté de masquer la vérité. Vous lirez donc des textes qui me font paraître d'une naïveté incroyable et vous en lirez d'autres que vous trouverez pour le moins excessifs. Mais je n'en renie aucun. Ils sont de moi. Ils sont moi.

Textes polémiques, donc nécessairement ponctuels. Il faut donc les appréhender dans leur ordre chronologique, sans quoi on risque de n'y rien comprendre.

J'ai voulu aussi émailler le livre d'un certain nombre d'écrits parus en 1973 dans *Le Petit Journal*. Ils sont moins polémiques que les autres mais je crois qu'ils jettent un certain éclairage sur certains événements et sur la façon que j'avais de les voir.

Tous ces textes, comme vous le constaterez, viennent de partout. Certains furent même traduits de l'anglais au français pour les besoins de ce livre. Ils sont éparpillés, à l'exemple même de la vie que j'ai vécue pendant vingt ans.

Et le dernier de tous ces textes termine brutalement ce qui avait commencé comme une grande histoire d'amour.

Ce «moi, je n'ai plus rien à dire» n'est pas vain. Ce n'est pas une coquetterie de rhétorique. C'est vrai. Du moins pour l'instant. J'entends par là que je n'ai plus rien à dire comme militant. Tout simplement parce que je ne le suis plus. Tout simplement parce que je ne veux plus l'être.

J'ai pris mes distances et je tiens à les garder.

Je ne m'empêcherai pas de regarder de près ce qui se passe chez nous tous les jours et je ne m'abstiendrai pas de commenter les faits et gestes de notre beau monde et de réfléchir sur notre joyeuse ou triste condition, mais je continuerai de me taire quand il s'agira d'annoncer l'avenir ou de le souhaiter à mon image et à ma resssemblance.

J'ai tourné la page sur une certaine partie de ma vie et je n'y reviendrai pas.

Ce qui est dit est dit. Ce qui est fait est fait. Pour le meilleur et pour le pire. Rideau.

PIERRE BOURGAULT

Indépendantiste par hasard et par... nécessité

Vingt-neuf avril 1970. Le Parti québécois obtient 24% du vote populaire. C'est quand même quelque chose. Le mouvement pour l'indépendance du Québec n'a pas dix ans: il a donc connu une progression extraordinairement rapide. Bien sûr, nous sommes impatients; bien sûr, nous attendons cet événement depuis 200 ans; bien sûr, nous avons trop souvent l'impression de piétiner.

Mais lorsque nous nous arrêtons un instant pour regarder en arrière, nous nous apercevons que ce qui n'était au départ qu'une vague aspiration, confuse mais trop simple, joyeuse mais peu réaliste, est devenue aujourd'hui l'espoir partagé de centaines de milliers de Québécois qui s'y adonnent comme à la vie même.

Fin septembre 1960. J'habite rue Maplewood — maintenant Édouard-Montpetit — dans le quartier Côte-des-Neiges. Je vais manger au restaurant puis, en revenant chez moi, je rencontre dans la rue un ami, Claude Préfontaine. Nous ne nous sommes pas vus depuis un certain temps. Je viens de passer six mois à Londres et à Paris. (Je suis parti sur un coup de tête. Parce que j'en avais assez, parce que j'étais écœuré. Pour changer d'air.)

Nous nous retrouvons avec joie. Je ne sais pas encore que c'est le coup de hasard qui va changer ma vie. Plus tard, quand ça ira mal ou que je serai déprimé, je dirai à Claude, en riant: «Tout cela, c'est de ta faute.»

Nous causons quelques instants puis il m'annonce qu'il s'en va à une réunion du R.I.N. Quoi? Qu'est-ce que c'est le R.I.N.?

Il me répond que le R.I.N., c'est le Rassemblement pour l'indépendance nationale; que c'est un mouvement d'éducation populaire fondé à Morin Heights, il y a trois semaines. Qu'il groupe une trentaine de personnes qui se réunissent pour la première fois ce soir. Que je devrais peut-être venir assister à cette réunion; que...

L'indépendance du Québec? Mais qu'est-ce que c'est? Je n'ai jamais entendu parler de cette idée saugrenue. L'indépendance du Canada, passe encore, mais l'indépendance du Québec?

Nous nous amenons donc chez André D'Allemagne, que je n'ai jamais rencontré et qui habite également rue Maplewood.

Il y a là une vingtaine de personnes occupées à causer dans le petit salon de celui qui allait devenir le premier président du R.I.N. Des têtes inconnues: Chaput, Décarie, Smith.

Ils viennent de Hull ou de Montréal.

Présentations d'usage. Je me tais et j'écoute. D'Allemagne parle longuement: de l'indépendance, des objectifs du R.I.N., des premières tâches à distribuer. Quelques-uns interviennent. Décidément, il s'agit là beaucoup plus d'une réunion d'amis que d'une assemblée politique. Je ne comprends pas grand-chose à toute l'affaire mais je trouve l'atmosphère plutôt sympathique.

Je deviens membre sur-le-champ. Pourquoi pas? Après tout, ça ne m'engage à rien. Tout simplement un nouveau groupe d'amis intéressants. De toute façon, moi, la politique, ça ne m'intéresse pas. Mais j'aime bien discuter et j'ai un faible pour l'intelligence; comme il me semble y en avoir une bonne dose dans ce groupe-là, je trouverai sans doute quelque plaisir à m'y intégrer.

Claude Préfontaine est en train de se construire un chalet au Lac Ouareau, dans les Laurentides. Nous y passons la fin de semaine, lui, Décarie et moi. Nous discutons passionnément de ce mouvement dont j'ignorais l'existence la veille même. Ma foi, je suis en train de me faire embarquer pour de bon. Mais tout cela est souriant, détendu, pas mal coupé de la réalité, emballant, farfelu, ben l'fun, plus sérieux aussi que je l'aurais cru au premier abord.

Et j'avais vingt-six ans.

Depuis sept ou huit ans, je m'étais trimbalé d'un bord à l'autre sans trop savoir où je m'en allais, inquiet, agressif, insatisfait, cherchant désespérément à me faire un trou quelque part. Rien. Je ne trouvais rien qui me satisfasse. De job en job. De pays en pays. D'amis en amis, vite rencontrés et plus rapidement encore abandonnés.

Mais, tout à coup, cette étincelle au fond de l'âme, quelque chose, une sorte de joie, de paix, une sorte de vie au fond des entrailles, quelque chose de nouveau, d'inconnu...

Oui, je le sentais maintenant. Le hasard avait bien fait les choses. Cela ressemblait presque au bonheur.

J'étais embarqué.

Le R.I.N. ne comptait pas cent membres à l'époque. Mais il en venait quelques nouveaux chaque semaine.

La discussion remplissait la plus grande partie de notre temps. Nous ne connaissions pas grand-chose et nous nous instruisions les uns les autres. Chaput et D'Allemagne avaient déjà milité dans l'Alliance laurentienne avec Raymond Barbeau. Ils avaient donc eu l'occasion de creuser le sujet un peu plus. S'ils avaient décidé de former le R.I.N., c'est qu'ils sentaient la nécessité d'un nouveau nationalisme, dégagé de toutes ses anciennes et fâcheuses connotations. Un nationalisme ouvert qui, dès le départ, ne faisait de l'indépendance qu'un instrument pour aller plus loin.

Tout cela était encore embryonnaire, mal défini, désincarné. Mais cela existait. Pour nous, à cette époque, alors même que nous sortions de la noirceur duplessiste et de la masturbation néo-libérale de *Cité libre*, ce n'était pas un mince tour de force de simplement exister.

Nous formions déjà un mouvement indépendant dans une société encore habituée à l'unanimité paresseuse, confortable, déprimante et stérilisante.

Nous discutions mais nous agissions également, à tâtons, en cherchant ce qu'il valait mieux faire, quand, comment. Nous écrivions déjà beaucoup et nous imprimions un petit journal polycopié sur une vieille machine qui crachait l'encre de partout. Nous l'adressions à la main avant de l'expédier à nos quelques dizaines de membres.

Dès les débuts, nous commençâmes à tenir des assemblées de cuisine. Je me souviens encore de la première. C'était un samedi soir. Il y avait là, réunies dans un petit appartement, onze personnes venues nous rencontrer, D'Allemagne et moi. Nous répondîmes à leurs questions pendant quatre ou cinq heures. Nous étions encore ignorants mais nous constatons que d'autres l'étaient encore plus que nous. Nous avions l'impression qu'ils ne comprenaient rien et que nous n'arriverions jamais à les convaincre. Même la dialectique étonnante de D'Allemagne semblait impuissante à percer ce mur d'habitudes et de servilité consentie. Nous sortîmes de cette réunion anéantis, complètement découragés.

Nous eûmes alors le sentiment très net d'une longue, d'une très longue bataille à livrer. Je crois bien que nous nous donnâmes alors quarante ans pour réussir.

Mais nous nous étions abusés nous-mêmes. Sur les onze personnes présentes, neuf étaient devenues membres du R.I.N. le lundi suivant. Notre découragement, exagéré dans son intensité, se changea dès lors en une joie et en un espoir également exagérés. Nous n'avions pas encore appris ce qu'était l'équilibre dans l'action. Nous n'avions pas forgé cette carapace si nécessaire à tous les hommes publics. Nous ne savions pas encore évaluer les réactions, les applaudissements qui n'engagent à rien, l'enthousiasme artificiel, le silence qui précède l'action, les colères sans conséquences ou les eaux dormantes qui soudain déferlent au moment le plus inattendu. Nous n'avions pas appris encore à distinguer l'attitude du sentiment profond, le masque de la vérité.

Mais nous existions.

Combien de fois avons-nous eu l'impression d'avoir déjà tout gagné quand nous retrouvions à la page cinquante-deux de la Presse, dans le bas, à droite, après les annonces de décès, cinq lignes qui nous étaient consacrées?

Combien de fois nous sommes-nous endormis, l'enthousiasme au cœur, après avoir constaté que sept nouveaux membres s'étaient inscrits au R.I.N. dans la semaine précédente? Combien de fois, dans notre enthousiasme, avons-nous ignoré ou oublié qu'il en restait six millions à convaincre?

Qu'importe! Nous étions fous et vivants. Vivants. Comme ressuscités.

C'est sans doute dans un de ces instants de naïf enthousiasme que nous décidâmes de frapper le grand coup: notre première assemblée publique. Le R.I.N. existait déjà depuis six mois; il fallait maintenant le porter officiellement sur la place publique. Malgré les hésitations de certains qui croyaient que nous allions nous casser la gueule, nous décidâmes, en février 1961, de tenir une grande assemblée publique le 4 avril suivant, soit deux mois plus tard, à Montréal, au Gesù, la salle du collège Sainte-Marie. Il fallait essayer. Il fallait courir ce risque si nous voulions que le mouvement «décolle».

Nous n'avions pas trop de deux mois pour nous préparer. Nous louâmes la salle. Nous fîmes un chèque de cent dollars qui nous revint bientôt: insuffisance de fonds. De peine et de misère nous réussîmes à trouver l'argent de la location. Il nous fallait des orateurs: il n'y avait aucune raison particulière à ce que Chaput et moi-même fussions choisis, mais c'est ce qui arriva pourtant.

Il fallait faire de la publicité, des affiches, des tracts; il fallait envoyer des lettres, organiser la salle et quoi encore. Tous ces petits travaux qui ont l'air si simples lorsque la machine est bien rodée mais qui prennent vite une allure démente quand on les fait pour la première fois.

Il fallait aussi préparer les discours.

Je mis plus de quarante heures à écrire le mien. C'était un beau discours, bien écrit, bien propre, dont le style rappelait plus Bossuet que Réal Caouette. Un mauvais discours, quoi.

Mais tout était excusable. C'était le premier. De toute façon, nous étions déterminés, quoiqu'il arrive, à trouver cela beau et bon. L'ardeur des néophytes pourrait sans doute suppléer à la faiblesse de la rhétorique.

Vint enfin le 4 avril. Nous étions joyeux, nerveux et tendus, inquiets. Ce soir-là, nous avions à affronter une puissante concurrence. Par un malencontreux hasard, c'était ce soir que se décidait, au Forum, l'issue de la finale entre les Canadiens et Chicago. Nous fîmes donc des paris: il viendra quarante personnes, douze, cent cinquante.

L'assemblée était convoquée pour huit heures trente.

Quelle ne fut pas notre surprise lorsque nous entrâmes dans la salle: il y avait plus de cinq cents personnes qui, faisant fi du hockey ou de tout autre affaire importante, étaient là, assises, prêtes à entendre «la bonne parole».

Malgré nos inquiétudes, nos discours passèrent bien la rampe. L'auditoire était attentif et enthousiaste. À la fin de l'assemblée, un grand nombre de personnes s'inscrivirent au mouvement. Nous venions de doubler nos effectifs d'un seul coup. Désormais c'était parti, nous en étions sûrs. Nous avions gagné notre pari. Nous avions défoncé notre premier mur. Nous étions gonflés à bloc. Désormais, tout devenait possible.

Le lendemain, nous fûmes ravis de voir qu'on nous accordait dans les journaux une importance que nous n'avions jamais connue auparavant. *La Presse* surtout, en première page de cahier.

C'était vraiment du gâteau. Nous n'en attendions pas tant. Même les journaux anglais parlaient de nous. Incroyable! Nous étions encore à l'époque où, naïfs et stupides, nous trouvions plus de joie à nous voir applaudir par nos adversaires que par nos alliés. Mais qu'importe! Le mouvement quittait enfin le sol pour prendre son envol. Il n'y avait plus de recul possible.

Désormais, nous devrions êtres responsables devant des milliers de gens de nos paroles et de nos gestes. Désormais, c'était sérieux. Désormais, nous n'étions plus seuls.

Nous avions tout à coup acquis des responsabilités insoupçonnées jusqu'alors. Nous allions devoir apprendre à vivre avec les autres, pour les autres. On nous demanderait des comptes. On aurait envers nous des exigences. On nous critiquerait. On exigerait des choses impossibles. On nous dénoncerait. Mais on retrouverait en même temps cet espoir endormi depuis si longtemps au fond des consciences et au fond des cœurs.

Désormais, notre vie allait être changée pour de bon. Ma vie ne serait plus jamais la même. Mais n'est-ce pas ce que j'avais souhaité depuis longtemps? N'était-ce pas là ce que je cherchais? N'avais-je pas enfin trouvé quoi faire de ma peau et de ma matière grise, de ma gueule et de mes bras, de mon intelligence et de ma sensibilité? N'avais-je pas enfin trouvé la vie?

Oui. Très certainement. J'étais enfin embarqué, pour le meilleur et pour le pire. Par hasard. Mais aussi par nécessité. Comme on vient au monde par hasard, mais aussi par nécessité. Comme dans la vie, parce que c'est aussi ça la vie.

Le 4 avril 1961, je terminai mon discours par cette phrase: «Finis les monuments aux morts! Désormais, nous élèverons des monuments aux vivants. Ils seront faits de notre indépendance et de notre liberté.»

C'était un vœu. Aujourd'hui, le monument prend forme, il est presque achevé. Demain, nous serons ressuscités.

Le Petit Journal,
semaine du 11 au 17 mars 1973

Séparatisme et décolonisation

Y aurait-il de l'illogisme à favoriser la décolonisation chez les peuples sous-développés, et à refuser le séparatisme québécois au Canada? Je ne le crois pas. Et pour plusieurs motifs. Il faudrait d'ailleurs établir des distinctions entre plusieurs des pays sous développés qui viennent de conquérir leur indépendance. Certains, comme l'Inde, possèdent une grande civilisation; ils possèdent un personnel politique et technique formé depuis des années. D'autres, à l'opposé, sont minuscules, peu préparés, et l'on se demande s'ils pourront vivre.

Ce qui, néanmoins, les a fait entrer dans le grand courant de la décolonisation, c'est le sentiment, devenu irrespirable pour plusieurs, d'être dominés et exploités par des êtres qui leur sont totalement étrangers. La différence entre le maître européen et l'Africain ou l'Asiatique saute aux yeux, et en même temps elle est profonde: qu'il s'agisse de la couleur de la peau, de niveau de vie, de la civilisation passée, de la religion. Ces hommes se sont sentis méprisés comme nous ne l'avons jamais été. Ils sont pauvres comme nous ne l'avons jamais été. À partir du moment où ces faits sont consciemment sentis et qu'un espoir de libération approche, tout cela devient intolérable.

Je ne crois pas que notre situation soit la même. Je ne crois pas, non plus, que la situation soit spontanément ressentie chez nous comme étant analogue; voilà sans doute pourquoi le séparatisme se développe dans des milieux restreints, et ne réussit jamais à les déborder.

Même au plus fort des revendications, même quand nous subissons une injustice qui fait mal, nous gardons l'impression que ces difficultés, si graves soit-elles, pourraient être résolues à l'intérieur du cadre politique actuel.

On nous répondra que c'est le fait d'un peuple longtemps brimé, dont les réflexes manquent de vigueur, qui a peur de s'affirmer jusqu'au bout. Il est vrai que nous sommes très conscients des difficultés que ferait naître le séparatisme. Pas plus que les États-Unis n'ont permis au Sud de faire sécession, pas plus le Canada ne se laisserait volontiers casser en deux. On ne nous a jamais montré encore de quelle façon le Québec pourrait pacifiquement conquérir son indépendance.

Ceci nous ramène aux peuples qui se sont récemment libérés. Leur conquête tient à bien des facteurs, mais notamment à une volonté formelle de ne pas collaborer avec la métropole: qu'il s'agisse de satyagraha ou de terrorisme, ces peuples ont fait la guerre à leurs maîtres. Qu'avaient-ils à perdre dans l'aventure? Leur misère même les rendait libres.

Ici, je ne crois pas que les Canadiens français consentiraient à prendre les mêmes risques: ils sentent trop qu'ils ont un acquis, cela rend conservateur et pacifique. N'oublions pas, encore une fois, que le terrorisme a été, dans la plupart des pays libérés, l'un des outils de la libération. La métropole cessait de lutter parce qu'elle sentait contre elle une volonté insaisissable des ennemis toujours capables de rentrer dans le peuple et de s'y cacher, quitte à en sortir pour frapper de nouveau. Peut-on imaginer ici l'équivalent de cela? Moi, je n'y arrive pas. Et je trouve que c'est heureux.

Il est vrai que nous avons eu ici, et que nous avons encore dans une certaine mesure, des esprits qui se passionnent pour le destin des peuples étrangers, mais qui n'ont que mépris ou indifférence pour le nôtre. Qui applaudissent à tous les nationalismes asiatiques ou africains, et lèvent le nez devant le nôtre. Qui auraient peut-être donné leur peau pour aider à libérer le Maroc, mais qui ne consentiraient pas le moindre sacrifice pour appuyer des revendications canadiennes-françaises. Cette attitude d'immigré moral nous semble inacceptable. Ce snobisme est, humainement, une assez pauvre chose. Contre ce sentiment, la critique relevée plus haut porte à fond.

Où elle manque son but, c'est quand elle nous identifie aux Indochinois ou aux Indiens, quand elle nous somme d'être «logiques» — c'est-à-dire, très souvent, quand elle nous invite à plonger dans l'irréalité. Car la poursuite de l'impossible, qui exalte en ce moment une partie de la jeunesse, risque d'être suivie par d'amères désillusions. Le séparatisme québécois porte témoignage contre les injustices que nous avons subies — celles du sort, celles de nos associés. En ce sens, il est utile: il fera peut-être réfléchir. Ce qui m'inquiète, c'est plutôt l'attitude intérieure du séparatiste, et les déceptions qu'il se prépare.

André Laurendeau

Le Devoir,
le 20 février 1961

Message
d'un homme libre
à une génération
qui ne l'est plus

Monsieur Laurendeau,

Dans vos «Blocs-Notes» du lundi, 20 février, vous nous faites part, sans les préciser, des déceptions qui attendent les séparatistes. Vous ne nous dites pas de quelle nature elles seront, ni les conséquences qui en découleront; vous le savez pourtant. Vous êtes d'une génération qui ne bâtit plus rien que sur ses désillusions. Vous dirai-je que nous en avons de la peine? Nous avons la même peine que celle qui vous accabla peut-être lorsque vous aviez notre âge, lorsque vous vous aperçûtes que vous étiez seul, que tout était à recommencer et que vos aînés avaient perdu la foi avant même de vous l'avoir transmise.

Nous vous savons gré de ne pas être amer. Mais pourquoi faut-il que vous nous laissiez seuls à notre tour? Pourquoi faut-il, que, de génération en génération, ne puisse se transmettre que la somme des défections? Les séparatistes, pas plus que les autres citoyens, ne se préparent, comme vous dites, d'amères désillusions: vous leur avez finement mâché les vôtres, et maintenant vous essayez de les en nourrir. La plus grande déception qu'ils pourront jamais avoir de leur vie, c'est de vous voir si petit, après avoir entendu dire, dans leur enfance, que vous étiez grand.

Leur déception est de voir que les idées de leur jeunesse ne puissent rejoindre l'idéal de la vôtre. Vous avez laissé tomber quelque chose en chemin. Nous avons l'impression que vous reniez votre jeunesse, comme s'il s'agissait d'un mauvais souvenir. Nous avons l'impression que vous voulez étouffer la nôtre; serait-elle un miroir trop vivant de ce que représenta un jour pour vous la dignité?

Aujourd'hui, vous avertissez les indépendantistes que, si leur idée est défendable à plusieurs points de vue, elle est impossible à cause des circonstances et du milieu où elle se développe. Je veux bien me mettre d'accord avec vous jusqu'à un certain point. Lorsque vous affirmez que notre peuple est très conscient des difficultés que ferait naître le séparatisme, vous avez raison. Les séparatistes sont aussi conscients de ces problèmes. Mais nous refusons d'admettre que ces problèmes puissent être des obstacles insurmontables.

Bien sûr, vous nous accusez d'irréalisme. Permettez-moi de vous retourner la balle. Vous déclarez: «Même au plus fort des revendications, même quand nous subissons une injustice qui fait mal, nous gardons l'impression que ces difficultés, si graves soient-elles, pourraient être résolues à l'intérieur du cadre politique actuel.» Qu'une personne peu au courant des choses politiques et peu sensible aux réalités extérieures qui nous entourent fasse une telle déclaration, je le comprendrais.

Mais comment vous, qui jouez avec ces problèmes depuis tant d'années, vous que je crois sensible, vous qui avez cru à quelque chose, comment osez-vous parler de façon si peu empirique?

La Confédération a presque cent ans. Elle ne nous permet même pas de nous battre à ciel ouvert, sans qu'on nous jette à la face le nom de «fanatiques». Et encore nous faut-il nous battre!

L'indépendance en soi n'est pas notre but. Ce qui peut en découler est l'unique objet de nos espoirs. Ce que nous voulons, c'est donner le calme à l'esprit canadien-français. Nous voulons que cet esprit ne soit plus distrait par d'inutiles batailles, et qu'ayant retrouvé sa dignité, il puisse commencer à travailler sur lui-même au lieu de défendre les portes du musée où on l'enferme.

Je vous accuse d'irréalisme, M. Laurendeau, lorsque vous prétendez que nous pouvons nous épanouir à l'intérieur du cadre politique actuel. Ce que vous demandez à notre peuple, c'est de vivre en héros, et cela pendant toutes les années que dure la vie de chacun. Ce que vous demandez à notre peuple, c'est de se tenir au paroxysme de l'action vingt-quatre heures par jour et 365 jours par année. Depuis cent ans, c'est ce que nous avons essayé de faire. Cela n'a pas réussi. Par le principe même de l'action, celle-ci doit être forte, bien dirigée, et de courte durée. C'est ce qu'elle fut depuis un siècle. Nous avons assisté plusieurs fois à ces prises de conscience nationales fortes, plus ou moins bien dirigées et de courte durée. Que nous ont-elles apporté? Quelques petits morceaux tombés de la table du riche. Rien de plus. Pour être efficace à l'intérieur de la Confédération, cette action devrait être soutenue, et ne jamais s'arrêter; or il est essentiel de comprendre que cela même est contraire à la nature des choses. Les héros ne font que des actions héroïques. Ils savent se réserver pour ces moments. Il serait futile et peu sage de leur demander que toute leur vie soit un acte d'héroïsme.

Je vous accuse d'irréalisme lorsque vous croyez que nos difficultés peuvent être résolues à l'intérieur du cadre politique actuel : croyez-vous qu'il soit réaliste de demander à toute personne de Winnipeg, de Vancouver, ou de Victoria d'être bilingue et de pouvoir s'exprimer en un français qui soit, au moins, aussi malheureux que le nôtre? Je suis sûr que vous n'y songez pas un instant. Et pourtant s'il doit y avoir fédéralisme, s'il doit y avoir centralisation de pouvoirs, cela est absolument indispensable. Comment pourrions-nous accepter plus longuement que, constitutionnellement, la seule province bilingue soit le Québec? L'Acte de l'Amérique du nord britannique est ainsi fait pourtant (cf. article 133).

Je vous accuse d'irréalisme lorsque vous croyez que nous pouvons sauver la langue française au Québec sans établir l'unilinguisme comme cela existe dans les autres provinces. La Constitution ne le permet pas.

Croyez-vous sincèrement que notre peuple pourra jamais posséder une envergure commerciale certaine lorsque nous savons que les programmes importants dans ce domaine peuvent être acceptés ou rejetés par le gouvernement fédéral. Vous n'êtes pas sans savoir que toutes les transactions commerciales au niveau des provinces peuvent être désavouées par Ottawa?

Et c'est à nous que vous dites que nous poursuivons l'impossible avec les amères désillusions qui suivront?

Pourquoi parler des peuples récemment libérés en disant que ces hommes se sont sentis méprisés comme nous ne l'avons jamais été? Vous et ceux qui pensent dans ce sens auraient-ils la peau moins sensible que la nôtre? Ne vous a-t-on jamais dit: «Speak white». À moi, si: et plusieurs fois. Si vous avez voyagé en France, ne vous est-il pas arrivé qu'on vous dise: «Comment se fait-il que vous parliez français? Vous êtes pourtant canadien, n'est-ce pas?» Hypersensibilisation? Non. Lucidité exaspérée par la réflexion. Il faut prendre garde. Si nous n'avons même pas conscience aujourd'hui d'être méprisés par tout et par tous ceux qui nous entourent, nous le serons nous-mêmes par nos propres enfants, comme cela se pratique chez nous depuis trois cents ans. Pas une génération, depuis trois siècles, n'a vécu, collectivement, avec assez de dignité pour se mériter l'admiration et l'estime de la génération suivante. Nous avons eu quelques héros; nous avons manqué d'humanistes.

Nous ne sommes pas masochistes. Nous ne souffrons pas non plus d'un complexe de persécution, mais nous sommes devenus nerveux. Au risque d'allonger indûment cette réponse, j'ajoute encore ceci: vous nous parlez dans votre article de tous ces pays qui ont acquis leur indépendance par le terrorisme. Vous semblez croire que cela soit la seule manière, et vous attendez qu'on vous montre de quelle façon le Québec pourrait pacifiquement conquérir son indépendance.

Nous sommes démocrates, et nous voulons croire à cette vertu politique dont parle Montesquieu, et qui, pour lui, fait le ressort des démocraties. Nous voulons bien attendre que la majorité du peuple du Québec soit en faveur de son indépendance, de sa dignité. Nous travaillons actuellement à l'instruire dans ce sens et vous seriez surpris de constater le nombre impressionnant de gens qui sont avec nous de cœur, c'est-à-dire au fond d'eux-mêmes, sans pour cela sentir le besoin de s'engager aussi loin que nous le faisons. Nous croyons, et nous constatons, que cette majorité existe déjà, silencieuse. Notre but est de lui donner le moyen de s'exprimer, de lui fournir les arguments dont elle a besoin pour étayer par l'intelligence ce qu'elle sent par le cœur et la peau.

Et le jour où cette majorité se prononcera ouvertement, qu'arrivera-t-il? Est-il possible de faire une révolution pacifique?

Sans armes? Sans agressivité, sans ruines? Nous le croyons fermement. Ce serait peut-être la première application de la vraie démocratie dans le monde: celle qui vit de la vertu des peuples, non pas seulement de ceux qui se libèrent mais aussi de ceux qui leur permettent de se libérer. Cela est possible. René Lévesque, dans un article publié dans *La Revue Moderne*, en avril 1960, en conçoit très bien la réalisation. Je vous cite le passage qui en traite:

«L'objection-massue que j'ai souventes fois entendue (contre l'indépendance du Québec) sans jamais en croire tout à fait mes oreilles:

— Mais enfin, à quoi bon puisque «les Anglais» ne voudraient pas?

— Et avec quoi donc qu'ils nous empêcheraient? d'insister le méchant garnement.

— Mais il y a l'armée... la police montée...»

Aie! Et le général Pearker sans doute, flanqué des stratèges de '39-45! Vous voyez ça d'ici, les gars du «22», transfuges et sécessionnistes, se faisant décimer «quelque part» entre Montréal et Ottawa par les valeureux effectifs loyalement fédéralistes des Royal Canadian Guards!

Objection qui nous reporte aux plus beaux jours du «vieux brûlot» Colborne quand nous vivons une période de l'histoire où les tout-puissants États-Unis ne peuvent même pas oser, à la face du monde, débarquer cet insupportable Fidel Castro qu'une simple chiquenaude du trust sucrier américain enverrait en un clin d'œil retrouver ses ancêtres!

C'est drôle, cet illogisme parfaitement inconscient avec lequel nos meilleurs esprits nous démontrent par A plus B que la politique des canonnières n'est plus praticable à Suez, ni à Quémoy, ni à Chypre, ni dans les Caraïbes, ni nulle part... si ce n'est, tremblons en chœur! sur les eaux tragiquement exceptionnelles de notre beau Saint-Laurent!

Nos concitoyens de l'autre langue ont une peine bien moins grande, et ça se comprend, à se défaire de ces survivances d'un autre âge et à regarder en face la réalité d'aujourd'hui :

« En vérité, écrivait il y a quelques mois le *Chronicle Telegraph* de Québec, si la majorité dans cette province devait un jour se rallier au séparatisme, il nous faudrait alors admettre qu'il leur est permis de le réaliser. Nous défendons partout dans le monde le droit qu'ont les autres peuples à disposer d'eux-mêmes. Nous ne pouvons pas en même temps refuser ce droit aux gens de chez nous. »

Je ne vous ai répondu, monsieur Laurendeau, que pour vous dire que les déceptions dont vous nous parlez ne sont en fait que celles que vous nous faites. Nous demandons à votre génération de réengager le dialogue avec nous, de nous faire part de vos expériences passées, que nous n'avons pas à refaire tout le travail que vous aviez déjà accompli, et qui nous prend un temps précieux.

Nous vous demandons d'agir comme des aînés, et non pas comme des vieillards. Nous sommes prêts à vous écouter, mais à une condition : c'est que vous relisiez vos écrits de jeunesse, que vous retrouviez un peu du cœur qui les animait. S'il vous en manque, nous vous offrons le nôtre. Vous pouvez nourrir nos sentiments, nous pouvons animer votre intelligence. Cela se fait. Cela doit se faire, car nous n'avons nullement l'intention de passer à la génération qui nous suit ce qui est en train de faire mourir la vôtre. Nous construisons un héritage à nos enfants, nous n'avons pas l'intention de le dilapider. Nous leur transmettrons tout ce que nous aurons acquis, avec en moins, l'atavisme de vos désillusions.

Pierre Bourgault, Président, section de Montréal,
Rassemblement pour l'indépendance nationale.
Le Devoir,
le 7 mars 1961

Logique et réalisme
en politique

Les séparatistes sont des gens qui écrivent. Ils le font, en général, fort bien. D'ailleurs, la position séparatiste est de celles qui, à partir du nationalisme, se défendent fort bien — sur le papier. C'est une attitude claire, stimulante, et surtout, «logique». Elle est de nature à séduire les jeunes esprits. Il est normal, ou en tout cas fort acceptable, qu'on soit séparatiste à vingt-cinq ans. Cela devient plus inquiétant quand on en a trente-cinq.

M. Pierre Bourgault nous accusait hier de n'avoir plus «la foi». Il veut dire que nous n'avons pas la sienne. Mais de même que je ne saurais lui reprocher d'être jeune, de même a-t-il tort, peut-être, de nous tenir rigueur d'avoir deux fois son âge. Sans doute, il ne l'entend pas dans un sens aussi strictement mathématique: moi non plus, du reste. Je veux dire qu'il serait dommage d'avoir vécu tant d'années sans avoir rien appris.

Notre correspondant affirme que le séparatiste est réaliste, et c'est nous qui ne le serions plus. Or il confond ici réalisme et logique.

À partir de constatations réalistes (sur la position qui nous est faite à l'intérieur du Canada), le séparatiste conclut logiquement à une solution qui n'a rien de réaliste — qui n'est pas viable, pas vivable; qu'on ne saurait pas traduire dans les faits. Ainsi, on ne nous a pas encore montré comment le Québec pourra acquérir son indépendance: car ni la boutade de René Lévesque, ni les allusions (un peu malhonnêtes il me semble, sous de telles plumes) au fair play des Anglo-Canadiens, ni le recours à l'argument de la décolonisation, ne sont des arguments. Que quarante colonies aient obtenu leur indépendance, cela n'établit en rien qu'un pays solidement constitué va se laisser casser en deux sans riposter.

Le Québec n'est pas une île en pleine Atlantique: son départ du Canada signifie la mort du Canada. Je n'arrive pas à comprendre comment un gouvernement canadien pourrait accepter sans réaction violente — ou en tout cas sans réaction vigoureuse — le saccage d'un pays qu'il administre depuis un siècle.

Au surplus, le séparatiste veut résoudre par une révolution politique un problème qui dépasse la politique et qui tient, par ses racines actuelles, à des causes extra-canadiennes. Je ne prétends convertir personne du jour au lendemain: je demande qu'on médite et qu'on pèse les éléments d'une situation.

S'il nous arrive de nous sentir, comme peuple, en péril mortel, cela ne provient pas de ce que nous sommes une minorité au sein du Canada: à un contre deux, nous avons longtemps su nous battre, résister, progresser. Le danger, dans toute son ampleur, c'est la présence à côté de nous des États-Unis: c'est-à-dire d'une culture qui nous environne, qui pèse sur nous, qui s'infiltre, et qui s'incarne dans un peuple nombreux et riche. Alors, nous ne sommes plus un contre deux, mais un contre trente. Cette disproportion resterait, une fois acquise l'indépendance du Québec.

Nous serions protégés par une frontière politique? Mais cette frontière existe déjà, et nous savons qu'elle n'empêche pas grand-chose. La seule protection réside dans notre vie même, dans notre capacité de vivre et de créer.

Or cette partie, il se trouve que les Anglo-Canadiens la jouent comme nous; ils y risquent davantage encore leur existence d'Anglo-Canadiens. Sur ce plan, ils sont des alliés: non par bonté d'âme, non par amour de la culture française, mais parce que la géographie et les institutions politiques nous rendent solidaires. Nous sommes, grâce à leur présence, dix-sept millions — au lieu de six millions — à n'être pas, à ne pas vouloir être des Américains. Ce n'est pas facile; nos résultats collectifs, dans l'ordre culturel et dans l'ordre économique, sont fort maigres. La facilité est du côté de l'américanisation. Mais elle le demeurerait au sein de l'État indépendant du Québec.

Certes, si la masse anglo-canadienne nous aide, en même temps elle nous crée des problèmes. L'État central, dans sa réalité même, au moment où il travaille, où il administre, est dénationalisant: ainsi, au réseau français de Radio-Canada, on fait du français à l'étage de la production, mais on fait de l'anglais à l'étage de l'administration. Et dans la plupart des ministères fédéraux, la situation est encore plus absurde, plus décevante.

C'est contre cela que se lève le séparatisme. En tant que protestation, il a un sens: à un refus, il oppose un refus. Peut-être fera-t-il comprendre à une partie de l'élite anglo-canadienne ce que les faits ont pour nous de scandaleux et d'intolérable. Mais je ne vois pas que cette révolte puisse conduire — sauf par des chemins très détournés — à des résultats positifs et valables.

J'ai parlé de déception que se préparaient les jeunes séparatistes; ceci part évidemment d'une conviction profonde: à savoir qu'ils vont se heurter à un mur. À tort ou à raison, j'ai peur qu'à ce moment, fatigués de chercher l'impossible, et habitués à rêver l'absolu, ils ne se détournent des solutions moins excitantes mais qui demeurent réalisables.

La principale solution consiste, sur le plan politique,

à utiliser à fond les pouvoirs que nous possédons. À regarder l'État provincial du Québec comme l'outil, moins puissant mais réel, d'une politique qui corresponde à nos besoins et à notre pensée. Cela n'a jamais encore été accompli. C'est même une tâche dont s'est systématiquement détournée une partie de l'intelligentsia canadienne-française, et que des gouvernements successifs ont boudée. M. Jean Lesage assure qu'il l'entreprend : on en jugera à l'œuvre. Mais je retiens que cette entreprise est possible. On aurait tort, au nom d'une utopie, de s'en détourner : car elle exigera l'enthousiasme et l'énergie de toute une génération.

André Laurendeau

Le Devoir,
le 8 mars 1961

Message d'un homme libre à une génération qui ne l'est plus

Deuxième partie

Monsieur Laurendeau,

F lattés, nous accusons réception du compliment que vous nous faites, à nous séparatistes, à savoir que nous écrivons en général fort bien. Venant d'un homme reconnu pour la clarté de son style et la justesse de sa langue, cela n'est pas sans nous faire plaisir. Cependant, entre gens de bon style, nous devrons, hélas! nous faire une petite querelle de mots et d'idées. Il semble bien en effet que nous n'entendions pas les choses tout à fait de la même façon, ce qui n'est, en somme, qu'une bonne preuve de notre descendance française. Permettez qu'encore une fois, plus qu'à vous seul, je m'adresse à cette génération que vous représentez, et qui, si près de la mienne par l'âge, semble en être si éloignée par la forme de pensée.

Dois-je vous dire que vous avez bien failli m'insulter: je n'ai plus vingt-cinq ans. Je n'en ai pas encore tout à fait trente-cinq, mais vous êtes passé bien près de m'attraper, lorsque vous déclariez qu'il était inquiétant d'être encore séparatiste à trente-cinq ans. Plusieurs membres du R.I.N. ont largement dépassé la trentaine: ils ne sont pas encore tout à fait revenus de votre affirmation. Vous pardonneront-ils jamais? Les «vieux»

séparatistes n'aiment pas plus que les vieux pan-canadianistes qu'on leur rappelle trop leur âge. Mais puisque
vous en parlez, parlons-en un peu.

Il nous plaît à nous de voir que les mouvements
indépendantistes ne soient plus à la merci de têtes bien
pensantes, mais trop jeunes et mal dirigées. Il nous plaît
infiniment de voir que des gens qui ont une bonne
connaissance de la vie ainsi qu'une expérience sociale et
politique assez considérable puissent se déclarer indépendantistes à la face du monde et ne pas se sentir
anormaux pour autant. Ces hommes ne se sont engagés
dans l'action qu'après y avoir mûrement réfléchi. Ils
n'ont pas toujours été séparatistes, ils le sont devenus
par la force même des choses. (On ne naît pas séparatiste, on le devient. — Oserais-je dire qu'on le redevient?)
Ils sont froids, lucides, conscients, nullement agressifs :
ils sont nouveaux. Ils n'ont rien du séparatiste sentimental et révolté que vous pouviez rencontrer encore il y a
quelques années. Chez eux il y a place pour l'humour,
pour l'humanisme, pour l'intelligence. Ils sont humains,
c'est-à-dire qu'ils ont les défauts de tous les hommes. Ils
ne sont ni anges, comme ils l'ont cru longtemps, ni
bêtes, comme le croyaient autrefois leurs adversaires.
Ils sont devenus adultes. Vous êtes excusable de ne pas
le savoir : il n'y a pas si longtemps que le changement
s'est opéré.

Et maintenant, si vous voulez, querellons-nous un
peu. Je vais tâcher de vous expliquer combien réalistes
sont les conclusions de la théorie séparatiste et comment
il ne faut pas confondre réalisme et facilité. Inutile ici de
poser le problème en son entier : vous admettez que
notre raisonnement est logique et qu'il part de constatations réalistes. Ce que vous voulez qu'on vous démontre,
et vous y revenez avec insistance, c'est comment le
Québec pourrait acquérir son indépendance. Vos crain-

tes viennent surtout «de l'autre côté de la frontière» et vous n'arrivez pas à comprendre comment «un gouvernement canadien pourrait accepter sans réaction violente — ou en tout cas sans réaction vigoureuse — le saccage d'un pays qu'il administre depuis un siècle».

L'indépendance du Québec ne pourra se faire que de deux façons: par la révolution, provoquée de l'intérieur ou imposée de l'extérieur; par des moyens démocratiques et juridiques. Analysons ces deux modes jusque dans leurs conséquences. Par là nous prouverons que non seulement nous réprouvons la première manière, mais qu'elle est impensable en soi et n'a aucune chance de se produire. La «boutade» de René Lévesque a plus de sérieux que vous ne voulez le croire. Elle est réaliste dans la conjoncture politique actuelle. Posons d'abord comme principe, et cela est indispensable dans notre ordre de pensée, que la majorité des Canadiens français désire l'indépendance.

Or, ils la veulent tout de suite, intégrale, sans façons. Qu'arrive-t-il? Il est évident, et sur ce point je vous suis jusqu'au bout, qu'Ottawa dira non, s'affolera, mobilisera ses forces. Québec ne manquera pas de s'affoler également: elle est décidée à obtenir son indépendance et la réaction d'Ottawa ne la rend que plus vigoureuse. C'est l'état de guerre à coup sûr. Il n'est pas interdit de penser, et cela serait dans la logique des choses, que les États-Unis voudront également s'en mêler. Aujourd'hui, qui dit États-Unis dit Russie en vis-à-vis. Il est trop réaliste de penser que cela peut dégénérer en moins de temps qu'il n'en faut pour le dire, en conflit international. L'ONU s'empare de la chose: des pays sont pour nous, d'autres contre. Nous sommes en régime capitaliste , il est facile d'imaginer ceux qui seront les défenseurs de notre cause. Et Québec: quelle tête de pont pour la Russie! Risquera-t-on la guerre?

Préférera-t-on installer un autre Cuba en Amérique? Je laisse à votre lucidité de vous inspirer la réponse. Vous me direz que cette interprétation est par trop fantaisiste, que les Canadiens français sont trop avachis pour aller jusque là : moi je ne tablerais pas trop sur cette hypothèse; elle est trop dangereuse si non avérée. Description effrayante bien propre à éloigner de nous un grand nombre de sympathisants qui voudraient croire que nous sommes des fauteurs de guerre, et que devenus assez forts, nous cherchions à les entraîner dans cette direction.

Nous devons à l'honnêteté de faire ce tableau formidable. Nous devons au simple réalisme de croire que cette solution est impensable, autant pour nous que pour les Anglo-canadiens. Il faudrait les croire moins lucides que nous pour les croire capables de s'engager dans une pareille action sans y penser deux fois. Ici, ça n'est pas à leur «fair play» que nous pensons, c'est à leurs intérêts. Ils n'ont pas l'habitude de les sacrifier si facilement.

Deuxième solution, la seule : l'indépendance par des moyens démocratiques et juridiques. C'est ici que je voudrais qu'on ne confonde pas réalisme et facilité. Être réaliste dans ce cas, ne veut pas dire que la solution que nous voulons apporter est sans difficultés. Au contraire, de toutes les solutions à nos problèmes, c'est probablement celle qui nous demandera le plus de courage et de volonté. La solution facile, vous la connaissez, c'est l'assimilation, l'intégration parfaite au complexe nord-américain. On peut l'envisager, elle est logique et met un terme à nos batailles harassantes. Nous n'en voulons pas à ceux qui nous affirment qu'ils l'ont choisie. Il existe une autre solution plus ou moins facile, plus ou moins efficace pour le salut de notre peuple, c'est de continuer la lutte que nous menons depuis cent ans à l'intérieur de la Confédération avec les résultats que l'on sait.

Puis, il y a «la» solution. On peut envisager la situation de deux façons: ou un gouvernement en place, s'apercevant de la force de l'opinion indépendantiste, jouera sur elle sa tête aux élections, ou un parti politique prônant le séparatisme sera porté au pouvoir. En principe, l'indépendance sera faite ce jour même. En pratique, les deux parties, Ottawa et Québec, renonçant à la révolution, commenceront les négociations. Ceci n'est pas du «fair play», c'est de l'intérêt pur et simple. Combien de temps cela durera-t-il? Nul ne le sait. Tout dépendra de la bonne volonté et de l'intelligence des deux parties.

L'indépendance acquise par des moyens démocratiques se fera lentement, assez difficilement et ne se fera pas sans sacrifices. Elle ne réglera pas tous nos problèmes mais nous donnera les moyens de les attaquer de front. Encore une fois, notre prémisse majeure est importante: la souveraineté doit être voulue par la majorité des Canadiens français. Cela peut paraître simpliste exprimé si succinctement et comme s'il s'agissait d'une simple transaction entre deux individus. Il n'en reste pas moins que cela est possible et réaliste.

Quant à votre affirmation, M. Laurendeau, que l'indépendance du Québec serait la mort du Canada, encore une fois, nous croyons exactement le contraire. Nous croyons qu'en face de la menace américaine, le Canada ne devra son salut qu'à une centralisation de plus en plus poussée. Nous croyons cette centralisation nécessaire pour forger un nationalisme et une culture qui ne soient plus provinciaux mais canadiens. N'oublions pas que la Confédération est née du désir d'unir des forces en face des États-Unis menaçants. Cette situation ne fait que s'accentuer aujourd'hui. Nous vous savons d'accord, lorsque nous disons que cette centralisation très poussée ne peut qu'être néfaste aux Canadiens français.

Voilà le principal danger, celui qui pourrait amener notre disparition, «le danger dans toute son ampleur», c'est la présence à côté de nous des États-Unis. Vous l'affirmez vous-même, et pour une fois nous sommes d'accord avec vous malheureusement. Vous comprenez pourquoi je dis «malheureusement». C'est que nous voudrions bien ne pas être de votre avis et pouvoir vous le prouver. Les faits sont là, cependant, et nous partageons la crainte que vous avez. Vous avez raison de dire que le fait de proclamer l'indépendance du Québec n'éliminera pas cette présence gênante. Pourtant je voudrais faire une petite distinction; elle n'est pas énorme et il ne faudrait pas y attacher plus d'importance qu'elle n'en a. Je vous cite: «Nous ne sommes plus un contre deux mais un contre trente.» Actuellement, cela est ainsi. Après l'indépendance, nous ne serons plus un contre trente mais un «à côté» de trente. C'est une distinction mineure, mais qui exprime bien l'idée d'égalité dans laquelle nous nous trouverons à l'égard des autres nations. Nous ne pourrons évidemment pas prétendre à une égalité commerciale ou même à une égalité culturelle, mais nous aurons, en fait, une égalité juridique qui nous semble de loin préférable à l'état d'infériorité politique où nous nous trouvons actuellement. Nous resterons une minorité sur le continent américain, mais nous deviendrons une majorité, et maîtres chez nous. Quoi de plus constructif! Quoi de plus réaliste!

Il faut entendre, et cela nous le répétons sans cesse, que nous n'offrons pas à notre peuple une panacée à sa politique, à sa culture, à son économie. Nous ne voulons que lui donner les moyens de travailler sur lui-même, et s'il souffre de certains maux, qu'il puisse trouver le remède en ses propres institutions indépendantes. Si ces maux sont trop grands, alors il ne pourra s'en prendre qu'à lui-même. Et ceci m'amène à discuter d'une confusion que vous faites. Je ne sais comment elle peut vous avoir été suggérée, puisque les séparatistes se sont toujours dissociés d'une telle ligne de pensée.

Il est faux de prétendre que le séparatisme a un sens en tant que protestation, en tant que refus à un refus. Cela est bien plutôt l'attitude des pan-canadianistes de langue française: ceux qui luttent pour le bilinguisme, pour les affiches françaises, pour un mot de français arraché de haute lutte. Les indépendantistes, plus réalistes, croient inutile de réclamer le respect de notre peuple, lorsque nous n'avons même pas les «moyens» de nous faire respecter. On aurait tort de vouloir réduire un désir naturel de liberté à une simple réaction de ressentiment. Je regrette d'avoir à vous contredire, mais les protestations et les refus ne sont pas de nous. Nous affirmons un droit. Et les petites révoltes auxquelles nous assistons depuis quelque temps ne peuvent pas, comme vous dites, conduire à des résultats positifs et valables.

En dernier lieu, vous nous accusez de ne pas nous préoccuper de l'État provincial tel qu'il existe actuellement. Je voudrais, là-dessus, vous citer un texte de M. André d'Allemagne, président national du R.I.N.:

«Le renforcement de l'État provincial? Nul n'y applaudit autant que nous. Mais nous poussons cette attitude à son aboutissement logique... et réaliste. Qu'ils se soient appelés Duplessis, Sauvé ou Lesage, nos chefs d'État se sont tous heurtés rapidement aux barrières qu'impose à notre évolution le gouvernement central, par une habile exploitation des obscurités de l'Acte de l'Amérique du Nord britannique. Comment peut-on faire preuve de «réalisme» en assistant d'une part à la centralisation pan-canadienne et en prônant d'autre part l'expansion de notre État provincial? L'une ne peut se faire qu'aux dépens de l'autre, et c'est d'ailleurs ce qui se passe depuis presque cent ans. Que nous utilisons pleinement les pouvoirs de notre État provincial... c'est, en effet, une nécessité absolue. Mais ça ne peut être qu'une étape. Nouveaux ministères, programmes de planification économique, réforme de l'enseignement, formation du fonctionnariat, tout cela est excellent, mais ne suffit pas. Comment protéger efficacement nos intérêts économiques, culturels, politiques et sociaux si nous ne pouvons contrôler ni les banques, ni le crédit, ni les douanes, ni l'immigration, ni la diplomatie, ni les structures culturelles de notre État? Je le répète: l'autonomie n'est concevable que comme étape. Autrement, c'est une demi-mesure qui revient à vouloir faire de la nation un corps sans tête; il faut les deux pour vivre.»

À cela, je voudrais ajouter que l'indépendance elle-même ne peut être considérée que comme étape. On a tort de toujours mettre des «fins» à nos actions, La seule fin acceptable pour un être humain, c'est la liberté. Toutes les institutions et tous les hommes qui s'emploient à la lui donner ne sont que des instruments, et bien petits dans l'évolution complète d'un peuple.

Je voudrais terminer sur une petite méchanceté, mais acceptable puisque de bon style. Je dis de bon style, car je veux citer un paragraphe d'un article de vous, M. Laurendeau, paru dans le dernier numéro de la revue *Situations*. Vous parlez de l'attitude destructrice que le gouvernement central adopte à l'égard des Canadiens français et vous ajoutez:

«Cette attitude appelle et nourrit le séparatisme québécois. La conclusion est facile à tirer: si nous sommes considérés comme des étrangers à Ottawa, alors autant rentrer chez nous. D'autres acceptent, par soumission à l'inévitable ou par opportunisme, une situation que personne n'essaye de transformer: mais ce déracinement pourrait bien en préparer d'autres. Autant être pratique jusqu'au bout, se mettre carrément du côté de la force et de l'argent — qui, en Amérique, ne sont pas CANADIAN.»

La position des indépendantistes devant cette attitude est claire et vous ne manquez pas de le souligner. Mais «d'autres acceptent, par soumission à l'inévitable ou par opportunisme, une situation...» Peut-on vous placer dans ce groupe, ou bien faites-vous une troisième catégorie dont vous ne parlez pas, pour vous-même et ceux de votre génération?

Je demeure votre tout dévoué:

> Pierre Bourgault,
> président, section de Montréal,
> Rassemblement pour l'indé-
> pendance nationale.

> *Le Devoir*,
> le 22 mars 1961

Dépendance, indépendance, interdépendance

Depuis six mois, huit pays ont conquis leur indépendance. Huit pays dont la plupart ont une population moindre que celle du Québec; huit pays qui à eux tous ne possèdent pas autant de richesses que le seul Québec. Et, pourtant, ils sont indépendants. Ils sont libres. Ils se gouvernent eux-mêmes, ils sont maîtres de leurs propres décisions. Cela ne va pas sans difficultés, cela est certain, mais les avantages de l'indépendance sont si grands que ces peuples n'ont pas hésité à s'engager dans la lutte pour leur libération. Huit pays qui s'ouvrent enfin au reste du monde. Auparavant, ils n'existaient pas : d'autres parlaient pour eux (et contre eux) aux Nations Unies et dans les autres organismes internationaux; d'autres signaient leurs ententes commerciales sans se préoccuper vraiment des véritables intérêts économiques de ces peuples; d'autres leur imposaient leur culture, leur langue; d'autres décidaient de tout à leur place. Ils étaient repliés sur eux-mêmes, essayant malgré tout de survivre. Pour le reste du monde, ils n'existaient pas. Mais, aujourd'hui, cela est changé. Leur nationalisme a permis qu'ils atteignent à l'internationalisme. Leur indépendance a permis qu'ils puissent s'engager librement vis-à-vis les autres pays du monde. Bien loin de s'enfermer dans des frontières rigides, aujourd'hui, *parce qu'ils existent*, ils peuvent faire sauter leurs frontières et s'épanouir au rythme de l'univers sans toujours craindre de disparaître dans le courant colonialiste. C'est cela être «Maître chez soi». Il est une chose qu'il ne faut pas oublier: on peut accélérer l'histoire, mais on ne peut la briser; on peut brûler les étapes, mais on ne peut les sauter. COLONIALISME. NATIONALISME. INTERNATIONALISME. DÉPEN-DANCE. INDÉPENDANCE. INTERDÉPENDANCE. C'est là le processus historique auquel aucun peuple n'a pu échapper. On ne peut passer d'un seul coup du colonialisme à l'internationalisme. On ne peut sortir de la dépendance et passer à l'interdépendance des États sans prouver d'abord au monde son existence en conquérant son indépendance. Québec n'échappera pas au processus historique. Si, un jour, nous voulons que les Canadiens français fassent éclater leurs frontières et qu'ils se fassent connaître dans le reste du monde; si nous voulons que les Canadiens français profitent des autres cultures, des autres civilisations, il faudra que nous sortions du colonialisme dans lequel nous maintient Ottawa et que nous prenions enfin nos responsabilités. Il faudra que Québec suive l'exemple de ces huit pays courageux et qu'il conquière enfin sa liberté. C'est alors seulement qu'il nous sera permis de traiter d'égal à égal avec les Algériens, les Jamaïcains, les Ruandais... et avec tous les autres peuples de la terre.

L'Indépendance,
janvier 1963

L'union est-elle nécessaire à notre action?

«Pour étouffer la voix de la vérité dans les moments critiques pour le salut public, on a coutume d'amollir le courage des patriotes par certaines idées de réunion, qu'on a l'adresse de jeter en avant; mais, moi, je fais profession de croire que l'amour seul de la liberté doit réunir les hommes et je me défie de ces protestations brusques faites dans des moments critiques où l'on croit avoir besoin de feindre un rapprochement que l'on est bien loin de désirer...»

Robespierre, 6 avril 1793

«L'union fait la force. Oui, mais la force de qui? Le léviathan populaire emportera tout, et une seule et même idée habite toutes les têtes. Et ensuite? J'aperçois les fruits éternels de l'union; un pouvoir fort; des dogmes; excommuniés, exilés, tués. L'union est un être puissant, qui se veut lui-même, qui ne veut rien d'autre... L'union s'affirme et se célèbre elle-même; elle s'étend; elle conquiert. On attend vainement quelque autre pensée... L'exécutant n'est point libre; le chef n'est point libre. Cette folle entreprise de l'union les occupe tous deux. Laisser ce qui divise, choisir ce qui rassemble, ce n'est point penser. Ou plutôt c'est penser à s'unir et à rester unis; c'est ne rien penser d'autre...»

Alain, janvier 1928

Robespierre et Alain étaient deux hommes fort différents. Le premier était révolutionnaire et homme d'action; le second était un radical à l'esprit plus théorique. Ils ont vécu à des époques différentes et ont mené leur vie différemment. On peut dire cependant qu'ils ont «réussi», chacun à sa façon.

Voilà pourtant qu'ils expriment à peu près la même idée: à savoir que l'union n'est pas absolument nécessaire, qu'elle peut même, dans certaines circonstances, être néfaste. Aujourd'hui, chez les indépendantistes, on parle beaucoup d'union. On croit que tous les mouvements indépendantistes devraient opérer une fusion ou encore se rallier derrière un quelconque messie qui ferait des miracles pendant que nous pousserions des acclamations et des cris de victoire. Beaucoup croient même que c'est la seule façon de conquérir notre indépendance.

Il est certain que, dans l'immédiat, la division qu'on aperçoit chez les indépendantistes n'est pas quelque chose qu'on regarde avec plaisir. Il faudrait être sot pour s'en réjouir. D'autre part, on doit cesser de rêver à une unité parfaite, même chez les indépendantistes, unité qui ne pourrait être qu'artificielle puisque les parties s'opposent violemment sur les principes mêmes de leur pensée et de leur action.

D'un côté, vous avez les indépendantistes qui font de l'indépendance un but à atteindre le plus rapidement possible et qui disent: «Après on verra». Ceux-là ne croient pas à une véritable révolution nationale ou s'ils y croient ils refusent d'en parler parce que ça pourrait ne pas être rentable électoralement.

Ils prennent les Québécois tels qu'ils sont et croient que l'indépendance suffira à les libérer de la situation dans laquelle ils se trouvent.

De l'autre côté, il y a le R.I.N. qui lui fait de l'indépendance un instrument, un levier essentiel d'une véritable révolution nationale. L'indépendance alors n'est plus un but mais un moyen de plus pour aider à la libération des Québécois. On ne fait pas une révolution dans une province qui n'a à peu près aucun pouvoir, c'est pourquoi il faut conquérir notre indépendance.

D'autre part l'indépendance sans une véritable révolution nationale bien à nous, construite de l'intérieur, serait tout à fait inutile. Nous voulons un Québec qui soit non seulement indépendant mais qui soit LIBRE. Cela exige donc que nous changions notre société, que nous améliorions nos institutions, que nous nous perfectionnions nous-mêmes. Cela veut dire que nous ne pouvons pas nous dire: «L'indépendance d'abord, après on verra». C'est tout de suite que nous devons prendre nos responsabilités envers nous-mêmes et envers le peuple québécois que nous voulons entraîner dans notre lutte. C'est tout de suite que nous devons envisager les problèmes qui se poseront à nous après l'indépendance, d'abord pour essayer de leur trouver les meilleures solutions et ensuite pour les présenter au peuple et lui expliquer notre conception d'un Québéc indépendant et libre.

L'union est impossible, pour la simple raison que nous n'allons pas tous à la même place. Il nous a fallu un certain temps pour nous en rendre compte: maintenant cela est fait. Il appartient donc à chacun de faire un choix. Les positions sont maintenant claires. Et que le peuple québécois juge lui-même dans quelle voie il préfère s'embarquer.

Nous avons voulu au départ que le R.I.N. soit un rassemblement. Il était en train de devenir un ramassis. Un rassemblement peut avoir du dynamisme parce qu'il a au départ des principes-moteurs. Un ramassis s'écroule de lui-même parce qu'il est divisé de l'intérieur. Nous savons maintenant que le R.I.N. est sauvé et qu'il peut vraiment travailler à la conquête d'un Québec indépendant et LIBRE.

L'indépendance,
février 1963

Deux victoires importantes du R.I.N.

L e R.I.N. se bat. Et il gagne. Ses moyens d'action ne peuvent pas être les mêmes que ceux des partis traditionnels, cela est évident; mais, pour être moins élaborés, ils ne manquent pas pour autant d'efficacité.

On se souviendra qu'il y a deux ans le R.I.N. recommandait au gouvernement du Québec d'adopter la signalisation routière internationale. Quelque temps après, la Société Saint-Jean-Baptiste emboîtait le pas et soumettait un mémoire dans ce sens à Québec. Des manifestations suivirent, qui visaient à nous débarrasser une fois pour toutes de ces panonceaux supposément bilingues qui affligent encore nos routes. Mais l'action du R.I.N. ne fut pas vaine.

On vient, en effet, d'annoncer à Québec que, d'ici 1967, on remplacerait sur nos routes toute la signalisation «canadian» par la signalisation internationale.

C'est une victoire qui, sans doute, n'est pas spectaculaire, mais qui montre qu'avec un peu de lucidité et de courage on peut se débarrasser des signes de colonialisme qui couvrent le territoire de notre pays.

La deuxième victoire du R.I.N. est plus significative. Il s'agit de la conclusion de la grève des mineurs à la Compagnie Solbec, de Stratford. Nous aurions tort évidemment de croire que cette victoire appartient au R.I.N. seul. La bataille fut, d'abord et avant tout, gagnée par les mineurs eux-mêmes qui n'ont pas craint de faire la grève et de se battre pour enrayer l'exploitation dont ils étaient victimes.

Nous croyons, cependant, pouvoir affirmer sans prétention que la manifestation organisée par le R.I.N. pour appuyer les grévistes dans leurs revendications fut pour beaucoup dans le règlement de la grève. C'est, en effet, au lendemain de cet événement que le Parlement d'Ottawa fut saisi du problème. Le Parlement de Québec suivit peu après. La publicité faite autour de notre manifestation redonna courage aux mineurs et fit réfléchir ceux qui ont charge de nous gouverner.

Peu de temps après, la grève était terminée.

L'action du R.I.N. avait été efficace.

Et cette action fut significative. C'était la première fois qu'un parti indépendantiste affirmait sa volonté de travailler pour la libération des ouvriers canadiens-français de l'exploitation dont ils ont à souffrir de la part de patrons inconscients et CANADIENS-FRANÇAIS.

Nous avons voulu prouver, par là, que notre bataille n'est pas dirigée contre les «méchants Anglais», mais contre tous ceux qui, au Québec, se moquent des Québécois et tentent de les asservir. Nous avons voulu prouver par là que notre programme, qui fait une large part aux revendications sociales, n'est pas qu'un chiffon de papier pour gagner des suffrages. Notre programme est un acte de foi. C'est cet acte de foi que nous voulons incarner dans la réalité de tous les jours.

Notre nationalisme n'est pas chauvin. Nous luttons pour la libération des Québécois sur tous les plans. Que la victoire de la Solbec nous soit une inspiration pour les batailles à venir. Nous savons maintenant que nous pouvons les gagner.

L'Indépendance,
juillet-août 1963

La reine d'Angleterre viendra-t-elle célébrer nos cent ans d'humiliations?

A u mois d'octobre prochain, la reine d'Angleterre doit visiter Charlottetown et Québec pour marquer le centième anniversaire du début des pourparlers qui menèrent à la constitution de la Confédération canadienne.

Ottawa en a décidé ainsi et les Canadiens français n'ont qu'à s'incliner. Encore une fois on paradera à travers nos rues un des symboles les plus évidents de notre état de colonisés.

Il y a deux cents ans l'Angleterre conquérait le Canada français par la force des armes. Depuis lors, la domination s'est faite plus subtile: c'est maintenant Ottawa qui nous maintient en tutelle par la force d'une constitution colonialiste et par la seule puissance du nombre. Mais les faits n'ont pas tellement changé. En 1964, les Canadiens français ne se gouvernent pas encore eux-mêmes et subissent chaque jour l'affront d'être obligés de se plier aux quatre volontés des «Autres».

Mais cela ne suffit pas. On veut nous faire croire que la Confédération fut un bienfait pour nous et on nous demande de recevoir avec tous les égards la reine d'Angleterre et du Canada et de montrer notre savoir-vivre en l'acclamant. Nous devons encore une fois être polis et plier la tête.

NON: PAS CETTE FOIS!

Non. Cette fois, nous ne le ferons pas. Si Elizabeth est reine d'Angleterre et du Canada, nous considérons, pour notre part, qu'elle n'est pas reine du Québec et qu'elle n'a pas le droit de mettre les pieds sur notre territoire à moins d'avoir été invitée par le gouvernement d'un État souverain du Québec.

Qu'on nous comprenne bien. Nous n'avons rien contre cette femme qui habite le froid Buckingham Palace. C'est une personne que nous respectons et nous n'en voulons aucunement aux Anglais de croire qu'elle représente pour eux quelque chose.

Si nous protestons aujourd'hui, c'est contre ce que la reine représente pour nous Québécois. C'est contre ce que représente sa visite à Québec.

Aujourd'hui encore, deux cents ans après la conquête, les fonctionnaires canadiens-français du gouvernement de Québec, du gouvernement d'Ottawa, doivent prêter serment à la reine d'Angleterre s'ils veulent obtenir un emploi. Nous trouvons cela odieux.

Les employés de Radio-Canada ou de l'Office National du Film doivent prêter serment à la reine d'Angleterre. Nous trouvons cela odieux.

Les membres des forces armées doivent prêter serment à la reine d'Angleterre. Nous trouvons cela odieux.

Beaucoup d'autres citoyens doivent prêter allégeance à la reine d'Angleterre pour toutes sortes de raisons. Nous trouvons cela odieux.

Le chef d'État canadien n'est pas le premier ministre mais le gouverneur-général, représentant de la reine d'Angleterre. Nous trouvons cela odieux.

Le chef de l'État québécois n'est pas M. Lesage mais le lieutenant-gouverneur, représentant de la reine d'Angleterre. Nous trouvons cela odieux.

De plus, de par la volonté de l'ex-gouvernement de l'ex-monsieur Saint-Laurent, la reine d'Angleterre est devenue reine du Canada. Nous trouvons cela odieux.

C'est contre ce symbole évident de colonialisme que nous nous élevons.

Cela, en soi, serait déjà suffisant pour justifier les plus vives protestations mais il y a de plus la visite au Québec de la reine d'Angleterre.

Elle vient pour marquer un événement très précis, celui du début de la Confédération. On sait que depuis presque cent ans qu'elle existe cette Confédération, elle n'a servi qu'à asservir un peu plus les Canadiens français.

C'est pour célébrer cette nouvelle conquête que la reine viendra faire son petit tour chez nous. Et nous devrions être contents et montrer à quel point nous sommes heureux de l'événement!

Eh bien non. Pas cette fois-ci. Qu'Ottawa annule le voyage de la reine à Québec ou alors nous ne pouvons plus répondre de l'attitude que prendront les Canadiens français vis-à-vis cette provocation.

Nous en avons assez de cette bonne entente à sens unique et M. Pearson apprendra bientôt à ses dépens, et à ceux de la reine d'Angleterre, que nous ne sommes plus les petits esclaves polis qu'on pouvait autrefois bafouer tout à son aise.

La reine doit rester chez elle. Le centenaire des injustices et de l'exploitation, nous le célébrerons nous-mêmes, à notre manière, et nous n'avons pas besoin d'observateurs étrangers qui viendront encore une fois mettre le nez dans nos affaires.

Que la reine aille faire son petit tour d'Australie ou du Ghana si ça lui chante. Mais au Québec, nous avons décidé d'être maîtres chez nous, complètement.

Que tous les Canadiens français dignes de ce nom, qu'ils soient indépendantistes ou non, se donnent le mot. Engageons la bataille dès maintenant. Qu'on proteste par tous les moyens, immédiatement. Qu'on fasse savoir à Ottawa la volonté d'un Québec libre et qu'on rejette une fois pour toutes les symboles du colonialisme anglo-saxon.

Et si Ottawa ne comprend pas... eh bien, tant pis! Il arrivera ce qui doit arriver.

L'Indépendance,
mars 1964

Le samedi
de la matraque

L a démonstration pouvait commencer. Nous savions que tous les militants présents connaissaient par cœur ce que nous allions dire: mais comme c'était la première occasion que nous avions d'expliquer nos objectifs à la presse du monde entier, nous en profitâmes pour faire l'analyse, en long et en large, de la situation québécoise et des solutions que nous proposions pour l'améliorer.

Un membre de l'Exécutif national, Marc Girard, de Chicoutimi, ouvrit le feu. Son discours n'était pas très long mais il eut peine à se faire entendre devant ce public survolté qui avait beaucoup plus envie d'action que de paroles.

Puis vint le tour de Guy Pouliot, alors vice-président du RIN. Il tentait d'expliquer pourquoi nous étions contre la présence de la reine à Québec quand les choses commencèrent à se gâter. Quelqu'un, devant l'estrade, se mit à l'interrompre et nous ne mîmes pas beaucoup de temps à comprendre qu'il criait: «Bullshit». Un militant s'approcha de moi en hâte et me tendit un billet sur lequel le nom du personnage en question de même que sa fonction étaient indiqués. Il s'agissait d'un journaliste britannique à l'emploi d'un journal de Londres.

C'était une véritable provocation et nous sûmes plus tard qu'il tentait délibérément de provoquer un incident pour «faire la nouvelle». Les militants s'impatientaient et commençaient à se faire menaçants à son endroit. Pouliot hésitait. Je lui criai: «Parle, parle, dis n'importe quoi mais parle.» Je voulais ainsi qu'il attirât sur lui l'attention de la foule. Peine perdue. Je me levai d'un bond. Je bousculai un peu Pouliot et je m'emparai du micro. Je parlais avec autant de fermeté et de force que je le pouvais. J'identifiai le chahuteur et je le dénonçai vertement. En tant que journaliste, je pris les autres journalistes à témoin de la malhonnêteté de cet individu qui n'avait aucunement le droit de se mêler d'un événement qu'il «couvrait». Puis, voulant éviter le pire, je demandai aux policiers présents de bien vouloir faire sortir l'intrus. Ce qu'ils firent avec empressement. L'incident n'eut pas d'autres suites mais il avait réussi à échauffer encore davantage les esprits.

C'est dans une grande confusion que Pouliot dut finir son discours.

On me présenta. Je pris mon courage à deux mains et je m'approchai du micro. J'eus de la difficulté à obtenir l'attention de la foule mais j'y réussis enfin tant bien que mal. Pendant plus d'une demi-heure je m'efforçai d'exposer le contenu de notre thèse. Mais la foule s'impatientait de plus en plus.

J'arrivai enfin au moment crucial de mon discours. Le délire s'empara de l'auditoire quand j'annonçai que nous allions manifester. Pourtant, je ne dis pas encore quelle forme cette manifestation prendrait. Je me contentai simplement d'affirmer que nous allions manifester quelque part et qu'il fallait se regrouper à la sortie de la salle. «Je prendrai la tête du cortège, dis-je, et vous me suivrez.» Les membres de l'Exécutif restaient les seuls à savoir où nous allions et ce qui devait s'y passer. Mais le mot d'ordre était lancé.

L'assemblée prit fin dans une atmosphère de défi.

Je descendis de la scène et je fus immédiatement entouré de journalistes qui me tiraient de tout côté et qui tentaient d'obtenir plus de renseignements. À tous je me contenterai de dire: «Suivez-nous.»

Je sortis enfin sur la place où la foule était rassemblée. Je compris dès ce moment l'erreur considérable que nous avions faite. Nous étions pris dans une souricière: toutes les rues environnantes débouchaient sur la petite place, en face du Centre Durocher. Elles étaient toutes hermétiquement bloquées et notre petite troupe se retrouvait impuissante devant ces barrages. Nous étions cloués sur place. Impossible de faire un pas de quelque côté que ce soit. Il fallait quand même tenter le coup. Mais j'enrageais de constater avec quel amateurisme j'avais conçu ce projet.

Je fis pourtant semblant de ne rien voir et j'affichai autant de confiance que je le pouvais. Je pris la tête des manifestants. Ann Shartley, une journaliste fort sympathique de Londres, me prit par le bras en me disant qu'elle ne voulait rien manquer.

La foule scandait des slogans et se préparait fiévreusement à marcher.

Mais en moins de temps qu'il n'en faut pour le dire, je fus soulevé de terre et emporté par trois ou quatre policiers de bonne taille. On me poussa dans une espèce de réduit sans éclairage et on referma la porte derrière nous. La foule, enragée, enfonça immédiatement la porte. Je revins un peu sur mes pas et je tentai de calmer les esprits en affirmant qu'il ne s'agissait sans doute pas d'une arrestation. La porte se referma. Nous avançâmes à tâtons dans ce qui m'apparut être une sorte de garage qui donnait sur une cour intérieure entourée d'escaliers. Quelqu'un trébucha. Des planches firent du bruit en tombant. Les militants, aux aguets, enfoncèrent de nouveau la porte. De nouveau, je réussis à les rassurer tant bien que mal.

On me fit monter dans un appartement du premier étage d'une maison anonyme. Ce fut l'ultimatum: «Dispersez-vous ou bien nous vous dispersons de force.» Je répondis qu'il n'en était pas question et je tentai de négocier au moins le droit de faire un sit-in sur place. Je ne me faisais plus d'illusion: je savais que nous ne pourrions pas bouger. J'essayais, dans une situation désespérée, de sauver les meubles, ou tout au moins les apparences. Les policiers refusaient tout compromis. J'insistai pour que le capitaine de service communiquât avec un officier supérieur pour confirmer les ordres qu'il me donnait. La réponse fut brutale. C'était l'ordre de dispersion et il n'y avait aucun compromis possible.

Deux avocats du parti s'étaient maintenant joints à moi.

Nous étions là depuis quinze minutes et nous en étions toujours au même point. Je sortis sur la passerelle pour consulter mes deux collègues. Allions-nous obtempérer aux ordres de la police et rentrer chez nous ou allions-nous risquer le massacre inutile de nos militants les plus courageux? La réponse nous apparut claire immédiatement mais nous ne voulions pas l'accepter et nous cherchions des moyens de nous en sortir. Nous reprîmes la négociation pendant que les cris de la foule, à l'extérieur, montaient jusqu'à nous.

Rien n'y fit. L'adversaire demeurait inébranlable. Nous savions d'autre part qu'il ne s'agissait pas d'un bluff. Ils étaient parfaitement déterminés à faire ce qu'ils avaient décidé de faire et ils en avaient la force. Nous n'étions qu'une poignée contre des milliers de soldats et de policiers armés jusqu'aux dents. Certains étaient complètement saouls et ils n'attendaient que l'occasion, depuis très longtemps, de casser leurs matraques sur le dos de ces maudits séparatistes. L'hystérie justicière de M. Claude Wagner les avait mis en condition. Ils voulaient du sang.

Je demandai deux minutes pour réfléchir. Je sortis de nouveau sur la passerelle, seul cette fois. Je marchais de long en large. J'étais le seul à pouvoir prendre la décision. Je la pris. Nous allions rentrer chez nous. Et c'était ma faute. C'est moi qui avais commis l'erreur de ne pas prévoir ce piège. C'était donc à cause de cette erreur fatale que nous nous retrouvions dans une position de faiblesse intenable. Mais c'était trop tard maintenant. Il fallait reculer. Reculer devant le monde entier. J'étais humilié. J'étais en colère. Et j'étais coincé, vulnérable, entre la police, l'armée et mes propres partisans. Je me détestais profondément.

Je rentrai dans l'appartement et je dis aux policiers: «Descendons, je vais leur annoncer que nous rentrons chez nous.»

Je n'avais pas besoin d'un miroir pour savoir que j'étais blanc comme un drap quand on me hissa sur le capot d'une petite Volkswagen, d'où je dominais la foule. Ce fut l'un des moments les plus pénibles de ma vie. Comment annoncer une défaite à une foule en colère qui, depuis plus d'un mois, avait rassemblé toutes ses ressources de courage et qui s'était faite à l'idée de gagner la partie, quoi qu'il dût lui en coûter? Tous ces militants ne manqueraient pas de conclure à la lâcheté de leur chef.

«Je vais vous demander un très grand sacrifice, leur dis-je. Nous allons rentrer chacun chez soi.»

Quelqu'un cria quelque chose tout près de moi. Je l'apostrophai brutalement pour le faire taire. La défaite était évidente mais elle pourrait être encore plus catastrophique si les militants décidaient d'en faire chacun à sa tête. Il fallait absolument garder la cohésion du groupe et j'employais tous les moyens possibles pour ce faire.

Je pense qu'à ce moment plusieurs militants pensèrent à se retourner contre moi et à me faire un mauvais parti. C'est sans doute la stupeur dans laquelle je les avais plongés qui les en empêcha. Beaucoup pleuraient de rage. Ils n'arrivaient pas à se faire à cette idée. Je continuai à parler avec autorité. Je refusais l'idée de les voir massacrer sur place pour rien. Nous ne pouvions pas y gagner. Au contraire. Cette action serait parfaitement inutile. Oh! comme j'aurais voulu me voir à mille lieues de là. Je pense que j'avais honte.

Je ne pouvais pas leur avouer en ce moment que c'était mon erreur qui nous avait conduits là. Mais au-dedans de moi-même, le sentiment de cette erreur stupide prenait toute la place.

Je donnai l'ordre de la dispersion en espérant qu'il serait suivi. Je descendis, livide, de mon piédestal improvisé. J'eus l'impression d'en être tombé pour toujours.

Il fallait donner l'exemple. Je partis à pied à travers cette foule de regards méchants qui m'accusaient. J'étais complètement vidé. Seule la honte persistait. J'étais un mauvais chef, voilà tout.

Je m'attardai un moment pour constater que, un par un, la tête basse, les militants quittaient la place.

Nous nous retrouvâmes à sept ou huit chez Pouliot. La discussion fut très vive. Nous nous couchâmes sans avoir pu tirer de conclusion.

Je quittai Québec le lendemain matin. Je fuyais parce que j'avais honte et que j'aurais été incapable de me justifier devant les journalistes.

Je n'hésitais pas à croire que j'avais fait la veille la seule chose qu'il fallait faire mais je ne me pardonnais pas d'avoir été obligé de poser ce geste à cause de l'erreur que j'avais commise plus tôt.

Mais le lendemain, justement, il appartint à M. Wagner de réparer partiellement mon erreur.

Un certain nombre de militants, déterminés à manifester d'une façon ou d'un autre, furent pourchassés, matraqués et battus brutalement par la police. La télévision et la radio en rendirent compte en direct. On parla du *Samedi de la matraque.*

Tout cela se passait pendant que la reine parcourait des rues désertes entre deux rangées de soldats coude à coude. Pendant que M. Lesage bafouillait son discours en en faisant sauter un paragraphe important sur ce qu'il osait appeler la démocratie. Pendant qu'un journal britannique parlait du plus grand affront jamais fait à la reine.

Pendant que je rongeais mon frein...

Deux jours plus tard, notre défaite se changeait en victoire. C'est que l'histoire a beaucoup moins de mémoire que les hommes. Elle ne retient que les grandes lignes et ne s'embarrasse pas des doutes et des erreurs de chacun. Elle ne voit que ce qu'elle veut bien voir.

Et ce qu'elle a vu c'est ceci : des indépendantistes supposément enragés qui s'en retournent tranquillement chez eux pendant que le gouvernement, supposément calme et modéré, se déchaîne contre quelques manifestants désorganisés. L'histoire a retenu que les indépendantistes étaient plus «raisonnables» qu'on voulait bien le dire et que l'État était plus despotique qu'on tentait de le faire croire.

Dans les mois qui suivirent, cette image pénétra profondément dans les esprits : nous avions fait exactement le contraire de ce qu'on pensait que nous ferions pendant que le pouvoir avait fait de même. L'image s'était renversée.

M. Wagner n'a pas effacé mon erreur. Elle reste aujourd'hui aussi évidence qu'à cette époque. Il en a tout simplement commis une plus grande.

Nous ne mîmes pas beaucoup de temps à retomber sur nos pieds.

Quant à moi, cette expérience me marqua profondément. Je fis d'autres erreurs mais elle ne ressemblèrent jamais à celle-là. Je pris l'improvisation en horreur. Je compris alors qu'on ne naît pas chef de parti mais qu'on le devient. C'est un métier qui s'apprend comme un autre. Et ce n'est pas un métier facile.

Oh j'oubliais. Vous vous demandez sans doute ce que nous devions faire ce soir là ; eh bien je vais vous le dire : nous devions marcher jusqu'à l'entrée de la Citadelle de Québec et y tenir un sit-in de vingt-quatre heures. La reine devant y faire un arrêt, elle aurait dû nous passer sur le corps pour y pénétrer. Cette manifestation devait être non-violente et nous ne devions résister que par notre propre passivité. Ç'aurait pu être très spectaculaire et efficace. Mais vous savez maintenant la suite...

Le Petit Journal,
semaine du 29 avril au 5 mai 1973

Le Québec est trop petit? Allons donc!

U n des arguments les plus entendus contre l'indépendance du Québec est le suivant: «Le Québec est trop
petit. Son marché est trop restreint. Nous ne pourrons
pas vivre».

Or, il suffit d'arrêter de nous comparer constamment aux neuf autres provinces «Canadian» et de commencer à nous comparer aux pays du monde entier pour
nous apercevoir rapidement que cet argument ne tient
plus.

En effet, voyons quel rang occuperait un Québec
indépendant aux Nations-Unies par exemple.

Il faut savoir, au départ, que 112 pays indépendants
siègent actuellement à l'ONU.

Si, demain matin, le Québec était présent aux
Nations-Unies, il deviendrait le neuvième pays du monde
au point de vue de l'étendue du territoire.

Pour ceux qui aiment la grandeur géographique,
c'est tout dire: le neuvième plus grand pays indépendant
au monde sur 112. C'est pas si mal, n'est-ce pas?

Regardons maintenant du côté de la population.
Nous sommes cinq millions et demi. Qu'à cela ne tienne.
Indépendant, le Québec occuperait la cinquante-sixième
place dans le rang des nations libres qui siègent à l'ONU.
Cinquante-sixième sur 112. Encore là, ça n'est pas si mal.

Cent trois pays sont moins grands que le Québec.
Cinquante-six sont moins populeux que le Québec. La
grande majorité de ces pays, d'autre part, sont moins

riches, possèdent moins d'institutions, moins de cadres, moins de compétences que le Québec. Pourtant, ces pays sont libres, indépendants, et exercent leur vocation internationale.

Pourtant, malgré parfois certaines difficultés, pas un seul de ces pays n'a, depuis des siècles, cédé volontairement son indépendance politique. Pas un seul n'a voulu se remettre en tutelle. Tous les peuples veulent se gouverner eux-mêmes. Pourquoi pas nous?

Voyons maintenant notre petit marché de cinq millions et demi d'habitants. C'est trop petit? C'est trop faible? Allons donc. Tout ne se calcule pas en chiffres absolus.

Disons d'abord que, malgré notre état de colonisés vis-à-vis Ottawa et Washington, nous possédons quand même un des plus hauts niveaux de vie au monde. C'est donc un marché riche. On a intérêt à nous vendre des produits et nous en achetons beaucoup. C'est donc un marché que personne n'est intéressé de perdre.

Allons plus loin. Prenons un exemple. La France ou le Mexique comptent tous les deux, aujourd'hui, plus de cinquante millions d'habitants. Le Québec, je le répète, environ cinq millions et demi.

En principe, le marché français ou mexicain est plus considérable que le marché québécois, mais en pratique c'est différent. Monsieur Ford, par exemple, vend beaucoup plus de ses voitures au Québec qu'il en vend en France et au Mexique réunis. Il est donc beaucoup plus intéressé à notre marché théoriquement restreint qu'à des marchés potentiellement plus considérables. De plus, notre marché est riche. Le pouvoir d'achat y est plus grand. C'est donc dire que le seul nombre de la population n'est pas un facteur déterminant dans la force économique ou commerciale d'un pays. Cela vaut d'ailleurs dans tous les domaines.

Si nous nous regardons le nombril, il est évident que nous nous trouvons petits, faibles, sans défense. Si, par ailleurs, nous nous comparons, nous nous apercevons rapidement que nous sommes beaucoup plus forts que nous l'imaginons.

Potentiellement, notre pays est un des plus riches du monde, c'est un des plus grands, et notre population n'est pas si restreinte qu'on le croit. C'est donc dire que nous sommes dans une situation extrêmement avantageuse pour faire notre indépendance.

Pas un pays au monde, y compris les États-Unis en 1775, n'a fait son indépendance avec autant d'atouts dans son jeu. Et nous hésiterions? Et nous continuerions à ne croire qu'à notre faiblesse?

De la volonté. C'est de cela que nous avons besoin maintenant. Rien de plus. L'indépendance du Québec aujourd'hui, en somme, ça n'est plus qu'une question de caractère. Nous avons confiance que le peuple québécois fera montre de cette détermination à vivre qu'il a toujours eue lorsqu'il s'agissait de survivre!

L'Indépendance,
mai 1964

La révolution «tranquille»
de M. Jean Lesage

Elle était si tranquille qu'elle s'est endormie

«**F**rançois Aquin pourra désormais se consacrer à son droit.»

C'est ce qu'aurait dit Jean Lesage au banquet de clôture de la Fédération libérale du Québec au mois de septembre dernier.

La phrase a-t-elle été bien rapportée? M. Lesage l'a-t-il vraiment prononcée?

Peu importe. C'est en tout cas à partir de ce moment que commença la purge au Parti libéral.

«Virage à droite,» décréta Lesage. Ce qui fut dit fut fait.

En 1960, Lesage avait été élu par les moins de 40 ans. C'est eux qui avaient monté l'organisation libérale, c'est eux qui avaient fait naître l'espoir chez les électeurs, c'est eux qui avaient modernisé la machine. Aujourd'hui, on s'en débarrasse.

Lesage, ce vieux réactionnaire conservateur qui n'a de «libéral» que le nom en a assez des jeunes Turcs qui posent des questions, qui voudraient que le gouvernement soit plus dynamique, qu'il ne s'assoie pas dans sa révolution tranquille.

Le vingt-deux novembre, l'exécutif de la FLQ se réunit. Lesage insiste pour y assister. On discute de la formation de la commission politique. Déformation serait plus juste. La purge commence.

Déjà, François Aquin n'est plus président de la FLQ. Il a été remplacé par le docteur Iréné Lapierre, tranquille, pas dangereux; il se pliera sûrement aux ordres du grand chef.

On a nommé un nouveau secrétaire général, Henri Dutil, de Québec. Ce bon réactionnaire ranime les vieilles querelles Québec-Montréal.

À la commission politique, qui, au temps d'Aquin, était le moteur de la FLQ, on purge. On élimine à peu près tous les membres de la commission, sauf Roland Chauvin et Monique Marchand.

Le notaire Claude Desrosiers, qui avait travaillé très activement dans la commission, saute. Il est relégué à la commission juridique.

Sautent également André Brossard, Rosaire Beauté, Gilles Marchand...

Puis, c'est le départ absolument inexplicable des employés du centre de documentation de la FLQ: Jean Bellemare et Georges Gerlache. Il faut que ça saute!

À ce même moment, toutes les associations s'arrachent le film «Jeunesse, année zéro» qui avait été fait avec l'accord de tout le monde. C'est un bon film, tout le monde veut le voir. Malgré la demande, la Fédération l'interdit.

On sait, d'autre part, que M. Lesage regroupe autour de lui la vieille garde, les vieux patroneux qu'il avait un peu mis en veilleuse par opportunisme électoral.

Le grand chef redevient ce qu'il n'a jamais vraiment cessé d'être; le fils spirituel de Duplessis, en plus hypocrite.

Et la révolte gronde au sein de son ministère. Et le malaise s'installe chez les hauts fonctionnaires de Québec. Certains avaient beaucoup sacrifié parce qu'à un certain moment ils avaient eu confiance en un certain gouvernement. C'est la grande déception.

La révolution était si tranquille qu'elle s'est endormie.

Pendant ce temps, Lesage, toujours aveugle, défend son procureur général Herr Wagner.

«Wagner, ce grand démocrate et ce grand humaniste.» Quelle farce! Mais M. Lesage ne s'appuie plus que sur la réaction. Il ne vit plus que de la flatterie de ses valets.

Demi-tour à droite. L'ouverture sur Ottawa. Mais partez à Ottawa, M. Lesage, nous ne demandons pas mieux. Et aussitôt que vous y serez rendu nous ferons l'indépendance du Québec. Une frontière entre vous et nous.

Et nos amis «canadians» seront bien attrapés. Ils voulaient un chef d'État, on leur aura refilé un roi-nègre.

C'est ce qui s'appelle «passer un Québec»...

L'Indépendance,
février 1965

Lesage go home

Lesage Go Home: voilà ce qu'on pouvait lire sur quelques pancartes lors de l'arrivée de Jean Lesage dans l'Ouest canadien.

C'est ainsi qu'on reçoit le premier ministre du Québec lorsqu'il se balade dans ce trop vaste pays qu'il veut sauver à tout prix.

Il s'en réjouit d'ailleurs. Comme tous les colonisés, il est masochiste. Il lui faut sa ration de coups de pied au cul chaque jour. Insulté, ignoré, totalement incompris, il exulte.

En fait, personne ne peut plus le cacher: la tournée de Lesage dans l'Ouest, c'est un fiasco complet. Même les grands journaux à la solde du Parti libéral et au service du fédéralisme coopératif ont bien été obligés de l'admettre. Le message ne passe pas. Les Anglo-canadiens ne comprennent rien. Ils ne veulent pas être dérangés. La «quiet revolution» leur passe à cent pieds par-dessus la tête.

Certains journalistes se sont étonnés. Depuis plus de cinq ans ils écrivent partout que «les Anglais commencent à comprendre», que «l'égalité entre les deux nations n'a jamais été si proche», que, que, que...

Ils sont surpris, ils ne comprennent pas.

En effet, il leur paraît pour le moins invraisemblable que ce grand réactionnaire qu'est Jean Lesage soit si mal reçu par ces grands réactionnaires que sont les anglophones de l'Ouest canadien.

Pourtant c'est facile à comprendre.

Je me souviens de mes propres expériences à Saskatoon, à Victoria ou à Vancouver, et je trouve facilement toutes les explications nécessaires au fiasco de Lesage.

L'an dernier, à Vancouver, j'étais l'invité de l'Université de Colombie-Britannique en compagnie de MM. Paul Gérin-Lajoie, Maurice Lamontagne et Guy Frégault.

M. Frégault fut extraordinaire. Profond et intelligent, il fit honneur au Québec comme pas un. Pourtant, très peu de gens se déplacèrent pour l'entendre.

M. Gérin-Lajoie eut un demi-succès. Demi-salle, demi-rires, demi-applaudissements. Il parla un peu de bilinguisme et d'égalité: là ça ne marchait plus.

Quant à M. Lamontagne, tout le monde comprit que cet homme était servile. C'est avec la plus grande indifférence qu'on reçut ce valet fédéraliste.

Le seul message qui réussit à réchauffer une salle archi-comble fut celui de l'indépendance du Québec.

Oh, ils n'étaient pas d'accord, loin de là. Ils préféreraient évidemment nous reconnaître dans les moutons d'autrefois, mais ils préfèrent tous voir le Québec indépendant plutôt que de voir la Colombie-Britannique bilingue.

Ces gens n'aiment pas être dérangés. Et ils ont raison. Tous ont eu la même réaction. «Faites ce que vous voudrez au Québec, mais foutez-nous la paix chez nous.»

C'est ce que Gérin-Lajoie, Lamontagne et Lesage n'ont pas encore compris.

J'ai eu la même réaction à Saskatoon et à Victoria.

Je n'ai pas rencontré le quart de l'hostilité que M. Lesage y a trouvée. C'est que les anglophones de l'Ouest ne s'opposent pas à l'indépendance du Québec. Ce qui les choque c'est de voir quelques esclaves bien léchés, genre Lesage, venir essayer d'en imposer aux maîtres qu'ils se croient être.

Dans le fond, ils sont comme tout le monde, ils ne respectent que ceux qui se tiennent debout.

Ils n'acceptent pas la servilité, même lorsqu'elle se dissimule sous l'arrogance boudeuse de Jean Lesage.

Cette arrogance qui le fait éliminer d'un coup de gueule tous les indépendantistes du Québec et la cause qu'ils défendent.

«Mes compatriotes ont rejeté la sécession», a-t-il déclaré, en cachant la peur bleue que le R.I.N. provoque chez lui.

C'est bon signe. Souvenez-vous: Lesage a combattu la nationalisation de l'électricité, mais c'est maintenant chose faite.

Il combat l'indépendance de son pays, donc...

Lesage est un éternel perdant. C'est ce qu'on tente, par tous les moyens, de camoufler.

Lesage. Fiasco dans l'Ouest.

Lesage, bientôt, fiasco partout!

L'Indépendance,
le 1er octobre 1965

Le retour du cow-boy

J e n'avais pas l'intention de revenir sur le voyage de M. Lesage dans l'Ouest canadien.

Mais cet homme nous représente tellement mal, il est à ce point inconscient et colonisé, il souffre de telles aberrations que nous ne pouvons éviter de dénoncer certaines de ses attitudes par trop révoltantes.

Passons rapidement sur le fait que M. Lesage, comme tant d'autres Canadiens français avant lui, se fait un devoir de dénoncer grand nombre de Québécois pour se faire du capital politique au Canada anglais. Cela, évidemment, sert bien le colonialisme fédéral et on ne peut que se réjouir à Ottawa d'avoir trouvé valet si docile. Cette attitude cependant n'est que chose normale dans le comportement de tous les rois-nègres.

Mais M. Lesage, conscient de la frousse bleue provoquée par les indépendantistes chez les Anglo-canadiens, essaie par tous les moyens de les rassurer. Et ce faisant, il commet gaffe sur gaffe.

C'est ainsi qu'il souhaite d'une part que les Canadiens anglais soient bilingues, mais, d'autre part, il déclare que ce bilinguisme ne doit être que le fait de «l'élite».

«Il est évident, dit-il, que nous ne demandons pas à tous les Anglais de parler français.»

Cela rassure ces bons Anglais et chacun d'entre eux peut ainsi se dire: «Le bilinguisme ce n'est pas pour moi, c'est pour le voisin.»

M. Lesage n'oublie qu'une chose: c'est qu'au Québec, chez nous, où nous formons la vaste majorité de la population, l'anglais ce n'est pas pour «les élites» mais pour tout le monde. M. Lesage oublie que pour travailler à Canadair, que pour être «private» dans l'armée de Sa Majesté, que pour être premier ministre du Canada ou du Québec, que pour conduire un ascenseur, que pour être vice-président de compagnie, que pour être serveuse de restaurant, que pour gagner sa vie, que pour dépenser son argent, le Canadien français, ici même au Québec, où nous formons 83 p. 100 de la population, *doit parler anglais.* Et qu'en est-il en Colombie-Britannique, à Terre-Neuve, ou en Ontario?

Pour nous, il n'est pas question «d'élites», tout le monde doit parler anglais: c'est ça le bilinguisme.

Que seulement 27 p. 100 des anglophones de Montréal puissent parler français, cela ne dérange pas M. Lesage. Évidemment il souhaite fort qu'ils apprennent le français. Mais ce sont là les vœux pieux d'un démagogue.

Nous, du RIN, nous nous en foutons pas mal des élites du Canada anglais. Qu'elles parlent français ou pas, cela nous laisse indifférents. Mais nous croyons indispensable que le Québec devienne unilingue français.

C'est cela que M. Lesage aurait dû dire dans l'Ouest. Qu'il fasse donc en sorte qu'on puisse parler français chez nous avant de partir en mission à Vancouver. Ou alors qu'il ait au moins la décence de rapporter les faits tels qu'ils sont: qu'il leur dise quelle est notre situation exacte et pourquoi il n'a ni la volonté ni le courage de la changer.

C'est bien beau de parler de deux majorités, mais cette image est fausse, trompeuse et ridicule. M. Lesage sait fort bien que ce n'est pas vrai. Il sait fort bien que les Canadiens français ne sont qu'une minorité au Canada, et qu'ils sont traités comme tels.

Il le sait si bien qu'il place désormais les Canadiens français sur un pied d'égalité avec les Ukrainiens. Il se déclare le défenseur de toutes les minorités, y compris la minorité canadienne-française. Le moins qu'on puisse dire c'est que les contradictions ne lui sautent pas aux yeux.

M. Lesage ne se rend même pas compte que ni les Canadiens français ni les Ukrainiens du Canada ne décident de leur propre sort. Ce ne sont que des minoritaires et ils sont traités comme tels, un point c'est tout. Les autres décident pour eux.

M. Robarts, premier ministre de l'Ontario, a d'ailleurs fait savoir à M. Lesage ce qu'il pensait de tous ses projets. Il refuse tout, cela va sans dire.

Et Lesage, toujours inconscient ou stupide, a fait savoir qu'il était d'accord avec Robarts et que le Canada anglais n'était pas prêt à amender la constitution. Il suggère donc d'attendre...

Donc M. Lesage est revenu bredouille mais il crie victoire. Son voyage est pourtant un fiasco complet et voici pourquoi:

1. M. Lesage est parti dans l'Ouest avec le désir de convaincre les «Canadians» de la nécessité du *biculturalisme*. Il revient convaincu de la nécessité du *multiculturalisme*.

2. M. Lesage est parti dans l'Ouest avec le désir de convaincre les «Canadians» d'ouvrir des écoles françaises chez eux. Il revient convaincu de la nécessité d'ouvrir des écoles ukrainiennes chez nous.

3. M. Lesage est parti dans l'Ouest avec le désir de convaincre les «Canadians» de la nécessité d'une nouvelle constitution. Il revient convaincu de la nécessité d'attendre parce qu'*ils* ne sont pas prêts.

En somme, M. Lesage n'a convaincu personne. Mais on l'a convaincu de tout ce qu'on voulait.

Dieu! que cet homme est influençable!

Et dire que ça se prend pour un autre!

Et dire que c'est ça qui nous gouverne!
C'est Corinne qui va être fière de son cow-boy!

L'Indépendance,
le 15 octobre 1965

La révolution tranquille
et le cheval-vapeur

Monsieur Lesage, en grande pompe, vient d'inaugurer la nouvelle usine de la «General Motors» à Sainte-Thérèse.

Tout le monde est content, tout le monde s'émerveille. On n'a que des éloges pour M. Lesage et pour les grands financiers américains.

Disons tout de suite que nous ne sommes pas contre l'installation de la GM à Sainte-Thérèse. On a ainsi créé quelques centaines d'emplois et nous ne pouvons qu'applaudir à toute mesure qui pallie un peu le chômage chronique dont nous sommes victimes au Québec.

Mais là s'arrête notre satisfaction.

Un employé de la GM de Sainte-Thérèse, importé de la GM d'Oshawa en Ontario, affirmait récemment à la télévision qu'il avait dû accepter une baisse de salaire de 72 cents l'heure pour venir travailler au Québec. Tous les salaires de Sainte-Thérèse sont inférieurs de 62 cents à 72 cents l'heure à ceux qu'on paie à Oshawa.

Cela veut dire une différence de 300$ à 1 500$ par année. *Le même travail commande au Québec des salaires moindres qu'en Ontario.*

M. Lesage n'est nullement scandalisé. Et tous les éditorialistes de nos beaux grands quotidiens n'y voient que du feu.

La situation n'est pourtant pas nouvelle: elle existe dans toutes les industries, à la grandeur du Québec.

On augmente les profits des grosses compagnies en diminuant le salaire des travailleurs. Évidemment, les travailleurs sont Canadiens français; on peut donc se permettre de les traiter n'importe comment.

Nous les porteurs d'eau, les pas-bons, les caves, nous sommes du matériel parfait pour faire du «cheap labor».

Et comme nos gouvernants sont lâches, nous continuons notre petite vie tranquille pendant que les autres font de l'argent sur notre dos.

M. Lesage n'a pas été surpris d'autre part de constater que la langue de travail à la GM était l'anglais. Pour lui c'est une chose normale.

Qu'on ne vienne surtout pas nous dire que les employés ont le droit de communiquer entre eux en français. C'est de la poudre aux yeux qui ne trompe personne. Nous savons trop bien que tous les employés canadiens-français de l'usine de Sainte-Thérèse sont obligés d'apprendre tous les termes anglais de leur métier et qu'on les force d'autre part à connaître les noms anglais de leurs instruments et des pièces d'autos qu'ils fabriquent.

C'est ainsi que les travailleurs ont bien sûr le droit de communiquer entre eux en français mais un peu de la façon suivante: «Hé Jos! Passe-moi le ranch que je checke le crankshaft. Pendant ce temps-là, défais le bumper, le windshield, pis ôte le hood. Après ça, tu checkeras les brakes pis le muffler.»

Non, le français n'est pas langue de travail à la GM.

M. Lesage s'en fout éperdument.

Tout ce qui compte pour lui c'est de venir faire le beau à la télévision chaque fois qu'il s'ouvre un Bar-B-Q quelque part et nous parler des beautés de l'industrialisation rendue possible grâce à son beau gouvernement inconscient.

C'est pourquoi nous demandons à M. Lesage de nous dire, la prochaine fois qu'il se mettra la face dans notre salon:

1 — Pourquoi les salaires des travailleurs du Québec ne sont pas les mêmes qu'en Ontario?

2 — Pourquoi ne fait-il aucun effort pour faire du français la langue de travail des Québécois?

3 — Pourquoi, lorsqu'il nous annonce que GM s'installe à Sainte-Thérèse, Irving Oil à Québec, Firestone à Joliette, pourquoi donc les Canadiens français sont toujours les employés pendant que *les autres* sont les patrons?

Pourquoi M. Lesage?

Parce que vous êtes trop lâche pour exiger que nous soyons respectés?

Parce que vous êtes trop vaniteux pour accepter les faiblesses de votre beau régime de libre-entreprise?

À vous de répondre, M. Lesage.

Non, ne le demandez pas à Corinne; elle n'en sait strictement rien!

L'Indépendance,
le 1er novembre 1965

Mettez ça dans votre pipe, Frère Untel!

L'Association canadienne-française pour l'avancement des sciences (ACFAS) vient de terminer son congrès annuel à l'Université de Montréal.

Le Frère Untel assistait-il à ce congrès qui réunissait 1 700 délégués? C'est à souhaiter: lui qui se plaint de notre manque de compétence aura vu là une foule de personnes compétentes parmi d'autres qui ne cherchent qu'à le devenir. Un congrès encourageant pour toute la nation québécoise!

Mais un congrès où on ne manqua pas de souligner quelques notes sombres. Ainsi, M. Maurice Labbé soulignait que «seulement 8 p.c. des subventions et bourses offertes aux universités canadiennes par le Conseil national de recherches vont aux Universités de Montréal et Laval».

Situation déplorable. Discrimination constante de la part d'Ottawa. Le Frère Untel s'en plaint-il? Que non. Claude Ryan le déplore-t-il? Jamais, au grand jamais; cela nuirait à son «hypothèse» canadian.

Vous voulez plus de détails sur cette discrimination? Voici donc deux petits tableaux fort révélateurs. Les chiffres qui suivent sont tirés du rapport annuel (62-63) publié par le Conseil national de recherches d'Ottawa.

— I —

Octrois versés à la recherche
scientifique au Canada en 1962-63
(19 244 720$)

Population:
    canadienne-française 29,3%
    canadienne-anglaise 70,7%
Conseil national de recherches (62-63):
    Canadiens français 8%
    Canadiens anglais 92%
Conseil de recherches médicales (62-63):
    Canadiens français 13%
    Canadiens anglais 87%
Agences canadiennes (1963):
    Canadiens français 12%
    Canadiens anglais 88%

— II —

Nombre de titulaires de subventions
de recherches du Conseil national
de recherches du Canada (1962-1963):

Population:
    canadienne-française 29,3%
    canadienne-anglaise 70,7%
Énergie atomique:
    Canadiens français 13%
    Canadiens anglais 87%
Recherches spatiales:
    Canadiens français 0%
    Canadiens anglais 100%
Mathématiques pures:
    Canadiens français 8%
    Canadiens anglais 92%
Recherches dentaires:
    Canadiens français 10%

Canadiens anglais 90%
Psychologie expérimentale:
  Canadiens français 11%
  Canadiens anglais 89%
Océanographie:
  Canadiens français 1%
  Canadiens anglais 99%
Physique:
  Canadiens français 3%
  Canadien anglais 97%
Génie:
  Canadiens français 10%
  Canadiens anglais 90%
Sciences de la terre:
  Canadiens français 3%
  Canadiens anglais 97%
Chimie:
  Canadiens français 36%
  Canadiens anglais 64%
Génie chimique:
  Canadiens français 9%
  Canadiens anglais 91%
Biologie:
  Canadiens français 10%
  Canadiens anglais 90%

Ces statistiques sont fort éloquentes.

Au moment où les Canadiens français s'engagent résolument dans le XXe siècle, le gouvernement d'Ottawa leur refuse toujours les moyens nécessaires à leur épanouissement.

C'est pourquoi sans doute les scientifiques québécois ont-ils décidé de se tourner vers le gouvernement de Québec.

Les délégués au congrès de l'ACFAS ont en effet émis le vœu «que naisse au Québec un Conseil de la recherche scientifique dont le rôle, essentiel au développement de la science en milieu canadien-français, viendrait compléter la tâche du Conseil national de recherches à Ottawa». C'est une proposition recommandable: le RIN en a déjà fait un article de son programme.

Mais cela ne peut que rester un vœu pieux ou alors ne sera qu'une solution extrêmement onéreuse tant que le Québec ne sera pas indépendant. En effet, où donc le gouvernement québécois actuel prendra-t-il l'argent pour financer pareille entreprise?

Cet argent est à Ottawa et sert à financer les recherches au Canada anglais. Comme Ottawa ne semble pas vouloir changer d'attitude dans ce domaine, nous nous retrouvons encore une fois devant rien.

Autrement dit, nous Québécois, qui sommes économiquement faibles, nous devrons financer la recherche en milieu canadien-français tout en finançant une grande partie de la recherche en milieu canadien-anglais. C'est complètement absurde.

Nous nous retrouvons devant une autre de ces situations aberrantes comme celle qui nous oblige à financer l'éducation des anglophones du Québec tout en fournissant une aide substantielle aux minorités françaises du reste du Canada.

Comment le Frère Untel sortira-t-il de ce dilemme? Cul-sur-chaise, c'est bien beau, mais pour le moment c'est le cul à l'eau... qu'on a! Et pendant ce temps, pendant que nos chercheurs s'affolent devant le manque de moyens mis à leur disposition, le gouvernement Lesage continue à accorder 38% des crédits du Ministère de l'Éducation à la minorité anglophone du Québec qui ne forme que 12% de la population.

Et c'est nous qu'on traite de racistes! C'est nous qu'on accuse de ne pas respecter les droits de la minorité.

Non, mais pour qui nous prend-on?

Combien de temps encore devrons-nous attendre pour que *les droits de la majorité* soient respectés au Québec?

L'Indépendance
le 15 novembre 1965

Nous n'avons pas les moyens de nous offrir le statut particulier

Nos adversaires ont très souvent prétendu que nous n'avions pas les moyens de faire l'indépendance. Nous avons répondu à cette objection maintes et maintes fois en expliquant surtout que l'indépendance n'était pas une fin en soi mais bien plutôt un instrument propre à nous donner ces moyens dont nous manquons tant.

Nous avons dit et répété que l'indépendance n'était pas une récompense pour les peuples parfaits: elle vient au début de la libération des peuples, elle n'en est pas le couronnement.

Mais ne voilà-t-il pas qu'on nous parle de plus en plus d'un statut particulier pour le Québec au sein de la Confédération. Mais on se garde bien de nous en indiquer les conséquences.

Une des premières conséquences est évidente et elle saute aux yeux: le statut particulier consacrera la réserve québécoise au sein du Canada. Déjà il est impossible d'être Canadiens français en dehors du Québec; déjà nous sommes entourés du «mur de Chine» dont parlent si allégrement nos adversaires en nous attribuant le désir de l'ériger; déjà nous sommes une «réserve». Le statut particulier ne peut que consacrer cette situation.

Nous, indépendantistes, nous aspirons à l'internationalisme mais nos adversaires annoncent qu'ils veulent nous provincialiser de plus en plus.

Mais il est un reproche beaucoup plus grave que

nous pouvons faire à ceux qui nous proposent le «statut particulier»: c'est de nous engager dans un procédé beaucoup trop onéreux pour nos moyens.

En effet, le statut particulier aura comme conséquence immédiate de doubler le coût des services dont nous avons besoin.

Ainsi on créera Radio-Québec alors que nous payons déjà le gros prix pour Radio-Canada qui nous sert de plus en plus mal.

Ainsi on multipliera les maisons du Québec alors que nous payons déjà le gros prix pour les ambassades canadiennes qui desservent depuis toujours les intérêts des Canadiens français.

Ainsi nous créerons des instituts de recherches québécois, alors qu'il en existe déjà au niveau fédéral et que nous ne recevons que 8% de leurs octrois.

Ainsi nous continuerons de faire vivre les minorités françaises du Canada parce que le Canada anglais refuse de les prendre en charge alors même que nous accordons 38% des subventions de l'éducation aux anglophones québécois qui ne forment que 12% de la population du Québec.

Ainsi nous créerons des structures doubles, au fédéral et au provincial, parce que les structures fédérales travaillent contre les Canadiens français.

Deux ministères de l'Agriculture.

Deux ministères des Terres et Forêts.

Bientôt deux ministères de l'Éducation.

Et cette tendance ne peut que s'accentuer à mesure que notre statut sera de plus en plus «particulier».

Non vraiment, c'est payer trop cher le désir de vouloir rester dans la Confédération.

Non vraiment nous n'avons pas les moyens de nous payer le statut particulier. Nous, qui sommes les économiquement faibles du Canada, nous devrions payer deux fois pour conserver le douteux privilège d'être les derniers colonisés du monde?

Mais c'est de l'aberration mentale! Nous ne marchons pas.

L'Indépendance,
le 15 décembre 1965

Les prophéties
de M. Claude Ryan

Dans un récent éditorial, M. Claude Ryan prétendait que le RIN faisait une grave erreur en se lançant dans les élections et que de toute façon il courait à un «échec cuisant».

Cette pensée est assez répandue. Il faut donc immédiatement préciser notre position vis-à-vis les prochaines élections.

D'abord, je crois qu'il est essentiel de définir un échec POSSIBLE par rapport aux buts que nous nous proposons d'atteindre. Éliminons tout de suite la possibilité pour le RIN de prendre le pouvoir en 1966. Il est inutile de citer toutes les raisons qui éliminent d'emblée cette hypothèse. Voyons plutôt ce que nous avons décidé de gagner:

1. Dix pour cent des voix dans la majorité des comtés où nous présenterons des candidats seraient pour nous un motif de grande satisfaction.

2. Deux ou trois candidats élus nous feraient crier victoire.

3. Une organisation électorale efficace dans une quarantaine de comtés nous assurerait une base d'opérations puissante pour le scrutin suivant.

4. Une connaissance plus grande du pays et de ses problèmes semble être assurée par les nécessités propres à une campagne électorale.

5. L'apprentissage du «métier de la politique» ne pouvant se faire autrement que dans la bataille, nous assurerons ainsi la montée d'hommes politiques aguerris, moins naïfs que ceux qui se retrouvent au pouvoir

du jour au lendemain, sans préparation aucune (cf. Favreau, Pelletier, Trudeau, etc.).

6. Une voix au Parlement de Québec nous ferait accomplir le premier pas en avant que nous nous proposons, c'est-à-dire devenir «officiellement» ce que nous sommes «officieusement» depuis cinq ans: la seule opposition valable au régime actuel.

Si nous gagnons tout cela, et je reste persuadé que cela est possible, je ne vois pas comment on pourrait parler d'échec. Ce sera, au contraire, une grande victoire. Nous avons déjà le programme le plus complet jamais présenté à l'électorat québécois. Nous présenterons plus de cinquante candidats aux prochaines élections. Pour un parti qui n'a que cinq ans d'existence, je considère, pour ma part, que cela seul constitue déjà un succès appréciable.

Voilà donc les limites que nous nous sommes fixées pour 1966. Elles seraient beaucoup plus élevées si «le régime» ne s'évertuait pas à nous mettre constamment des entraves. L'échec certain dont parle M. Ryan et l'échec possible dont nous pouvons parler sera, s'il se produit, la résultante directe des faits suivants:

1. Une loi électorale odieuse qui défavorise en partant le RIN par un grand nombre de ses articles. Je n'en veux pour exemple que celui qui exige du RIN un vote minimum de 20 p. 100 dans un comté pour obtenir les contributions financières du gouvernement. Bien entendu, les vieux partis ne sont pas astreints à ce règlement.

2. Des élections précipitées. Je ne vois absolument aucune raison valable pour le Parti libéral de provoquer des élections au printemps. Le gouvernement est fort, il peut passer ce qu'il veut, et il lui reste un an et demi avant la fin de son mandat. La seule raison — qu'on n'invoquera jamais d'ailleurs — c'est qu'on veut nous

couper l'herbe sous le pied, sachant bien que nous sommes moins prêts aujourd'hui que nous le serons dans un an.

3. Le boycottage des grands moyens d'information. Je ne suis pas de ceux qui tempêtent sans cesse contre les journaux, la radio, la télévision. Je ne peux m'empêcher de remarquer cependant que depuis que nous sommes assez forts pour présenter un danger au régime actuel, la grande presse quotidienne et Radio-Canada en particulier pratiquent un boycottage systématique envers nous. On nous ignore tout simplement. Les exemples existent par centaines.

Je n'en retiens qu'un, qui touche de près M. Ryan. Dans les deux derniers mois, *Le Devoir* n'a pas «couvert» une seule des neuf conventions du RIN. Un citoyen du Québec qui ne lirait que *Le Devoir* serait donc tout à fait en droit de se demander si le RIN existe vraiment et quelles sont ses intentions.

Pendant ce temps, on publie à pleines pages des discours entiers de M. Lesage comme s'il était de quelque intérêt pour quiconque de savoir ce que pensent Lorenzo Paré ou René Arthur!

4. La peur. La police, les patrons, les capitalistes étrangers, nos propres gouvernants la font régner par toutes sortes de moyens. Cela a pour résultat d'empêcher un grand nombre d'indépendantistes de travailler comme ils le devraient. Pendant ce temps, personne n'importune un libéral. Il peut, en toute tranquillité d'esprit, profiter du régime sans passer pour un bandit.

Je m'arrête là. Cela devrait suffire à M. Ryan pour comprendre que nous ne luttons pas à armes égales. Il devrait dorénavant s'employer, au lieu de nous prédire un échec, à combattre les mesures qu'on prend pour nous amener à cet échec. Cela serait plus honnête.

Enfin M. Ryan trouve que c'est une erreur pour le

RIN de s'engager dans les élections. N'est-ce pas pourtant ce que le régime nous prêche sur tous les tons? «Présentez-vous aux élections» qu'on nous a dit. C'est ce que nous faisons.

Si nous ne le faisons pas, que nous reste-t-il? Nous avons le choix entre devenir un mouvement de pression comme les Ligues du Sacré-Cœur ou alors mettre des bombes. C'est le seul choix que nous laisse M. Ryan. Si nous mettions des bombes, ça lui permettrait de nous dénoncer plus facilement, alors...

Non, nous ne croyons pas à la prophétie de M. Ryan malgré toutes les forces engagées contre nous. Nous avons nous-mêmes défini les objectifs qui nous feront considérer les prochaines élections comme une victoire. Nous les atteindrons.

La prochaine fois, nous élèverons nos objectifs jusqu'à ce qu'ils nous mènent au pouvoir. Et cela viendra bien plus vite que le croit M. Ryan.

L'Indépendance,
le 15 janvier 1966

Non aux super-ouvriers

Combien de chefs ouvriers, de syndicalistes n'ont-ils pas dénoncé les indépendantistes depuis quelques années? Combien parmi eux ont refusé de collaborer à l'élaboration d'une législation ouvrière valable qui serait intégrée au programme du RIN?

Ils sont nombreux et tous s'entendent sur une seule excuse pour expliquer leur refus de s'engager ou pour justifier leurs dénonciations: «Nous sommes des syndicalistes et seuls les problèmes ouvriers nous intéressent».

Il est donc évident que ces gens ne comprennent pas grand-chose aux problèmes des ouvriers et qu'ils refusent les conséquences radicales de leur action.

En effet, quand il refusent de «faire de la politique», ils ignorent l'influence prépondérante de la politique dans l'avènement des solutions à tous les problèmes. Ils refusent de voir que c'est le politicien Duplessis qui a tenu les ouvriers dans la misère et l'ignorance pendant vingt ans; ils hésitent à dénoncer le politicien Lesage qui n'a que mépris pour tous ceux qui ne gagnent pas 10 000$ par année. Et ils s'entêtent à combattre quelques hommes quand c'est un régime qu'il faut renverser.

Et quand ils rejettent l'indépendance comme instrument de libération ouvrière, ce n'est pas de l'indépendance comme telle qu'ils ont peur mais bien de la puissance du grand capital qu'ils se croient incapables de renverser.

J'ai constaté à plusieurs reprises, en causant avec

des chefs syndicaux, qu'ils ont une peur maladive de l'argent et de sa force. Pourquoi? Tout simplement parce qu'eux-mêmes s'inscrivent dans le régime. Impuissants à battre ce capital sur son propre terrain, ils se refusent d'autre part à renverser le régime. Alors ils tournent en rond et dénoncent non pas les politiciens comme tels — ce qui serait éminemment souhaitable — mais la politique elle-même, ce qui est odieux.

N'ai-je pas entendu un syndicaliste que j'estime beaucoup, parce qu'il est intelligent et honnête, me dire que l'avènement de l'indépendance amènerait la création d'une foule de petites entreprises canadiennes-françaises et que cela serait préjudiciable aux ouvriers parce qu'il est plus facile pour les syndicats de négocier avec de très grosses entreprises qu'avec des petites.

Si on conclut selon cette ligne de pensée il nous faudra remettre toute l'économie québécoise à des trusts, des cartels ou des monopoles de plus en plus considérables sous prétexte de protéger les ouvriers. Cela dénote une telle inconscience qu'on a presque honte de la souligner.

Non, messieurs les syndicalistes, vous devez repenser vos politiques et renier vos alliances avec le grand capital. Vous ressemblez beaucoup trop aux syndicalistes américains. Et vous, messieurs de la CSN, ne vous voilez pas la face en disant que cela ne vaut que pour la FTQ. Cela vaut aussi pour vous. Ce n'est pas parce que vous avez quelques amis au gouvernement que cela change quoi que ce soit.

Vous avez perdu le sens de «l'opposition». Il faudra le retrouver si vous voulez gagner les vraies batailles qui sont à venir.

Voyez-vous, la différence principale entre vous et nous c'est que vous voulez faire de vos ouvriers des «super-ouvriers» qui gagneront de meilleurs salaires, qui profiteront de meilleures conditions de travail, etc. Cela n'est pas mauvais, mais cela ne mène pas loin. Vos ouvriers ne resteront toujours que des employés et LES AUTRES, une petite minorité, continueront à retirer les véritables profits.

Nous, nous ne cherchons pas à faire des super-ouvriers, mais des patrons. Nous voulons voir les ouvriers au pouvoir! Il y a plusieurs façons d'y arriver. Nous nous sommes souvent expliqués là-dessus.

Mais ce que je veux souligner ici c'est la différence essentielle de nos objectifs. Nous croyons les nôtres plus valables. Il ne nous appartient pas de donner des conseils aux syndicalistes.

Mais si ceux-ci pouvaient s'intéresser à la politique autant que nous nous intéressons au syndicalisme, peut-être pourrions-nous engager un dialogue plus profitable aux ouvriers que l'isolement dans lequel se tiennent tous les groupes dont le premier objectif est le mieux-être des Québécois.

L'Indépendance,
le 1er février 1966

Les «Marines» et nous

L a peur n'est pas totalement disparue au Québec. Et cette peur est souvent sans fondement, toute sentimentale. Combien de gens, qui acceptent théoriquement l'indépendance du Québec, refusent de s'embarquer, pratiquement, parce qu'ils craignent les «marines» américains ou la colère du «Big Business». Ils nous parlent de Saint-Domingue ou du Vietnam. Ils nous montrent ce qui arrive là et qui pourrait arriver ici.

Or il faut bien comprendre que les situations sont totalement différentes. Il ne suffit pas de dire que les Américains n'aimeront pas voir un Québec indépendant, il faut encore analyser quels sont leurs intérêts véritables. Ce sont les intérêts, plus que tout autre chose, qui font agir les Américains.

Au Vietnam, les Américains croient que leur intérêt est de bloquer le communisme avant qu'il ne rejoigne d'autres pays. Pour ce faire, ils ont décidé de «mettre le paquet» et de tout détruire ce qu'il est possible de détruire: les hommes y passent, le pays, la structure économique, tout. Les Américains n'y perdent pas grand-chose (sauf leur prestige dans le monde entier). En effet, le Vietnam n'a jamais présenté un marché important pour eux. Les Vietnamiens n'achetaient même pas une boîte de «cracker-jack» aux États-Unis. Les «marines» peuvent donc se permettre de tout détruire: la puissante Amérique n'en souffre pas trop. Au contraire, plusieurs s'enrichissent de cet odieux massacre.

Maintenant je suppose que le Québec devienne indépendant demain matin. Quelle sera la réaction des

Américains?

Ils peuvent bien ne pas aimer la chose mais ils penseront d'abord à leurs intérêts. Or le Québec est, pour les Américains, un de leurs plus gros marchés. Ils vendent beaucoup chez nous. Et ils vendent plus ici, à six millions d'habitants, qu'ils vendent à l'Afrique (300 millions) à la Chine (700 millions) à la Russie (200 millions) et à combien d'autres pays plus populeux que le nôtre. C'est donc dire que notre marché est extrêmement important pour eux. Leur intérêt est donc de continuer à nous vendre leurs produits.

S'ils envoient les «marines», ils détruisent le pays, ils détruisent leurs acheteurs, ils détruisent une structure économique relativement stable. Partout, ils se boycottent eux-mêmes. Les Américains sont souvent aveuglés sur le plan politique mais lorsqu'il s'agit de leurs gros sous, ils savent compter.

C'est pourquoi, n'ayant aucun intérêt à envahir le Québec, ils ne le feront pas. C'est l'intérêt et l'intérêt seul qui dicte la politique américaine. Ils auront peut-être envie d'envoyer les «marines» mais ils réaliseront très rapidement que nous, nous achetons beaucoup de boîtes de «cracker jack», de Ford, d'oranges de Floride, de réfrigérateurs, de produits de toutes sortes «made in U.S.A.».

Ça leur coupera sûrement un bon nombre de leurs envies.

L'Indépendance,
le 15 février 1966

L'indépendance est un instrument

Nous avons dit et répété sur tous les toits que l'indépendance du Québec n'est pas une solution à nos problèmes mais un instrument pour nous aider à appliquer des solutions. Je veux le répéter encore une fois.

Nos adversaires, depuis toujours, ont voulu faire croire que nous offrions à la population du Québec la solution-miracle qui allait régler tous nos problèmes. Bien sûr ils ajoutaient que nous sommes des rêveurs, qu'il n'existe pas de solutions-miracles, qu'il faut être réalistes, etc.

Or nous ne sommes pas des rêveurs et nous savons que l'indépendance n'est pas une panacée. Il est temps que tout le monde nous comprenne et qu'on écoute ce que nous disons vraiment plutôt que de nous prêter un lot d'intentions plus farfelues les unes que les autres.

En fait, nous sommes si conscients que l'indépendance n'est pas une solution que le RIN a voulu se donner le programme politique le plus complet jamais présenté à l'électorat québécois.

C'est dans le programme qu'on trouve les véritables solutions. Mais on s'apercevra vite à la lecture de ce programme que les solutions proposées sont presque toutes irréalisables sans cet instrument essentiel qui s'appelle l'indépendance. C'est l'indépendance qui nous fera récupérer les pouvoirs et l'argent nécessaires pour appliquer notre programme dans tous les domaines, économique, social, culturel et politique. Sans cet instrument, toute bataille devient futile, tout effort est vain.

Bien sûr on objectera qu'il est difficile pour un pays de vivre indépendant. Nous le savons. Nous savons que l'indépendance nous forcera à prendre des responsabilités que d'autres assument à notre place aujourd'hui. Nous savons qu'il nous faudra consentir des efforts que d'autres font à notre place aujourd'hui. Nous savons qu'il est possible que nous commettions des erreurs que d'autres commettent à notre place aujourd'hui et que nous pouvons accuser en toute bonne conscience.

Nous savons qu'il est difficile pour un individu d'assumer une vie adulte, de se sevrer de ses parents. Nous savons qu'il n'en va pas autrement pour les nations et qu'il nous serait beaucoup plus facile de rester dans la Confédération que d'assumer l'indépendance du Québec.

Si nous nous engageons quand même, c'est que nous savons d'autre part que l'indépendance nous permettra de servir d'abord nos intérêts, nos priorités, nos aspirations, au lieu de toujours servir ceux des autres. On dira que nous ne sommes pas prêts. Ceux qui le disent s'imaginent que l'indépendance est une récompense pour les peuples parfaits.

Bien au contraire l'indépendance est l'instrument des peuples faibles, des peuples qui n'ont pas de pouvoirs, des peuples qui manquent de moyens. C'est parce que nous ne sommes pas prêts qu'il faut faire l'indépendance. Elle vient non pas à la fin de la vie d'un peuple mais au début: c'est-à-dire au moment où ce peuple entend assurer sa pleine liberté et assumer ses pleines responsabilités.

Non, l'indépendance n'est pas une récompense, c'est un effort.

Non, l'indépendance n'est pas une solution mais un

instrument — un *instrument essentiel.*

Non, l'indépendance n'est pas un extrémisme, c'est la chose la plus normale du monde.

Cent dix-huit pays indépendants siègent aujourd'hui aux Nations-Unies. Jamais aucun d'entre eux n'a songé un seul instant à abandonner son indépendance. Tous les peuples ont constaté qu'elle avait une valeur indéniable. C'est notre tour maintenant. Je me refuse à croire que Pierre Elliott-Trudeau puisse seul avoir raison contre deux milliards d'hommes.

L'Indépendance,
le 15 mars 1966

Méfiez-vous des vivants!

L es jeunes de 15 à 20 ans sont sans doute ce que nous avons de plus précieux au Québec aujourd'hui. Certains adultes le reconnaissent mais beaucoup d'autres, bien plus nombreux, n'ont pour eux que mépris.

Un incident récent nous montre bien à quel point certains adultes sont malades. Nous avons tous pu lire dans les journaux l'incident récent de Ville Mont-Royal où des policiers ont arrêté trois adolescents pour leur faire une coupe de cheveux à la Wagner avec l'approbation délirante de leurs parents. Il ne s'est levé personne pour les défendre. Pourtant les policiers étaient dans l'illégalité. Ils pouvaient être accusés d'assaut sur la personne. On a laissé faire parce qu'«enfin l'autorité s'affirmait». *La délinquance adulte, c'est ça.*

Ce petit fait est banal. Il illustre bien cependant une situation fort déplorable. On accuse les jeunes d'être mal élevés sans jamais s'accuser soi-même de les avoir mis au monde et «élevés» de la sorte.

En fait, il faut bien le dire, les adultes sont affolés. Ils ont une peur bleue. Ils se sentent coupables parce qu'ils n'ont rien fait de leur vie, parce qu'il n'ont rien créé, parce qu'ils ont renié tout ce à quoi ils croyaient. Ils sont sur le banc des accusés. C'est une position qu'ils trouvent très inconfortable. Leurs accusateurs sont leurs propres enfants. Et ils craignent ces «tortionnaires» qui les accusent littéralement d'avoir raté leur vie. C'est alors qu'ils parlent d'autorité, de discipline, de répression. Ils se trouvent devant des enfants bien meilleurs qu'eux-mêmes et ils en ont honte. Alors ils frappent aveuglément, par impuissance. Ils frappent stupidement. Ils ont besoin d'un bouc émissaire. Ils ne peuvent pas décemment s'attaquer au système d'éducation puisqu'ils l'ont créé, entretenu, divinisé. Ils ne peuvent pas s'attaquer à tous les politiciens véreux qui se sont toujours servis de leur ignorance puisqu'ils n'ont jamais eu le courage de les renverser. Ils ne peuvent pas s'en prendre à leurs institutions vétustes puisqu'elles sont la bouée qui les empêche de se noyer. Ils ne peuvent pas s'en prendre à leur voisin puisque celui-ci partage les mêmes petits intérêts, les mêmes petites cochonneries, les mêmes petites combines. Ils ne peuvent pas s'en prendre à eux-mêmes puisqu'ils ont toujours été trop lâches pour se regarder en pleine face.

Alors le bouc émissaire est tout trouvé: les jeunes.

On leur donnera le droit de vote à dix-huit ans mais c'est pour bien leur faire comprendre qu'«ils ne sont pas mûrs pour voter». Qu'ils aient voté eux, toute leur vie, sans jamais savoir pourquoi ne semble pas les déranger outre mesure.

On leur commandera d'avoir le sens des responsabilités mais c'est pour bien leur faire comprendre qu'ils n'ont pas le droit d'en exercer aucune.

On leur parlera de la liberté avec un grand L mais c'est pour bien leur faire comprendre que leurs petites libertés ne seront pas tolérées.

On leur parlera de l'amour avec un grand A mais c'est pour mieux leur faire comprendre qu'il ne sert à rien d'aimer et qu'il vaut mieux se cacher hypocritement de toutes ses amours manquées.

On leur parlera de la vie alors qu'on la méprise souverainement. On leur parlera de la fierté alors qu'on n'est qu'un esclave. On leur parlera de respect alors qu'on ne se respecte même pas soi-même. On leur parlera de justice alors qu'on exploite honteusement tous ses semblables.

Il faudra bien que les adultes comprennent un jour que les jeunes d'aujourd'hui ont plus de respect qu'ils n'en ont jamais eu. Seulement ils ne respectent que ce qui mérite de l'être. S'ils respectent un vieillard, ce n'est pas parce qu'il est un vieillard, mais parce qu'il est un homme valable. S'ils respectent un prêtre, ce n'est pas parce qu'il est prêtre mais parce qu'il est un homme valable. S'ils respectent leur père, ce n'est pas parce qu'il est leur père mais parce qu'il est un homme valable.

Messieurs les adultes, vous avez confondu servilité et respect. Pas surprenant que vous ne compreniez rien à ce qui se passe chez vos enfants.

Évidemment vous vous imaginez que tout cela leur passera avec l'âge, qu'ils deviendront ce que vous êtes, qu'ils renieront tous leurs combats et tous leurs espoirs comme vous l'avez fait. N'y comptez pas trop. Bien sûr, certains le feront. Vous les forcerez à le faire. Mais les autres?

Ceux qui continueront à croire que leurs rêves méritent d'être réalisés. Ceux qui continueront à se battre contre vos petits intérêts mesquins. Ceux qui continueront à croire qu'ils sont meilleurs que vous, et plus courageux. Ceux qui continueront à défendre leurs idées malgré tous vos préjugés. Ceux qui resteront eux-mêmes et qui refuseront de s'avilir. Ceux qui se respecteront. Ceux qui continueront à vous envoyer promener parce que vous êtes stupides. Ceux qui n'auront que leur mérite, et leur fierté et leur foi en un monde meilleur. Ceux qui resteront libres. Ceux qui resteront JEUNES. Ceux qui n'auront pas peur de vos épouvantails. Ceux qui résisteront.

Les forts, les purs, les fous, les barbus, les originaux, les compétents, les fidèles. Ceux qui vivent parce que ça vaut la peine de vivre. LES VIVANTS!

Méfiez-vous de ceux-là. Ce sont eux qui mèneront le monde. Et si vous continuez à les mépriser comme vous vous méprisez vous-mêmes, si vous continuez à les rendre responsables de tout ce dont vous êtes coupables, alors attention! Ils vous asserviront encore un peu plus que vous ne l'êtes aujourd'hui! Et vous l'aurez bien mérité.

L'Indépendance,
le 15 avril 1966

Daniel Johnson et la campagne électorale de '66

S i l'élection de 1970 avait permis au Parti québécois d'asseoir solidement les forces indépendantistes sur un pourcentage de votes important, l'élection de 1966 nous avait permis de nous «compter» pour la première fois.

Le RIN n'existait alors que depuis six ans. Entretemps, de mouvement d'éducation populaire qu'il était, il s'était transformé en parti politique. Oh! un bien petit parti politique! Mais nous étions déterminés, malgré nos forces très réduites, à livrer aux vieux partis une bataille qui ne leur laisserait aucun repos.

J'avais alors trente-deux ans et j'étais président du parti depuis deux ans. Je n'avais jamais participé activement à aucune élection précédente. C'est donc dire que c'est avec une sorte de crainte mêlée de griserie que je plongeai dans la course.

M. Jean Lesage était au pouvoir. M. Daniel Johnson était chef de l'Opposition.

Le RIN mena une campagne de tous les instants. Nous avions été les premiers à sauter dans le bain dès l'annonce de la date des élections et, pendant un mois et demi (avril et mai 1966), farouches, nous ne cédâmes pas un pouce de terrain à l'adversaire. Au contraire.

Nous étions passés à l'offensive dès le départ et nos adversaires furent forcés de se battre sur notre terrain pendant une bonne partie de la campagne. Nous voulions les forcer à parler de l'indépendance du Québec et nous y réussîmes au-delà de nos espérances.

Nous avions réussi à dénicher soixante-treize candidats. Le RN (Ralliement National), issu d'une scission au sein du RIN, en présentait quatre-vingt-quinze.

Notre campagne visait surtout le Parti libéral, qui nous semblait l'ennemi le plus facilement identifiable à cause des nombreuses sorties colériques que M. Lesage et nombre de ses ministres avaient faites contre nous dans les années précédentes.

Le premier ministre n'avait-il pas affirmé quelque temps auparavant, en parlant de nous, les indépendantistes: «I'll smash them»? (Je les écraserai). M. Claude Wagner n'était-il pas celui qui avait provoqué «le samedi de la matraque» lors de la visite de la reine à Québec et qui jurait à qui voulait l'entendre qu'il fallait se débarrasser de nous aussi vite que possible? MM. Kiérans et Gérin-Lajoie se fendaient de grandes déclarations fédéralistes pendant que M. René Lévesque lui-même, malgré ses sentiments nationalistes, ne voyait en la cause de l'indépendance que le rêve insensé et mal dirigé d'une jeunesse en mal de bougeotte.

L'ennemi, c'était donc le Parti libéral. Deux ans plus tôt, M. Lesage avait stoppé net la «révolution tranquille». Il ne l'avait jamais souhaitée; quelques ministres, députés et fonctionnaires l'avaient forcé à s'y joindre à son corps défendant. Mais à la première chance qui survint, il avait regroupé autour de lui les libéraux les plus réactionnaires pour étouffer les éléments les plus dynamiques de son parti. Il décida donc de faire campagne seul pendant que Lévesque, Gérin-Lajoie, Kiérans et quelques autres faisaient de leur mieux, chacun de son côté, pour démontrer que la «révolution» continuait malgré tout. Ce fut peut-être sa plus grave erreur. Amer, agressif et arrogant comme jamais, il accumula bêtise sur bêtise, plongea tête première dans des incidents fâcheux et prononça force sottises que les média d'information s'empressèrent de relever. Il avait été élu le «plus bel homme du Canada» quelque temps auparavant. Vaniteux, il eut le tort d'y croire, ce qui ne manquait pas de le plonger dans le ridicule. M. Johnson, de son côté, faisait une campagne nationaliste et piétinait un peu nos plates-bandes. Mais il ne nous attaquait jamais de front. Au fond, il nous aimait bien et, comme il avait de l'instinct, il sentait bien qu'il se passait au Québec quelque chose de plus profond que les analyses superficielles le laissaient entendre.

Je l'avais rencontré quelques mois auparavant. Nous avions discuté pendant deux heures à son bureau de la rue Dorchester, à Montréal. Fin causeur, habile, il tourna autour du pot pendant tout l'entretien. Pourtant, je le voyais venir. Il ne parla jamais de coalition, ni d'entente, ni d'intégration de quelque sorte que ce soit. Mais à la fin de cette conversation agréable, il glissa, comme en ayant l'air de ne pas y toucher, presque distraitement: «M. Bourgault, ce serait extraordinaire ce que nous pourrions faire ensemble. Vous, vous seriez sur la scène, vous feriez des discours et vous convaincriez les gens pendant que moi je serais à vos côtés et que...»

Je souris. Je n'étais nullement ébranlé dans mes convictions et j'avais ma réponse toute prête. C'était la réponse frondeuse d'un jeune coq, sûr de lui, effronté, un peu vaniteux, et qui ne croyait pas trop sérieusement ce qu'il affirmait: «M. Johnson, dis-je, tout ce que nous pourrions faire ensemble, nous du RIN, nous pouvons le faire seuls.»

Il sourit à son tour. L'entretien était terminé. Nous savions tous deux à quoi nous en tenir. Et j'avais connu d'un peu plus près cet homme qui allait bientôt devenir premier ministre du Québec. Il venait de me faire la démonstration de sa manière. Il attaquait rarement ses adversaires. Il les avalait et les désarmait. C'est la méthode «anglaise» entre toutes. Il y excellait. Et toujours avec ce charme incomparable que tous lui connaissaient.

Ni lui ni moi ne pensâmes plus jamais à cette rencontre. Nous devions rester des adversaires, quoique fort respectueux l'un de l'autre, jusqu'à la fin.

La campagne électorale était difficile mais emballante. Après notre coup d'envoi à Hull, je parcourus tout le Québec à un train d'enfer. Je menais partout notre slogan «On est capable» et, de discours en discours, d'assemblée en assemblée, je martelais le même clou sans relâche. Nos militants, tous bénévoles, faisaient des merveilles. Les jeunes surtout faisaient preuve d'un sens de l'organisation et d'un sérieux dont on ne les eût pas crus capables.

Mais nous manquions terriblement d'expérience. Et si nos idées réussissaient à rejoindre passablement de gens, nous nous sentions impuissants dans la nécessité de «sortir le vote» qui nous était favorable. Nous connaissions mal les vieux partis. Nous ne savions pas de quelles bassesses ils étaient capables et nous mettions beaucoup de temps à comprendre leurs tactiques déloyales et à contrer leurs coups bas. Mais cette ignorance ne faisait pas que nous nuire. Elle nous aidait dans la mesure où elle nous empêchait de perdre notre temps dans toutes sortes de trivialités où nous nous serions complètement empêtrés si nous y avions accordé la moindre attention. De plus, cette belle inconscience désarmait nos adversaires. Comme nous étions fort mal organisés pour contrer leurs coups, leurs organisateurs se demandaient constamment si ceux-ci portaient, s'ils atteignaient vraiment leur objectif. Comme, plus souvent qu'autrement, nous ignorions leurs saloperies, ils arrivaient à ne plus savoir comment nous atteindre.

Nous nous battions comme nous l'entendions, à notre façon, et tant pis pour ceux qui n'y comprenaient rien. Je parcourais donc le Québec à toute vitesse mais je m'étais quand même réservé un certain nombre de jours pour m'occuper de ma circonscription : Duplessis. C'était là que j'aimais toujours me retrouver. J'y travaillais déjà depuis trois ou quatre ans et je m'étais fait de nombreux amis tout le long de la Côte.

On m'a souvent demandé pourquoi je m'étais présenté dans ce comté impossible. Il n'y a pas de réponse absolument claire à cette question. J'en avais envie, voilà tout. Je me sentais bien sur la Côte-Nord et j'y trouvais une chaleur et un dynamisme qui semblaient permettre tous les espoirs. J'avais aussi la secrète ambition d'y faire une percée importante, d'en faire une sorte de légende qui servirait d'exemple aux autres régions du Québec. Je me disais que si le RIN réussissait dans ce comté extrêmement difficile, où les communications étaient à peu près inexistantes, où les distances étaient considérables et où il fallait mettre beaucoup de temps et de patience à joindre les citoyens, alors tout deviendrait possible dans les autres circonscriptions du Québec. Commencer par le plus difficile, de sorte que tout le reste devienne facile par la suite. La Côte-Nord, que chantait Vigneault, était devenue une sorte de symbole dans l'esprit des Québécois : une terre à chanter, un pays à conquérir, un Nouveau-Québec à inventer. C'était une image propre à frapper l'imagination. C'était aussi une image remplie de mystères puisque peu de Québécois connaissaient cette région.

Par-dessus tout — un ami qui m'accompagnait me le fit remarquer plus tard — c'était le seul endroit au

Québec où je me sentais vraiment chez moi. La mer, ce paysage grandiose, farouche, presque inhabité. Ce pays qu'on appela autrefois «terre de Caïn» et qui pourtant ressemble si souvent au paradis. Cette nature difficile, rugueuse, qui force les gens à se coller les uns sur les autres pour mieux se réchauffer, s'aider, se comprendre, s'aimer.

Je n'ai jamais pu parler de la Côte-Nord sans tomber dans le lyrisme le plus démodé et le plus sentimental. Mais pourquoi m'en cacher? J'ai encore dans la tête ces plages infinies où roule le caplan dès les premières marées printanières. J'ai dans l'âme ce désert de roc. J'ai dans le cœur ces visages de chaleur humaine qui m'ont accueilli chez eux comme si j'y avais toujours habité.

C'est là, à Rivière-au-Tonnerre, que je devais tenir ma dernière assemblée de cette campagne électorale. Mais j'anticipe.

Dès la fin d'avril, je fis une première tournée-éclair du comté. Un journaliste de *La Presse* m'accompagnait. Il allait de surprise en surprise. Je lui avais dit de se préparer au pire. Il y eut droit. Je crois bien qu'il maigrit de dix livres en cinq jours.

Je le trimballai de Sept-Iles à Schefferville, puis de retour à Sept-Iles, Moisie, Clarke City. Il descendit avec moi jusqu'au Havre Saint-Pierre pour remonter par Rivière-Mingan, Magpie, Rivière Saint-Jean, Rivière-au-Tonnerre, Sheldrake. Il dut parcourir de longues distances à pied.

Il dut tenter de comprendre ce qui se passait dans ces villages, comment ils étaient tous si différents l'un de l'autre, pourquoi des centaines de gens s'y accrochaient et quel drôle de type j'étais pour me fourvoyer dans pareille aventure.

Nous avions installé notre quartier-général à Sept-

Iles. Quand j'y arrivai, en provenance de Schefferville, mes organisateurs m'attendaient à l'aéroport. Pour m'annoncer que le président des Jeunesses rinistes de l'endroit, Alain Saint-Gelais, qui n'avait alors que dix-sept ans, avait été littéralement battu par un organisateur libéral véreux dans le comité même de notre parti. Je n'hésitai pas une seconde. Nous téléphonâmes immédiatement au poste de radio de Sept-Iles pour y acheter un quart d'heure d'antenne. Je m'y rendis à toute vitesse pour y dénoncer durement pareilles tactiques d'intimidation. Puis nous déposâmes une plainte à la police. Ce petit organisateur fut arrêté immédiatement et passa quelques jours en prison. Il ne recommença pas.

Mais la campagne était dure d'une autre façon. Le député libéral sortant, M. Henri Coiteux, ne faisait pas de quartier. Et il se battait à l'ancienne mode : toutes les médisances et les calomnies y passaient. L'argent coulait à flots. Il mettait le mensonge au service de l'hypocrisie. Il est mort aujourd'hui. Mais je n'ai pas plus de respect pour lui mort que vivant. C'était un être dégoûtant et un politicien réactionnaire, patroneux et stupide. À Sept-Iles, il était détesté. Il était l'incarnation parfaite de tout ce contre quoi je me battais : l'ignorance, la malhonnêteté, la stupidité, la bêtise, l'achat des consciences, le mépris total du peuple.

Chaque fois que je paraissais, il annonçait Castro, Mao, les bombes, la dynamite, les fusils, le sang.

Je le voyais malfaisant. Je voulais le vaincre.

Le Petit Journal,
semaine du 18 au 24 mars 1973

La terrible et belle campagne du RIN

E n ce début de campagne électorale (1966), lorsque je quittai Sept-Iles pour rentrer à Montréal, il aurait été fort hasardeux de prédire ce qui allait se passer dans le comté de Duplessis. Les gens ne parlaient pas. Les indépendantistes étaient encore à cette époque des monstres dangereux et peu nombreux étaient ceux qui osaient avouer leurs sympathies pour le mouvement.

Je m'arrêtai à Rimouski. C'est là que j'enregistrai les dix-huit émissions de télévision qui devaient parsemer la campagne électorale partout à travers le Québec. C'était bien peu mais c'était tout ce que nous avions les moyens de nous payer. Nous réussîmes pourtant, ce jour-là, une sorte de tour de force. Nous avions pris possession du studio vers midi et, à une heure du matin, les dix-huit émissions étaient «dans la boîte».

Montréal. Maintenant la bataille commençait pour de bon. Nous allions bon train. Nous nous aperçûmes rapidement que notre organisation, quoique fragmentaire, était beaucoup plus solide que nous l'avions espéré. Dans chaque comté où nous avions des candidats, nos représentants étudiaient sérieusement la nouvelle loi électorale. Nous étions déterminés à connaître à fond ce qu'elle contenait et à ne pas nous faire «passer de Québec» le jour de l'élection.

Les membres et les sympathisants vidaient littéralement leurs poches pour financer la campagne. C'est Bernard Beauchamp qui la dirigeait, de notre petit secrétariat central de la rue Saint-Hubert. Il était dur, efficace et inébranlable.

Pierre Renaud, pour sa part, comprimait les dépenses au maximum en tentant de centraliser le plus possible la publicité.

Dans les comtés, chaque organisateur voyait à «pointer» ses listes électorales pendant que presque tous les militants étaient recrutés comme représentants du parti dans les bureaux de scrutin. S'il y avait une limite d'âge pour voter ou pour se présenter candidat, cette règle ne jouait pas dans le cas de ces représentants: de sorte que bon nombre d'adolescents de quinze, seize ou dix-sept ans, à la fois sérieux, enthousiastes et compétents, offrirent leurs services. Nous acceptâmes après quelque hésitation. Autant nous craignions d'embrigader trop sérieusement ces jeunes encore fragiles, autant nous croyions en l'importance pour eux de participer le plus rapidement possible à une action politique qui pouvait les préparer à mieux assumer plus tard leurs responsabilités. C'est donc par centaines que ces jeunes Québécois firent leurs premières armes. Ils y croyaient si profondément, leur joie était si intense et leur sens des responsabilités si grand, qu'ils en marquèrent profondément toute la campagne électorale. Leur présence était telle que les observateurs non avertis pouvaient croire qu'il n'y en avait que pour eux dans le RIN.

Ils avaient une importance capitale. Nous comptions beaucoup sur cet appui des jeunes qui, pour la première fois cette année, allaient voter à partir de dix-huit ans. Ils pouvaient faire la différence et nous éviter d'être littéralement «lavés» de la scène politique québécoise. C'eût été un véritable désastre, au moment où nous tentions notre première percée.

Les adultes, croyez-moi, n'en chômaient pas pour autant. Plusieurs en étaient à leur première expérience électorale. D'autres, fort peu nombreux, qui avaient milité dans d'autres partis, les instruisaient de leur expérience. Nos assemblées étaient bien organisées et nos salles étaient remplies. Les militants se faisaient un devoir d'y assister, «pour faire nombre».

Mais c'est la curiosité qui attirait le plus grand nombre d'auditeurs. Nous étions encore, à cette époque, relativement inconnus et, si personne n'ignorait que le RIN proposait de faire l'indépendance du Québec, bien peu nombreux étaient ceux qui savaient de quoi il en retournait. Notre action des dernières années avait été spectaculaire. On voulait donc voir de près ces jeunes écervelés qui avaient souvent réussi à tenir tête aux pouvoirs traditionnels.

Je faisais quatre ou cinq assemblées par jour. Je visitais des usines, je descendais au fond des mines, je signais des livres d'or, je me démenais comme un diable dans l'eau bénite. Jamais je n'avais vécu avec autant d'intensité. J'ai bien dû accumuler dix années de vie normale dans ces deux mois de campagne électorale. J'éprouvai ma résistance physique et morale jusqu'au bout. Mais sans y penser. J'étais tout à l'enthousiasme de cette première grande bataille. Je répétais inlassablement qu'il fallait «mettre le RIN sur la carte du Québec et le Québec sur la carte du monde». Formule bien sûr! Mais cette formule exprimait bien nos deux objectifs: faire du Québec un pays normal qui prendrait sa place au milieu de toutes les nations indépendantes et construire le plus solidement possible le RIN, l'instrument qui devait rendre le premier objectif accessible.

Notre slogan «On est capable» fleurissait sur tous les murs. On le scandait dans toutes les assemblées. Il visait à nous faire prendre conscience de nos possibilités, à nous débarrasser à jamais de notre mentalité-de-nés-pour-un-p'tit-pain. Il fallait prendre confiance en nous-mêmes, cette confiance que nous avions perdue il y a si longtemps et qu'il était si difficile de retrouver.

C'est avec une grande joie et quelque férocité que nous attaquions les libéraux; M. Lesage, qui faisait campagne seul, constituait une cible de premier choix. Son conservatisme, ses colères, son arrogance et sa fatuité se prêtaient bien au ridicule. (Quelque temps plus tard, après les élections, lors de l'ouverture de la session à Québec, je rencontrai M. Lesage dans le bureau de Yves Michaud, au Parlement. M. Johnson était maintenant au pouvoir. Je dis à M. Lesage: «Je trouve qu'il est très difficile d'attaquer M. Johnson. Au moment où nous le frappons il n'est déjà plus là. Il se dérobe. Comme une couleuvre. Il est toujours ailleurs. Êtes-vous de mon avis?» Il me répondit qu'il entretenait le même sentiment. J'ajoutai alors: «Avec vous comme premier ministre, c'était tellement différent. Lorsque vous disiez une bêtise, on vous sautait dessus. Non seulement vous ne vous sauviez pas mais vous répétiez la même bêtise, dix fois, cent fois, sans vous lasser. C'était merveilleux dans ce temps-là.» Il quitta le bureau précipitamment. Je ne crois pas que nous nous soyions jamais reparlé.)

C'était vrai. Quel adversaire merveilleux il faisait. Nous nous en donnions à cœur joie.

La campagne passa très rapidement. Nous entrions déjà dans le sprint final et nous réussissions toujours à maintenir notre rythme d'enfer. Les journaux, la télévision et la radio nous étaient sympathiques. Nous étions «l'underdog», nous n'avions aucune chance de l'emporter, il était donc naturel qu'on nous témoignât quelque amitié.

Je parlais. Je parlais sans cesse. À en perdre la voix.

L'enthousiasme grandissait pendant que mes forces diminuaient. On me bourrait de calmants et de stimulants. Moi qui n'avais à peu près jamais pris de pilules de ma vie, voilà maintenant que j'en faisais une consommation effarante. J'étais littéralement drogué. Qu'importe! Il fallait se rendre au bout!

Nous avions préparé pour le 1er juin notre dernière grande assemblée publique à Montréal. Sans trop y croire, nous voulions en faire la plus grosse assemblée de toute la campagne électorale. Nous avions décidé de battre les autres partis au moins sur ce terrain.

Je fus, ce jour-là, d'une humeur massacrante. J'habitais alors chez des amis, les Desrosiers, et c'est avec une patience infinie qu'ils «m'endurèrent». J'étais fatigué, nerveux, je craignais que nous fassions un four. Nous avions loué l'aréna de Montréal-Nord. Il fallait y entasser au moins 5 000 personnes. J'étais sûr que nous n'y parviendrions jamais. J'étais en colère quand je quittai la maison. Et tout au long du parcours qui m'amenait à l'Hôtel-de-Ville de Montréal-Nord, je fus sombre et renfrogné — quand je n'engueulais pas ceux qui m'accompagnaient.

Montréal-Nord. Hôtel-de-ville. Livre d'or. Le maire Yves Ryan avait accepté de présider notre assemblée. De la fenêtre de son bureau, nous voyions les autos s'engouffrer dans le parking qui entourait l'aréna. Des éclaireurs nous assuraient qu'il y avait déjà beaucoup de monde.

Une demi-heure plus tard, accompagné par M. Ryan, je fis à pied le court trajet qui nous séparait de l'aréna. Puis les portes s'ouvrirent devant nous. Nous n'en croyions ni nos yeux ni nos oreilles. Il y avait là plus de dix mille personnes qui remplissaient tous les sièges, qui occupaient chaque espace libre, qui s'accrochaient aux poutres du toit. La salle était surchauffée. Les slogans répondaient aux slogans. La fumée était dense. Il y avait là une sorte de délire joyeux dont je n'avais jamais été témoin auparavant. C'était la fête. C'était presque la victoire. M. Ryan me glissa à l'oreille: «Je n'ai jamais vu cela de ma vie.»

Nous entrâmes. Et nous fîmes notre chemin à travers la foule jusqu'à l'estrade où nous attendaient tous les candidats du parti.

Ma colère était tombée. J'avais recouvré mes sens. Je n'engueulais plus personne. J'étais content. Encore un pari de gagné.

Quelle joie! C'était la première fois, depuis que le RIN existait, qu'il se trouvait autant de militants et de sympathisants groupés au même endroit. Ils se comptaient, s'étonnaient de se voir là en si grand nombre. Après toutes ces années d'efforts, de difficultés de toutes sortes, de sacrifices sans nombre, ils étaient là plus de dix mille à savourer la seule joie de leur propre présence. Ils s'applaudissaient eux-mêmes. Ils étaient le Nouveau-Québec. Ils étaient l'indépendance. Ils étaient la vie.

Le spectacle fut inoubliable. Naïfs, nous croyions déjà que les vieux partis ne s'en remettraient jamais. Il y en avait sûrement quelques-uns dans la salle pour croire que le pouvoir était à portée de la main. Et pourquoi pas? C'était soir de fête. Toutes les illusions, tous les rêves étaient permis. Attendons à demain pour recouvrer nos esprits.

Quelques orateurs parlèrent avant moi. Ils eurent de la peine à se faire entendre tant la foule était déchaînée. Je compris dès lors que les discours étaient superflus. On ne voulait que crier, s'entendre crier, s'applaudir, s'ovationner, se chanter, délirer ensemble pendant quelques heures. On voulait savourer sa récompense. On voulait se trouver beau après s'être fait traiter d'affreux pendant des années. On voulait rire et pleurer de joie. On voulait affirmer sa présence et sa force à la face du monde. Au diable les vedettes et les orateurs. Ce soir, c'est notre fête!

J'avais minutieusement préparé un solide discours, avec l'aide de trois économistes. Ce devait être le discours le plus important de la campagne. Je tentais de prouver, chiffres à l'appui, que le Parti libéral n'avait à peu près rien fait sur le plan économique depuis qu'il était au pouvoir. Ça se tenait assez bien. René Lévesque écopait un peu en passant.

Pourtant, je remis tranquillement mon discours dans ma poche. À quoi bon! Personne ne l'aurait entendu de toutes façons. Puisque la foule avait décidé de se donner la fête, je n'avais donc qu'à y participer moi-même.

On m'annonça enfin. Je me levai et marchai jusqu'au micro. Je reçus l'ovation de circonstance, pendant deux ou trois minutes. Puis la salle se retourna sur elle-même. Le délire atteignit son comble. Ce n'était plus à moi que s'adressaient ces applaudissements, ces bravos, ces cris: c'était au Québec tout entier. Je ne servais que de catalyseur à cette profonde émotion si longtemps retenue, si longtemps méprisée par l'histoire.

Il y avait comme une sorte de rage joyeuse qui montait de ces milliers de bouches, presque muettes depuis deux cent ans. Il y avait toute cette volonté de vivre, de faire quelque chose, de s'emparer de son destin. Bourgault n'était qu'un pion mais la nation existait enfin. Elle était là, debout. Elle chantait, elle dansait, elle s'embrassait, elle pleurait, elle criait sa naissance.

Je contemplais ce spectacle, impuissant mais heureux. Selon un compte-rendu, cela dura quatorze bonnes minutes. De temps en temps, je m'écartais de la tribune pour venir saluer des deux mains. Puis je retournais au micro pour attendre qu'on me donne l'occasion de parler. Cela me parut interminable. Je ne savais plus que faire de mes mains, quelle attitude adopter. Cette joie sans pareille semblait ne vouloir jamais s'arrêter.

Finalement, je réussis à dire quelques mots. Tout

recommença de plus belle. Pendant une heure, la fête continua. Aussitôt que je réussissais à placer quelques phrases, elles servaient de détonateur à une nouvelle envolée: «On est capable». «Le Québec aux québécois». «Québec oui, Ottawa non». Inlassablement, les slogans répondaient aux slogans.

Pendant une heure, je n'eus d'autre alternative que de participer moi-même à cette fête. Mon beau discours dormait dans ma poche, inutile. Ce n'est pas aux libéraux qu'on pensait ce soir. On ne pensait qu'à soi. On ne pensait qu'au Québec. On ne pensait qu'à la vie. Les libéraux, on s'en occuperait demain.

Quand je repris ma place, la foule était exténuée. Moi aussi.

Je descendis parmi les gens et je fus pressé de toutes parts, touché, embrassé, ballotté, bousculé.

J'étais là, mais j'étais ailleurs. Je me sentais terriblement seul. J'étais devenu une image et la foule s'en était emparée. Elle oubliait que je continuais à vivre à côté, moi. Pierre Bourgault, qui pisse comme tout le monde, qui crâne et qui se défend comme tout le monde, qui aime et qui a terriblement envie d'être aimé comme tout le monde.

Je n'avais qu'une envie: me coucher nu, et sentir dans mes bras un autre corps nu et chaud. Ne pas faire l'amour. Tout simplement rester là, ensemble, à deux, pour être moins seul. Sans dire un mot. Sans même se regarder. Les yeux tournés vers l'intérieur. Tout simplement. Comme un homme. Sans faire d'histoires, sans cris, sans bravos, presque sans étreinte. Calmes et sereins comme l'eau dormante. Enfin seuls.

Non. Pas ce soir. Il était dit que je coucherais seul ce soir. Tremblant, presque glacé. Tout seul dans mon lit, comme un con.

Et demain tout recommencera. Il reste encore cinq

jours avant le «vrai jour». Demain je repars pour la Côte-Nord. Encore un pas en avant, un autre pas, puis un autre. Encore cinq jours. Mon Dieu, je n'en peux plus. Je ne me rendrai pas au bout. Il le faut pourtant. Dors bonhomme, il te reste encore un bout de chemin à faire.

Le Petit Journal,
semaine du 25 au 31 mars 1973

Le grand
tournant

L e 2 juin (1966), je redescends à Sept-Iles. Il ne reste que trois jours avant l'élection.

Je ne m'y reconnais plus. Il y a un mois, je n'y rencontrais qu'indifférence et froideur. Aujourd'hui j'y suis reçu presque en triomphateur. Partout où je vais, on accourt pour me serrer la main, pour me souhaiter bonne chance, pour m'assurer de son appui. Le député libéral sortant, M. Henri Coiteux, enrage. Il sent que le terrain s'effondre sous ses pieds, que la victoire n'est pas aussi facile qu'il l'aurait crue. Il se déchaîne. Il me dénonce à tour de bras. Il parle de l'axe Pékin, La Havane, Québec, dont je ne serais que la marionnette. Alors que nous n'avons à peu près pas d'argent, il affirme publiquement que nous sommes fort riches et que nous sommes financés par les communistes. Il crie tant qu'il peut. Il dit n'importe quoi. Un jour, à la radio, il affirme :

«Vous l'avez vu ce riche médecin de Montréal, le docteur Marc Lavallée, qui vient semer ici la révolution. Lorsque celle-ci éclatera, vous le verrez dans les rues de Sept-Iles. Il ramassera les cadavres pour se faire de l'argent.»

Il perd la tête, ce qui est bien dans sa nature.

Ce petit patroneux de la pire espèce qui ne fait de la politique que pour son profit personnel, continue en 1966 à prendre les gens pour des imbéciles. Mais il ne passe plus, à Sept-Iles tout au moins. Et cela, tout le monde le sent bien. C'est une véritable vague en faveur du RIN. Mes organisateurs le sentent si bien qu'ils se prennent à rêver: et si nous prenions le comté, c'est possible non!

Non, ce n'est pas possible. Vous ne connaissez pas la Côte: ces vingt-huit villages qui s'accrochent au sable et au roc, face à la mer, le long de ces cinq cents milles de côte qui séparent Sept-Iles de Blanc-Sablon. Vous ne savez pas comment M. Coiteux y a semé la peur et la servilité. Vous ne savez pas ce que c'est que la campagne électorale d'un vieux parti: il est si facile d'acheter ces gens pauvres qui croient que leur député leur donne de l'argent de sa poche. Vous ne savez pas à quel point ils sont isolés du reste du monde et comment ils ont perdu l'habitude de se défendre. Vous ne savez pas le profond désespoir qui les habite sous leurs rires gaillards et leur apparente désinvolture. Nous ne pouvons pas gagner la Côte. C'est là que nous perdrons tout, même si nous prenons Sept-Iles.

Deux juin. C'est la dernière grande assemblée à Sept-Iles. Ça sent la victoire à plein nez. Un défilé de plus de quatre-vingts voitures. Une assemblée de plus de 1 500 personnes. Ça ne s'est jamais vu dans cette toute jeune ville où les esprits ne sont pas encombrés de tous les préjugés et de toutes les vieilles habitudes qui écrasent encore tant de nos concitoyens partout à travers le Québec.

Tout comme hier à Montréal, l'assemblée plonge dans le délire. Ceux qui ne sont pas là le sentiront quand même puisque les discours sont diffusés à la radio, en direct.

Tout le monde s'embarque maintenant. On ne se cache plus. On affirme ouvertement qu'on va voter RIN. On défie presque les adversaires, les libéraux, les patrons des grosses compagnies, les petits patroneux qui, à mesure que le temps avance, sentent de plus en plus que le vent est en train de tourner. Les dirigeants de l'Iron Ore sont inquiets mais ils savent se retourner vite. Ils nous offrent de l'argent, beaucoup d'argent. Nous refusons. J'en fais état publiquement. J'affirme pour la millième fois que nous ne pouvons servir tout le monde à la fois, que nous ne pouvons pas défendre les intérêts des travailleurs tout en acceptant l'argent de leurs exploiteurs. Nous sommes encore proches de cette époque mais pourtant, en ce temps-là, ces paroles surprenaient encore, scandalisaient les plus vieux, habitués à piger dans toutes les mangeoires, mais séduisaient les plus jeunes qui avaient envie de changer quelque chose.

Comment Sept-Iles allait-elle voter? C'est la question qu'on se posait dans tout le comté. Et la réponse se faisait plus claire de jour en jour: Sept-Iles s'apprêtait à voter RIN.

Je passai une journée à Schefferville où je répandis cette bonne nouvelle qui venait de Sept-Iles. Sans illusion. «Ville de compagnie», Schefferville sentait bien tout le poids que l'Iron Ore faisait peser sur les consciences. Qu'importe, il y avait là un bon groupe d'esprits libres qui travaillaient d'arrache-pied pour empêcher Henri Coiteux d'y continuer ses actions malfaisantes. On se souvenait assez bien que c'est ici que Maurice Duplessis, après avoir littéralement donné toutes les richesses de ce territoire aux grandes compagnies américaines, était venu y finir ses jours, dans une maison de la Compagnie, évidemment. C'est ici, au milieu de ces trous de mines à ciel ouvert, dans ce paysage désolé, qu'on pouvait le mieux sentir à quel point tous nos dirigeants nous avaient trahis, volés, méprisés et humiliés. C'est à deux pas d'ici, dans la réserve indienne, qu'on pouvait constater le mépris dans lequel les Blancs tenaient les premiers habitants du territoire.

Schefferville, malgré son isolement et malgré l'absence d'information qui y parvenait (il y avait bien une station de télévision mais elle appartenait à la compagnie), commençait à bouger.

Je revins à Sept-Iles à toute vitesse et je redescendis sur la Côte. C'est à Rivière-au-Tonnerre que j'avais décidé de tenir la dernière assemblée de cette campagne électorale. Pourquoi Rivière-au-Tonnerre? Parce que c'était chez nous. Parce qu'on m'y avait adopté, choyé, aimé. Parce que je les aimais aussi toutes ces bonnes gens qui m'avaient fait une place parmi elles. Parce qu'elles m'avaient ouvert leur porte autrefois.

Je me souviens. C'était il y a trois ans. C'était mon premier voyage sur la Basse-Côte-Nord. Je n'y avais jamais mis les pieds. J'étais un parfait inconnu, je ne savais rien de ce que j'allais y trouver.

Le bateau me déposa sur le quai de Rivière-au-Tonnerre, à sept heures du matin. Je suis là, seul, à me demander quoi faire maintenant. Il y a ce village, allongé le long de la côte. Il y a une maison tout au bout de cet interminable quai. Il n'y a qu'une chose à faire: je marche jusqu'à la maison. Je frappe. On m'ouvre. Et je dis: «Je suis Pierre Bourgault, du RIN.» J'attendais de la stupéfaction. Il n'y eut même pas d'étonnement dans le regard de celui qui m'avait ouvert. Il dit tout simplement: «Entrez.» Et sa femme ajouta: «Non, non, n'enlevez pas vos bottes.» Je les enlevai quand même. Je ne savais pas encore comment on faisait les choses en ce pays.

Et ce sont ces gens de Rivière-au-Tonnerre qui m'ont tout appris de la Côte, qui m'ont fait aimer ce pays comme je n'en aime aucun autre au monde. Qui m'ont logé, nourri, embrassé, amusé, qui m'ont entouré de leurs enfants, de leur affection, de leurs problèmes, de leurs joies, de leur solitude, de leur chaleur. QUI M'ONT REÇU CHEZ EUX COMME UN DES LEURS.

Il ne s'agissait plus de politique. Il s'agissait d'une

petite fête de famille, tout simplement. La politique n'était qu'un accessoire. Importante, mais accessoire.

Effectivement, l'assemblée tourna en réunion de famille où nous causâmes politique, bien sûr, mais les chansons et les danses succédèrent rapidement aux discours, pour notre plus grande joie à tous. Puis nous fîmes un tour sur la grève où les jeunes jouaient de la guitare, buvaient de la bière et mangeaient du caplan autour d'un grand feu.

Comme d'habitude, je rentrai dans «ma famille», chez les Bourque, pour y passer cette nuit de veille d'élection.

Dimanche matin, cinq juin. Quelle journée magnifique. Il fait un soleil à vous retourner l'âme. Je suis heureux. Il faut remonter à Sept-Iles, mais nous nous sommes entendus pour faire un détour par l'Ile d'Anticosti. Malheureusement, on nous apprend que l'île est encore couverte de brume et que nous ne pourrons pas y atterrir. Nous filons donc vers Sept-Iles. Nous y atterrissons vers huit heures du matin.

C'est le grand jour. Que va-t-il se passer?

Je me rends immédiatement au local de mon organisation pour voir si tout y fonctionne rondement et pour offrir mes services. «Surtout achale-nous pas et laisse-nous travailler en paix.» C'est ainsi qu'on me reçoit. Avec raison. Il n'y a rien de plus emmerdant qu'un candidat le jour de l'élection. «Non, nous n'avons pas besoin de toi.»

Je n'insiste pas. J'ai compris. Je m'en vais à l'*Hôtel Sept-Iles* juste à côté. Nous avons fait une folie. Nous avons loué une suite pour la journée. On m'en donne la clé et je m'y installe. Je fais monter du café. Je m'assois, tranquille, face à la Baie où le soleil illumine sept ou huit navires qui y sont ancrés.

Et là, pendant une heure, il s'est passé en moi

quelque chose d'extraordinaire, que je n'avais jamais connu auparavant et que je n'ai jamais retrouvé depuis. C'était un merveilleux jour. À tous points de vue. Et ce soleil! Et la mer! Et cet instant où je suis seul à contempler ce spectacle! Ah oui, quel merveilleux jour, quel merveilleux moment!

Mon Dieu que je suis bien! Quel est donc ce sentiment que j'éprouve et qui m'était jusqu'alors inconnu? Oui, je le sais, je le sens maintenant: c'est la satisfaction.

Cela peut vous paraître insignifiant mais pour moi ce moment est d'une importance capitale dans ma vie. Pendant près d'une heure, j'éprouvai, pour la première fois de ma vie, le sentiment d'une satisfaction absolument parfaite. Je vous jure que c'est quelque chose d'extraordinaire.

J'étais là, assis, chauffé comme un chat par ce soleil qui n'arrêtait pas de me taper sur la peau et je me disais: «Voilà, j'ai tout fait ce que j'étais capable de faire. J'ai tout donné, intellectuellement, physiquement, moralement. Je suis allé au bout de moi-même, au bout de mes forces, je me suis vidé complètement. Je ne pourrais pas aller plus loin. Je n'ai peut-être pas assez donné, je n'ai peut-être pas assez fait, mais je ne peux donner ni faire plus. C'est là mon maximum. Pour la première fois de ma vie, je me suis rendu jusqu'au seuil de ma résistance, de mes capacités, de ma vie. Je suis content.»

J'étais satisfait. Ce merveilleux sentiment m'habita pendant un moment. C'était un sentiment si intense et si parfait dans sa plénitude qu'il valait la peine d'avoir vécu trente-trois ans pour l'éprouver.

Puis je retombai sur terre. Les questions m'assaillirent de nouveau. Qu'est-ce qui reste à faire? N'avons-nous pas oublié telle ou telle chose? Tous nos militants sont-ils en place? Ne pourrais-je pas être utile quelque part? La vie quotidienne reprenait sa place.

La journée se passa sans anicroches. Le soir, c'est dans cette suite de *l'Hôtel Sept-Iles* que nous apprîmes à la télévision le résultat des élections. Nous nous faisions «laver» sur la Basse-Côte-Nord, comme je le prévoyais. Schefferville nous donnait gagnant dans quatre bureaux de scrutin sur neuf. Puis enfin Sept-Iles nous faisait un triomphe. Premiers à Sept-Iles. Sept-Iles, qui devenait ainsi la première et la seule ville indépendantiste du Québec. C'était un beau résultat. Objectivement. Mais M. Coiteux restait député. Il parla à la radio. Il fut mesquin jusque dans la victoire. Mais à l'aréna, où le candidat élu devait faire une apparition, plus de deux mille personnes le huèrent et quelqu'un lui cracha au visage. Il avait perdu son bastion : Sept-Iles. Plus important encore, les indépendantistes avaient pris position solidement dans leur premier château-fort. Désormais Sept-Iles deviendrait un symbole pour tous les indépendantistes québécois.

J'aurais voulu être élu. Je ne l'étais pas mais j'étais quand même heureux. Il venait de se passer quelque chose. C'est tout le Québec qui, désormais, prendrait le grand tournant.

Trois semaines plus tard, je redescendis sur la Basse-Côte-Nord. Je leur avais promis, qu'élu ou pas, je reviendrais les voir. Je tins promesse.

Le Petit Journal,
semaine du 1er au 7 avril 1973

Les néo-rois-nègres

onsieur André Laurendeau, qui fut le premier chez
nous à dénoncer certains rois-nègres du régime
Duplessis, pourrait aujourd'hui recommencer sa bataille
avec plus d'ardeur que jamais. Il n'aurait qu'à tourner les
yeux vers Ottawa plutôt que Québec. Il y verrait un
spectacle beaucoup plus dégoûtant que celui auquel nous
assistions autrefois; en effet, Jean Marchand mène la
ronde, dans un manège où l'indécence le dispute à la
bêtise, et l'ignorance à la bassesse.

Les néo-rois-nègres du centenaire viennent de monter sur la scène. Et ils veulent tous jouer le rôle principal: celui qui leur est confié par notre sainte anglo-
saxonie: vomir un peu tous les jours, et un peu plus
chaque jour, sur la nation canadienne-française. Certains, il faut bien l'avouer, n'ont aucun talent: Balcer,
Favreau, Cardin, Lamontagne, Sévigny, ont dû se taire,
empêtrés qu'ils étaient dans leurs scandales ou dans ce
qu'il leur restait de conscience.

M. Gérard Pelletier, pour sa part, n'est pas un si
mauvais acteur, mais il souffre trop. Chaque fois qu'il
entreprend de défendre la Confédération, on a l'impression que le désir qu'il a d'être battu dépasse celui qu'il
aurait de ne pas l'être. Alors on lui refuse les rôles de
premier plan qui sont faits sur mesure pour les gueulards
cabotins. Les souffreteux se contentent d'ouvrir des
portes.

Mais voici venir les vrais, les rois-nègres par excel-
lence, ceux qui ne reculent devant rien, les braves, les
valeureux, les chevaliers sans peur et sans reproche du
centenaire, avec, à leur tête, un homme sans scrupules
mais naïf, un homme fini mais têtu, le serviteur modèle,

celui dont on dira qu'il a bien mérité de la nation lorsqu'il deviendra notre plus jeune sénateur, le père putatif des «jeunes morveux»: Jean Marchand. Sera-t-il ou ne sera-t-il pas un jour premier ministre? Nul ne le sait. Mais il est certain qu'il est dans le bon chemin. Il ne se passe pas une semaine sans qu'il flatte les préjugés et le racisme des Anglo canadiens en crachant sur les siens. Il ne défend pas la Confédération, il préfère l'autre méthode: celle qui consiste à fabriquer de toutes pièces des arguments qu'il prête aux indépendantistes pour ensuite les démolir dans une pirouette que les flatteurs et les ignorants s'empressent d'applaudir. Ce procédé est, bien sûr, malhonnête, mais M. Marchand, paré de son ancienne vertu, ne recule pas devant les moyens. Il a décidé, une fois pour toutes, de nous montrer ce dont il est capable. Le super-roi-nègre est né. Il est au service d'un régime qui ne tient plus que par une propagande massive, mensongère et méprisante. M. Marchand n'aime pas du tout qu'on dise qu'il est un traître. Il l'est pourtant. Le fait de ne pas en être conscient ne change rien à l'affaire.

Mais qu'il surveille ses arrières. Le petit Chrétien veut aussi être premier ministre. Il s'en croit capable. Cela n'est pas surprenant. Quand on voit la succession d'impuissants et de vadrouilleurs qui se sont succédés à ce poste depuis cinquante ans, il est bien évident que n'importe quel imbécile peut s'imaginer facilement qu'il peut en faire autant. M. Chrétien a cru un jour qu'il connaissait quelque chose en économie parce qu'il a réussi à nous servir quelques statistiques fédérales réchauffées. Bien sûr, M. Marchand pense, comme nous, que M. Chrétien ne lui va pas à la cheville. Il est plus nerveux que lui lorsqu'il parle de quelque chose qu'il ne connaît pas ou qu'il ne comprend pas. Il n'a pas encore appris à se détendre au milieu du mensonge. Mais cela viendra.

Attention, M. Marchand. Vous savez qu'à Ottawa les places sont comptées chichement aux Canadiens français. Un roi-nègre en remplace un autre plus facilement qu'il ne l'accompagne dans son ascension.

Des valets sont disparus, d'autres leur succèdent. Ils disparaîtront à leur tour pour faire de la place à la succession. On en trouvera toujours quelques-uns au Québec pour servir les maîtres du moment. Mais nos valets sont devenus pratiques. Ils sont beaucoup plus chers qu'autrefois. Ils ont de la race ceux-là. Ramper, bien sûr! Mais attention, pas à n'importe quel prix! On a son petit honneur, ma foi!

P.S. — Je m'aperçois que j'ai oublié M. Pierre Elliott-Trudeau. Et puis non: à la réflexion, je ne l'ai pas oublié...

L'Indépendance,
du 16 au 30 avril 1967

Vous vous souvenez de «Vive le Québec libre»?

Il a plu une bonne partie de la journée. Mais maintenant, les rues ont séché et il fait un temps splendide. Nous sommes au soir du 24 juillet 1967. L'Exposition universelle bat son plein. Le climat social est relativement calme. Les Québécois découvrent le monde et s'aperçoivent qu'on y parle d'autres langues que l'anglais.

Nous sommes quelques milliers, massés autour de l'Hôtel-de-ville de Montréal. Nous attendons l'arrivée du Général de Gaulle. Toute la journée, nous avons pu suivre à la radio sa spectaculaire «montée à Montréal».

Pour ma part, je ne m'attends à rien de très spécial. Je suis déjà fort satisfait de ce qui s'est passé depuis deux jours. Le gouvernement du Québec, le premier ministre M. Daniel Johnson, ont bien fait les choses. La réception est grandiose. Le peuple du Québec n'a pas, de son côté, ménagé son enthousiasme. Le Général de Gaulle est bien reçu, c'est le moins qu'on puisse dire. Il le sent sans doute lui-même qui n'hésite pas, tout au long du parcours du chemin du Roy, sous le soleil comme sous la pluie, à proclamer sa foi dans l'avenir du Québec et de la France. Des phrases simples, essentielles, qui vont droit au but. Il parle d'esprit mais il touche les cœurs.

Tout a fort bien marché. Pour bien marquer à la face du monde que nous habitons un pays colonisé, c'est aux accents du *God Save the Queen* que le Gouverneur général du Canada a reçu le général à Québec. Protocole sans doute. Mais faute politique évidente. Une affaire qui commence par le rappel à tout un peuple de son humiliation séculaire ne peut certainement pas finir autrement que par un coup de théâtre. Bien sûr, si nous étions seuls, nous nous contenterions de huer, comme il fut fait ce matin-là à Québec. Mais nous ne sommes pas seuls. Il y a aujourd'hui quelqu'un dans la place qui fut longtemps et souvent humilié mais qui n'accepta jamais de le rester. Il n'a pas, comme nous, pris l'habitude de la servilité. Il ne va pas nous faire la leçon. Oh non, il a trop de pudeur pour cela. Il va simplement se présenter à nous comme il est en lui-même. Il va simplement nous montrer à quoi ça ressemble un homme debout.

Toujours accompagné de son fidèle «ami Johnson», il commence à Québec ce voyage épuisant qui va le mener, de ville en ville, de discours en discours, de *Marseillaise* en *Marseillaise* au balcon de l'Hôtel-de-ville de Montréal.

À chaque étape où il s'arrête, il fait un pas de plus dans la direction qu'il a choisie, il monte le ton d'un cran, il ajoute un mot de plus, il frappe une image qui augmente la fièvre de la foule: il prépare son public. Mais son public est déjà passablement préparé. Car ce voyage, ce n'est pas aujourd'hui qu'il commence. Il a commencé il y a plus d'un an. Et le Général sait mieux que quiconque ce qui va se passer. Il a tout prévu, jusque dans les moindres détails.

Je me souviens maintenant.

Lorsque nous apprîmes, comme tout le monde, la liste des chefs d'État qui devaient visiter Montréal à l'occasion de l'Expo 67, deux noms se détachaient de tous les autres et prenaient pour nous une signification toute particulière. La Reine Elizabeth d'Angleterre et le Général de Gaulle. Leur visite prenait l'allure d'un symbole. Le RIN se devait donc de faire ou de ne pas faire quelque chose, de marquer le coup ou d'ignorer l'événement autant que possible.

Face à la reine Elizabeth, nous n'eûmes aucune hésitation. Nous avions déjà déclaré, après la visite mémorable qu'elle avait faite à Québec en 1964, que nous lui interdirions de ne jamais remettre les pieds au Québec. Nous étions farouchement déterminés à tenir parole, quoi qu'il nous en coûtat. Sans doute Ottawa le comprit-il. Les terrains de l'Expo étaient dotés d'un statut temporaire de territoire international. La reine y arriverait donc en bateau et quitterait de la même façon. Elle ne mettrait donc pas le pied au Québec, proprement dit. Donc, pas de problème. L'affaire était classée. Nous décidâmes de laisser sombrer sa visite dans l'indifférence la plus totale.

Pendant ce temps, nous discutions plus avant de la visite du Général de Gaulle. C'était tout autre chose.

Le RIN était souvent accusé de francophilie exagérée et nos adversaires, forts de la francophobie hypocritement entretenue des Québécois, nous présentaient comme des hommes qui voulaient renouer avec la France les liens coloniaux d'antan. C'était absolument faux puisque notre action était la première, depuis deux cents ans, à ne devoir rien à personne et à s'afficher nettement «made in Québec». Des hommes aussi peu sérieux que Jean Marchand ou Jean Lesage nous parlaient sans rire de la montée de l'impérialisme français au Québec alors même qu'ils se faisaient les valets serviles de l'impérialisme américain qui, lui, était bien installé dans la place. Tout cela était ridicule bien sûr, mais il nous était difficile de contrer pareille propagande.

Nos «élites» avaient la tête dans Racine qu'elles ne comprenaient pas et qu'elles détestaient; elles avaient le cœur perché quelque part dans les Rocheuses, allez savoir pourquoi, et leur portefeuille parlait la langue de Chicago et de Cleveland. Le mot Québec n'éveillait en eux que l'image d'une jolie-petite-ville-provinciale-remplie-de-fonctionnaires-où-l'on-ne-mangeait-pas-trop-mal-merci. Mais le Québec-peuple, le Québec-nation, le Québec-pays... jamais entendu parler.

Ces notables vieillots avaient quand même réussi, à force de se répéter, à faire croire aux Québécois que les Français nous avaient abandonné pendant que les bons Anglais et les bons Américains nous avaient littéralement sauvés malgré notre incompétence, notre paresse et notre manque d'éducation. Nombreux étaient ceux qui avaient fini par les croire.

Nous ne pouvions donc pas, au RIN, ne pas en tenir compte. Nous connaissions mal M. Daniel Johnson et nous ne savions pas alors comment le gouvernement du Québec entendait recevoir le Général. Nous étions même loin de nous douter de cette espèce de complicité qui animait alors tous les rapports de M. Johnson et de M. de Gaulle. Nous avions donc décidé de rester réservés, de ne pas faire de déclaration tapageuse et de ne pas organiser, officiellement, de manifestation d'envergure.

Je l'avoue aujourd'hui à ma courte honte. Nous jouiions le jeu des notables. Nous faisions taire nos sentiments réels pour nous dédouaner auprès de ce peuple québécois que nous connaissions si mal. Cela n'eut pas de conséquences graves car nos militants et les citoyens eux-mêmes, faisait fi de nos directives, allaient s'en donner à cœur-joie pour nous donner à tous une leçon d'histoire que nous ne serions pas prêts d'oublier.

Des «éclaireurs» français nous approchèrent alors pour connaître la façon dont nous, du RIN, nous nous apprêtions à recevoir le chef de l'État français. Nous leur répondîmes que nous le recevrions dans la dignité, sans plus, et que nous ne comptions pas essayer de profiter outre mesure de l'occasion.

Ces mêmes éclaireurs parcoururent tout le Québec,

officiel et officieux, pour en «prendre le pouls».

Il n'était pas question pour le Général d'arriver en territoire inconnu. Il savait, avant de partir de Paris, ce qui l'attendait ici. Il savait qu'il y avait quelque chose de changé et que son voyage ne ressemblerait aucunement à la visite qu'il nous avait faite en 1960 et qui était passée à peu près inaperçue. Il savait qu'il pourrait aller aussi loin qu'il le déciderait.

C'est donc sans impatience que nous attendîmes cette visite. Nous ne donnâmes aucune directive à nos membres et nous n'organisâmes aucune manifestation «spontanée». Nous voulions demeurer discrets. On l'a vu pourtant, nos membres et le peuple québécois ne l'entendaient pas de cette façon. Nous avions tort sur toute la ligne.

Je compris que nous avions eu tort dès que je vis, à la télévision, la foule qui s'était massée devant l'Hôtel-de-ville de Québec et qui hurlait sa joie à chaque parole du Général. Malgré l'histoire, malgré les Anglais, malgré les notables et un peu aussi malgré nous hélas!, le peuple québécois était resté français. J'en fus violemment retourné. Ce peuple n'avait pas eu besoin de directives pour affirmer sa fierté française à la face du monde. Il avait une envie folle de se manifester et il le fit. Les notables étaient plus amusés qu'effrayés. Condescendants, ils voulaient bien accorder à ce pauvre peuple quelques moments de frivolité française si ça pouvait lui faire plaisir.

Mais en ce soir du 24 juillet 1967, ils allaient se faire administrer une fessée d'un genre tout nouveau. Ils en sortiraient ébahis, inquiets, irrités, remplis d'un sentiment inconscient de culpabilité.

C'est en compagnie de quelques amis que je m'amenai discrètement devant l'Hôtel-de-ville de Montréal. Déjà plus de 500 000 personnes s'étaient massées au

passage du Général le long du Chemin du Roy. À
Montréal, les rues qu'il devait emprunter étaient bondées
de monde. Devant l'Hôtel-de-ville, c'était la foule des
grands événements.

Les slogans répondaient aux slogans. Je voyais
surgir partout, au-dessus des têtes, des pancartes RIN,
QUÉBEC LIBRE ou LE QUÉBEC AUX QUÉBÉCOIS,
etc. Nos militants se riaient de leurs chefs. Ils avaient
envie de recevoir de Gaulle, ils avaient envie de manifester bruyamment leur présence et leur joie et ils le firent.

Notre erreur était de plus en plus manifeste.

J'étais pourtant calme et content et si, à l'arrivée du
Général sur la place, je lançai quelques cris comme tout
le monde, j'étais pourtant loin d'éprouver l'excitation de
la foule elle-même. Notable et élite moi-même, sans le
savoir. Trop colonisé encore pour en être conscient. Et
c'est moi, pauvre de moi, qui essayais de décoloniser les
autres? Quelle effronterie!

Puis de Gaulle parut au balcon. Il parla. Et je cède
ici la parole à *Paris-Match* qui nous décrit la suite:

«De Gaulle ne doit pas, en principe, parler à la
foule... Mais en montant l'escalier, à l'intérieur de
l'Hôtel-de-ville, le général entend la foule qui scande:

«On veut de Gaulle, on veut de Gaulle, sur l'air des
lampions. Y a-t-il un micro demande-t-il à un membre
de sa suite. Je voudrais leur dire quelques mots.

«... Le général apparaît, l'air manifestement ravi. Il
est acclamé comme il l'a été rarement. Puis il empoigne
les deux branches du micro à deux têtes et commence. Il
est ému.

«Je vais vous confier un secret que je vous demande
de ne répéter à personne.» La foule rit de bon cœur.
«Ce soir, ici, tout au long de la route, je me trouvais
dans une atmosphère du même genre que celle de la
Libération.»

«... Aucun doute, de Gaulle est sincère. Tous ceux qui ont vécu le voyage ont pensé la même chose. Cinq cent mille personnes étaient dans la rue. Atmosphère de la Libération, oui. Mais aussi atmosphère d'Alger, place du Forum, en 1958. Mais «libération» ici, c'est un slogan séparatiste. La foule le comprend ainsi. Elle est composée, en bas, d'une majorité de jeunes du RIN qui trépignent, cherchant à déborder les cordons de la police, non sans quelques coups donnés au hasard.

«De Gaulle, encouragé, continue. Il parle. On l'interrompt. Il reprend. Puis, à la fin, il laisse tomber la fameuse phrase: «Vive le Québec libre!»

«Il faut à la foule quelques secondes pour comprendre ce qu'elle vient d'entendre. Quand elle réalise, c'est de l'hystérie. C'est le bouquet du feu d'artifice, le final d'un crescendo très calculé qui durait depuis deux jours.

«... L'austère Couve de Murville, lui, est stupéfait:

«Incroyable, dit-il à un membre du cabinet du général. Jamais je n'aurais imaginé une telle explosion d'impatience. Il a dû falloir bien des humiliations, profondes et cuisantes, pour provoquer une telle exaspération...»

«Deux heures plus tard, un journaliste canadien-anglais demande au porte-parole de l'ambassade de France si l'on distribue à l'avance les textes des allocutions du Général.

«Désolé, répond l'attaché de presse, mais nous ne pouvons pas le faire.»

«Alors, une voix anglaise lance, gouailleuse:

«Ça n'a pas d'importance, on les demandera à Bourgault. Toute la salle de presse éclate de rire.»

Dans l'auto qui les emportait, M. Johnson dit au Général: «Mon général, vous venez de crier le slogan de mes adversaires.» Le Général ne répondit pas.

Moi, je me suis décolonisé d'un seul coup. Moi aussi j'ai crié comme un fou. Moi aussi j'ai senti qu'il venait de se passer quelque chose. C'est encore *Paris-Match* qui raconte ma réaction, plus fidèlement que je pourrais aujourd'hui m'en souvenir :

«(Bourgault) est sidéré.

«J'ai écouté, comme tout le monde, les discours du Général, le premier et le deuxième jour. Ils avaient suffi à me remplir de joie. À Montréal, j'étais dans la foule sous le balcon de l'Hôtel-de-ville. Lorsqu'il a prononcé le mot «libération», j'en ai à peine cru mes oreilles. Cela dépassait de très loin mes espérances. Quand il a crié «Vive le Québec libre», les bras m'en sont tombés. D'abord je ne l'ai pas cru, mais j'ai vite réalisé en voyant les réactions de la foule. Oui, voyez-vous, ça fait sept ans que je crie ce slogan au Québec. Mais peu de gens m'écoutent. Il suffit que de Gaulle vienne ici, le dise une fois seulement pour que le monde entier l'entende. C'est que lui, de Gaulle, est un homme libre. Moi, je ne le suis pas...»

Puis la foule se dispersa à travers le vieux Montréal. Je partis à pied avec quelques amis.

Nous nous arrêtâmes quelque part pour prendre une bière. Nous étions si étonnés et ravis que tout ce que nous arrivions à dire c'est : «Il l'a dit, il l'a dit.»

Cette phrase qui d'un seul coup venait de projeter le Québec sur la carte du monde.

Ce geste spectaculaire qui me fit dès lors comprendre une autre chose fort importante. C'était là en effet le geste d'un contestataire. Un geste qui ébranlait tout un régime, tout un système. Je venais pourtant de comprendre que de Gaulle avait attendu deux choses pour poser son geste : d'abord que les circonstances s'y prêtent (il n'avait rien fait de tel en 1960) et deuxièmement, qu'il puisse frapper fort à partir d'une position de force. C'est parce qu'il avait du pouvoir et parce qu'il était un des grands faiseurs d'opinion du monde que ses paroles

prirent une signification aussi profonde. Il faut beaucoup de pouvoir pour contester le pouvoir.

C'est ce qui se passa ce soir-là. Un soir historique.

Le lendemain, les notables avaient l'air de petits
notaires de province. Le général, dans sa fierté hautaine,
ne daigna même pas répondre aux propos indignes et
mesquins de ce petit homme belliqueux, Jean Drapeau,
qui crut sauver «l'honneur de la race» en se faisant
applaudir par les Anglais. Il crut sans doute «avoir mis
le Général à sa place». Il avait sûrement raison. Mais il
ne se doutait pas qu'il faut une foule de petits hommes,
comme lui, pour donner leur véritable stature aux plus
grands. C'est ça «remettre le Général à sa place».

Le Petit Journal,
semaine du 8 au 14 avril 1973

Le RIN à la conquête
de la France

Il y avait longtemps que nous songions, au, RIN, à faire une tournée d'information en France.

Après la visite du Général de Gaulle, en juillet 1967, le temps nous sembla propice. Projeté sur la scène internationale par le «Vive le Québec libre» du Général, le Québec faisait en France l'objet de nombre de commentaires, de reportages, ou d'éditoriaux. Il animait les conversations dans les milieux les plus divers.

Nous eûmes donc, le moment venu, la tâche de fournir, au plus grand nombre de Français possible, les renseignements dont ils avaient besoin pour comprendre ce qui se passait chez nous.

Accompagné de Pierre Renaud et de Roger Turgeon, je pris l'avion pour Paris à l'automne de 1967. Nous partions pour deux semaines. Un de nos militants, en séjour à Paris, avait organisé la tournée et notre calendrier était déjà rempli d'assemblées publiques et de rencontres de toutes sortes.

Réception semi-officielle à Orly. Le gouvernement français, pour des questions de protocole et de diplomatie, devait se montrer discret.

Nous nous installâmes à l'hôtel Castiglione, rue du Faubourg Saint-Honoré, en face de l'ambassade britannique, à deux pas de l'Élysée.

Je retrouvais Paris telle qu'en elle-même, plus belle que jamais, sauvage et tendre à la fois. J'y avais déjà passé six mois en 1959 et Pierre Renaud y avait fait plusieurs séjours. Nous étions donc en territoire connu.

Le travail commença aussitôt.

Un journaliste parisien avait organisé chez lui une petite réunion de ses confrères, dont Claude Julien, alors directeur des informations étrangères au *Monde*.

En matière d'affaires internationales, Claude Julien jouait le rôle de maître à penser et d'oracle du monde journalistique français. Ami de Pierre Elliott-Trudeau et de Gérard Pelletier, il se déclarait en faveur du fédéralisme canadien et considérait les aspirations du Québec à l'indépendance comme rêves infantiles dénués de tout intérêt.

Il avait le mépris facile, l'arrogance puritaine des protestants et sa prétention n'avait d'égale que sa propension marquée pour le sophisme et la demi-vérité (tout comme Trudeau, son ami). La réunion fut orageuse. Nous n'avions pas, Renaud et moi, face à Julien, la timidité des journalistes français qui se trouvaient là et qui se montraient fort surpris de nous voir lui parler sur ce ton.

Il ne nous impressionnait guère et nous le détestions franchement. Pierre Renaud finit par lui faire une bonne colère. Il l'injuria même (ce qui est bien peu dans sa nature et qui montre le degré d'exaspération que Julien avait provoquée chez lui).

Julien, du haut de sa grandeur, exigeait qu'il s'excusât, sans quoi il se verrait forcé de quitter sur-le-champ. Mais tout s'arrangea et nous nous quittâmes bons ennemis.

Nous devions nous retrouver plus tard, dans un débat, à Lyon.

Nos contacts à Paris nous ouvraient bien des portes mais pas celles de la radio et de la télévision. Nous étions une patate chaude et personne n'osait prendre le risque de nous manipuler publiquement.

C'est alors que nous commençâmes à comprendre qu'il y avait bon nombre de Français, et pas des moindres, qui militaient, de leur côté, selon leurs moyens et encadrés par leurs diplomatie, dans le même sens que nous.

L'un d'entre eux nous ouvrit les portes de l'ORTF. Il travaillait au Quay d'Orsay (Ministère des Affaires étrangères) où il s'occupait des Affaires américaines. Il occupait un poste considérable.

Il nous reçut fort aimablement et nous apprit qu'il avait été en faveur de l'indépendance du Québec bien avant nous. «Je suis devenu indépendantiste en 1936, nous dit-il, lors d'un voyage à Ottawa.» Il avait compris d'instinct, dès ce moment, qu'il y avait un gouffre entre les deux nations du Canada et que le nationalisme naissant du Canada anglais (c'était peu de temps après le traité de Westminster) ne pourrait s'épanouir qu'au prix de la négation du nationalisme canadien-français.

Nous eûmes une discussion fort intéressante.

Nous entrâmes à l'ORTF par la grande porte. Nous apprîmes plus tard qu'il avait pris sur lui-même la responsabilité de mon passage sur les ondes françaises en se portant garant de tout ce que je pourrais y affirmer.

Ça commençait à se savoir que nous étions en France et les invitations se faisaient de plus en plus nombreuses. Nous décidâmes alors de prolonger notre séjour d'une semaine.

La journée était occupée aux rencontres et, le soir, nous tenions des assemblées. Nous en profitions aussi pour nous informer de l'organisation des partis politiques. Cette tâche revenait surtout à Pierre Renaud.

Nous profitions d'un succès d'estime et de curiosité et nous essayions d'en tirer tout le parti possible. Les Français, en général, connaissaient bien mal la situation québécoise mais une complicité naturelle nous portait à des échanges sympathiques de part et d'autre.

Les assemblées de Paris furent très différentes l'une de l'autre mais nous eûmes la surprise de constater que les questions qu'on nous posait étaient très souvent les mêmes que celles auxquelles nous répondions de ce côté-ci de l'Atlantique.

Nous eûmes droit aux publics les plus divers. C'est ainsi que nous fûmes invités à tenir réunion, un soir, dans un chic salon du XVIe, chez Mme de Rieu.

Grand salon, meubles d'époque, étiquette rigide, élégance raffinée et simple de la maîtresse de maison. Il y avait là près de cent vingt-cinq personnes. Du beau monde. Peut-être du monde important. Il était difficile de savoir qui fréquentait ce salon puisque la soirée semblait répondre à un code rigide où les contacts personnels étaient réduits au minimum.

L'assistance, d'abord froide, s'anima rapidement. Mon discours dut avoir quelque portée car après l'assemblée, Monsieur de Rieu s'approcha de moi pour me dire: «Monsieur, nous n'avons plus d'orateur comme vous en France.»

Je n'ai jamais été modeste. Je répondis donc avec effronterie, mais avec le sourire: «Mais si, monsieur, il vous en reste UN.»

Le lendemain, nous étions reçus à déjeuner par le Conseil de ville de Paris, chez Drouant. La bonne chère et le vin aidant, nous eûmes tôt fait de nous lier d'amitié. Ce qui devait être une rencontre très officielle tourna bientôt à la réunion amicale, ce qui, en politique, apporte des résultats beaucoup plus positifs. Je crois même que nous avons parlé de fesses.

On peut bien administrer Paris et rester quand même gaulois.

Pendant ce temps, Ottawa s'inquiétait un peu. C'était l'époque où l'on imaginait une sorte de complot entre la France et le Québec et où l'on voyait des «espions» français partout.

La capitale canadienne dépêcha donc à Paris le député Auguste Choquette, surveillant et censeur. Selon toute apparence, il devait faire contrepoids à l'action que j'y menais. La manœuvre était plutôt naïve mais Ottawa n'en était pas à une naïveté près.

On connaît M. Choquette: sa flagornerie sans bornes lui ferait dire «quel merveilleux homme vous êtes» à quelqu'un qui serait en train de l'assassiner. Il fait tellement semblant d'aimer tout le monde qu'on finit par se demander s'il en aime aucun. Son faux dynamisme apparaît jusque dans son petit pas pressé et la façon qu'il a d'avoir l'air de toujours s'en aller quelque part. On dirait, lorsqu'il fait une promenade, qu'il descend les Champs-Élysées en compagnie du Général de Gaulle. Il est toujours pressé, mais c'est pour courir dans le sens inverse d'un trottoir roulant. Ce qui fait qu'il piétine tout en donnant l'impression d'avancer.

Il n'a aucune pudeur, comme tous les vrais libéraux.

Il n'hésita donc pas à prendre contact avec moi par téléphone, pour m'annoncer qu'il était à Paris, ce que je savais déjà, et qu'il aimerait bien me rencontrer, ce qui me répugnait.

«Nous sommes peut-être des adversaires politiques, me dit-il, mais entre Canadiens français on peut toujours se parler.»

Il ne semblait pas comprendre que nous étions séparés par bien autre chose que des lignes partisanes.

Je lui répondis que je n'avais absolument rien à lui dire, que je ne voyais pas l'utilité de cette rencontre et que je n'étais pas venu à Paris pour y perdre mon temps. Je mis dans ma voix autant de mépris que je pouvais. Il insista. Mais finalement, je coupai court à cette conversation oiseuse pour m'occuper de choses plus sérieuses.

J'avais d'autres rencontres plus intéressantes à faire.

Réunion avec les dirigeants du Club Jean Moulin. Déjeuner, chez le ministre Edgar Pisani, avec de hauts fonctionnaires français, conversation avec M. Michel Poniatowski, bras droit de M. Giscard d'Estaing, rendez-vous chez Jacques Berque, dîner chez Edgar Morin.

Ils ont tous la gentillesse de nous laisser exposer notre thèse et, s'ils la discutent, ils ont l'extrême politesse de ne pas la contester. Ceux qui connaissent déjà le Québec en parlent avec passion pendant que ceux qui le connaissent moins écoutent avec intérêt.

Mais il nous faut bientôt sortir de Paris.

C'est d'abord Rouen, où nous rencontrons une assemblée d'étudiants très conservateurs mais passionnés par le sujet que nous leur proposons.

C'est Grenoble où, invité par un Club socialiste de l'Université, on me présente comme le «camarade» Bourgault. Ah! cette merveilleuse gauche intellectuelle française! Plus fou que ça, ça ne se fait pas!

Il y a dans la salle une centaine de personnes qui représentent chacune, du moins est-ce l'impression qu'on en retire, une tendance différente. Si bien qu'au bout de dix minutes, ils m'interrompent brutalement pour s'engueuler entre eux. J'insiste un peu puis me tais pour contempler le spectacle.

Oui, la foire est un concept de gauche. Hélas!

Comme ils trouvent, à peu près tous, que Mao est trop à droite, imaginez un peu quelle image ils se font de moi: j'ai l'air de Salazar, ni plus ni moins. Il fallait bien prendre le parti d'en rire. Je les laissai donc discuter de l'Internationale situationiste. Ils en discutent probablement encore.

Nous passons par Lyon. La ville nous reçoit officiellement et nous buvons le Beaujolais nouveau. Nous retrouvons Claude Julien et sa femme avec qui nous visitons les «traboules» (sortes de passages couverts très anciens et très pittoresques.)

Le soir même, Claude Julien, Yves Berger (écrivain et prix Fémina) et moi, nous nous affrontons dans un débat qui prend vite l'allure d'un tournoi.

Yves Berger connaît bien le Québec, il y est déjà venu quarante-six fois. Il défend la cause de l'indépendance avec tant de passion, d'éloquence, de sincérité, de naïveté et d'enthousiasme qu'à côté de lui j'ai l'air de Pierre Elliott-Trudeau qui fait un discours en français à Dawson City.

Claude Julien refuse de discuter avec lui et l'écrase de son mépris. Par contraste, il commence à me trouver sérieux.

Nous étions presque des amis lorsque nous nous quittâmes ce soir-là.

Retour à Paris. Rencontres, assemblées.

Réception officielle à la Maison du Québec.

Puis nous partons en Belgique où je dois prendre la parole à l'Université de Louvain.

L'endroit est piégé: institution française en territoire flamand, ça ressemble au McGill anglais en plein cœur de Montréal.

L'assemblée se déroule pourtant fort bien mais je refuse de m'engager dans le débat belge. Je leur dis: «Réglez entre vous vos problèmes pendant que nous réglerons les nôtres de notre côté. C'est dans la mesure où nous réussirons à le faire de part et d'autre qu'il nous sera permis de mieux communiquer normalement entre nous, d'égal à égal.»

La réponse est un peu courte mais quelle autre fournir en ce territoire ami mais quand même étranger?

Nous revenons à Paris. Notre voyage tire à sa fin. Quelques rendez-vous manqués. Nous refusons plusieurs invitations car nous ne pouvons prolonger davantage notre séjour.

Cependant, avant de partir, nous prenons rendez-vous avec Pierre Salinger qui travaillait avec John Kennedy avant sa mort et qui, aujourd'hui, pourrait nous ouvrir les portes aux États-Unis.

Il nous reçoit fort aimablement dans sa suite du George V.

Nous prenons le café et nous causons pendant une heure.

Intellectuel et homme d'affaires en même temps, fasciné par la politique, il nous apparaît sincère et efficace.

Il s'engage à nous obtenir un rendez-vous avec Robert Kennedy. Nous nous verrons donc dans quelques mois, probablement à sa maison de campagne.

Les événements tragiques qui suivirent devaient nous empêcher de donner suite à ce projet.

Nous avions beaucoup travaillé et nous étions fourbus.

Nous rentrâmes à Montréal.

Il est encore difficile d'évaluer aujourd'hui les résultats tangibles de cette tournée. Pourtant, je reste convaincu qu'elle a servi, à long terme, notre cause.

À notre retour, on nous posa beaucoup de questions. Mais celle qui revint le plus souvent, pendant des mois, c'était la suivante: «Avez-vous rencontré le Général de Gaulle?»

Le Petit Journal,
semaine du 15 au 21 avril 1973

Le syndicalisme au Québec

L e syndicalisme québécois a subi un dur coup à la suite du demi-échec de la grève des employés de la Commission des Transports de Montréal. Cet échec a deux parties:

PREMIÈREMENT: un Parlement brutal, incapable de faire face à ses vraies responsabilités qui sont de repenser tout le système pour qu'il fonctionne, s'acharne à abattre férocement sur un groupe de syndicats, la matraque législative la plus primaire et la plus arriérée qui soit. Les deux vieux partis, toujours complices dans les mauvaises actions, jouant l'un et l'autre la pudeur et l'innocence, ont frappé les travailleurs avec la brutalité même qu'exerçaient les grands capitalistes du XIXe siècle. C'est un geste honteux dont saura se réjouir la Chambre de Commerce. C'est donc un échec pour la démocratie québécoise et c'est un danger évident pour l'avenir de notre syndicalisme.

DEUXIÈMEMENT: Ce qui couvait depuis longtemps a éclaté au grand jour: les salariés déchirent les salariés, les travailleurs s'acharnent contre les travailleurs.

Je le prédisais déjà il y a quelques années en expliquant que la disparité croissante des traitements entre les syndiqués et les non-syndiqués augmentait la pauvreté relative de ces derniers et les préparait à détruire eux-mêmes le syndicalisme, qui pourtant demeure aujourd'hui la seule arme dont ils pourraient se doter pour sortir de leur situation intolérable.

La grève des employés de la CTM a été brisée par le Parlement. C'est grave et inacceptable. Mais on ne pouvait attendre mieux des fossiles qui siègent à Québec. Mais ce qui est beaucoup plus grave, c'est que cette même grève a aussi été brisée par la colère manifeste de tous les sous-payés du Québec — et ils sont la majorité — qui n'ont absolument aucun moyen de profiter de cette société qu'on dit riche. Abandonnés par tous — et nous sommes aussi coupables que quiconque —, impuissants devant un système qui les écrase, réduits à mendier des salaires de famine, ils se retournent aujourd'hui contre un faux adversaire que les puissants désignent à leur fureur: les syndiqués.

Les syndiqués sont devenus l'écran de fumée entre les pauvres et leur ennemi véritable: le grand capitalisme bourgeois. Incapables d'attaquer cet ennemi de front, ils risquent maintenant de démolir ceux-là mêmes qui, il n'y a pas si longtemps, connaissaient la même misère qu'eux. Nous avons créé au Québec deux classes de travailleurs. Je ne vois rien de plus tragique que de les voir s'affronter. Il faut pourtant en sortir.

Voici donc quelques propositions pour amener une solution:

1) Il faut que, de toute urgence, l'État crée des mécanismes qui permettent aux syndicats de recruter TOUS les travailleurs du Québec. Il s'agit surtout de protéger d'une manière absolument efficace, les travailleurs non-syndiqués qui décident d'adhérer à un syndicat ou d'en fonder un. La loi doit être d'une extrême sévérité envers les employeurs qui abusent de leurs droits de patrons et qui cassent systématiquement toutes les tentatives d'union de leurs employés.

2) Il faut créer immédiatement un conseil tripartite — État, patronat, syndicats — qui verra à définir les priorités, à assurer la négociation permanente et à

planifier la progression des profits et des salaires.

3) Il faut, de toute urgence, que les syndicats se désembourgeoisent. Pour ce faire, ils doivent remettre en cause tout le système qui nous régit et le combattre de toutes leurs forces, au lieu de tenter timidement de l'amender tout en s'en faisant trop souvent le complice. De plus, ils doivent s'acharner (le mot n'est pas trop fort), à rejoindre les plus déshérités des citoyens québécois pour leur permettre d'utiliser au plus tôt, la force syndicale. C'est une priorité majeure et urgente que trop de syndicalistes refusent encore de constater.

Il faut pourtant se réjouir d'en voir un certain nombre s'embarquer résolument dans ce sens. M. André Rancourt, secrétaire général de la FTQ, dans une communication magistrale, analysait récemment le problème avec une grande lucidité. Il disait notamment:

«... UN TROP GRAND NOMBRE DE TRAVAIL-LEURS, AYANT ATTEINT LE STATUT DES CLASSES MOYENNES, ONT ADOPTÉ LES VALEURS DE LA CLASSE DIRIGEANTE CAPITALISTE ET SONT PRÊTS À ASSURER LEUR PROMOTION AU DÉTRIMENT DE CEUX QUI SONT ENCORE DÉPOURVUS DE TOUT INSTRUMENT DE REVENDICATION EFFICACE.»

Nos gouvernements ne pourraient pas se permettre d'adopter des lois anti-syndicales si le syndicalisme avait toujours, aux yeux de la population, son allure d'«underdog» et de champion des petits et des faibles. Mais aujourd'hui, c'est au contraire les gouvernements, quels qu'ils soient, qui peuvent se donner des airs de défenseurs du peuple chargés, par une quelconque providence, de la mission de mettre à la raison un syndicalisme trop puissant.

«IL IMPORTE PEU, DIT-IL, QUE CE SOIT À TORT OU À RAISON MAIS IL M'APPARAÎT ÉVI-

DENT QU'AUX YEUX DES PETITES GENS, DES
PAUVRES, DES NON-SYNDIQUÉS, DES HANDI-
CAPÉS, ETC., SAULNIER ET JOHNSON ONT REM-
PLACÉ PÉPIN OU TOUT AUTRE LEADER SYN-
DICAL COMME PROTECTEURS DES FAIBLES ET
DES OPPRIMÉS. SI MON ANALYSE DE LA SITUA-
TION EST CORRECTE, IL Y A CERTAINEMENT
QUELQUE CHOSE QUI NE TOURNE PAS ROND
DANS NOTRE SYNDICALISME, QUE L'ON AP-
PELLE CELA DE L'EMBOURGEOISEMENT, DE
L'ÉGOÏSME COLLECTIF OU QUOI ENCORE.»

Pour ma part, je n'hésite pas à dire que c'est là que
réside le mal le plus profond et le problème le plus
difficile à résoudre. La lucidité de M. Rancourt est-elle
suffisamment partagée chez nos syndicalistes? Sinon...

4) Sinon, il faudra que le RIN lui-même envisage
de créer ses propres syndicats, indépendants du parti
mais mus par sa force vive et dont le seul but serait de
grouper en des unités aussi fortes que possible, les
citoyens les plus déshérités du Québec.

Ce n'est pas là la tâche d'un Parti, direz-vous. Et
pourquoi pas? La méthode est peut-être peu usitée mais
il est certain que notre situation nous force à penser des
formes nouvelles d'action. Si les syndicalistes suivent la
pensée de M. Rancourt, et la transforment en action,
nous n'aurons pas à intervenir.

Sinon, ce sera un devoir pour nous de mettre nos
moyens et nos forces au service de ceux qui, au Québec,
en ont le plus besoin. Nous clamons partout que le RIN
n'est pas un parti comme les autres. Nous aurons
peut-être bientôt l'occasion de le prouver encore davantage.

L'Indépendance,
du 1er au 15 novembre 1967

René Lévesque n'a jamais voulu l'unité des indépendantistes

J e n'ai jamais réussi à ordonner mes souvenirs. Ils sont là dans ma mémoire, plus ou moins intacts, enfouis plus ou moins profondément, parfois inextricables. Il faut pourtant que je réussisse à en emmener quelques-uns à la surface puisque j'ai accepté de vous les livrer. Inutile de tenter de les accorder à un ordre chronologique: ils fuient souvent aussitôt que je les approche en même temps que les jours ou les dates auxquels ils se raccrochent.

Il y a maintenant plus d'un mois que j'ai abandonné la politique active. C'est drôle, j'ai l'impression d'avoir déjà connu le sentiment qui m'anime en ce moment. Oui, c'est cela: le même soulagement mais en même temps la même tristesse, la même mélancolie qui guette à tous moments cette joie calme et profonde qui m'habite. Oui, je me souviens maintenant...

C'était en 1968. En septembre ou en octobre 1968. Ce n'est pas si loin mais cette mémoire infidèle hésite encore à formuler l'événement.

J'étais assis tranquillement chez moi. Probablement à la fin de septembre 1968. Je ne pensais à rien et j'écoutais distraitement la radio quand vint l'heure d'un bulletin de nouvelles. Vers onze heures du soir. J'eus soudain le sentiment d'être concerné: la voix annonçait que le M.S.A. — Mouvement Souveraineté Association — s'était aujourd'hui transformé en parti politique et que, à la suggestion de Gilles Grégoire mais contre la volonté de René Lévesque, il s'appellerait désormais PARTI QUÉBÉCOIS. Un beau nom.

Pourquoi cet instant m'est-il resté gravé dans l'esprit? Que se passe-t-il à ce moment précis pour déclencher chez moi une réflexion immédiate, de très courte durée, suivie immédiatement d'une décision aussi rapide et irrévocable? Je n'en sais rien. Mais une obscure volonté m'annonçait la voie à suivre. L'instinct peut-être.

Sans aucune hésitation je téléphonai à Pierre Renaud.

— Penses-tu la même chose que moi, dis-je?

— Oui, répondit-il.

Ce fut tout. Pas d'explications, pas de commentaires. J'en savais assez pour décider ce qu'il fallait faire.

En tant que président du R.I.N., je convoquai une réunion de l'exécutif du parti pour le lendemain soir.

À l'ordre du jour, un seul sujet : Qu'est-ce qu'on fait maintenant? Il y avait désormais deux partis indépendantistes : le R.I.N. et le PQ. Les négociations en vue de la réunification des forces indépendantistes, entreprises quelques mois plus tôt, avaient échoué. De toute évidence, Réné Lévesque ne voulait pas de nous. Nous avions dès lors décidé de continuer notre action de notre côté. Mais qu'arrivera-t-il lors des prochaines élections lorsque ces deux partis devraient nécessairement s'affronter? Quels déchirements d'ici là? Et quel triomphe pour nos adversaires? Pouvions-nous encore courir ce risque ou ne valait-il pas mieux tenter de trouver un autre moyen de faire l'unité?

Ces questions, et combien d'autres, nous assaillaient tous. Il fallait y répondre au plus tôt. En effet, le R.I.N. allait tenir son congrès annuel deux semaines plus tard. Les membres exigeraient des explications et voudraient sans doute décider une orientation, définitive.

Que faire?

J'avais une proposition. Mais avant de la faire, je voulais savoir où chacun en était dans ses réflexions. La discussion fit le tour de la table avant de me revenir. J'avais l'impression, alors que chaque membre de l'exécutif, à tour de rôle, donnait son opinion, qu'il existait dans l'esprit de chacun une sorte de contrainte. Il était clair qu'on tournait autour du pot et que personne n'osait vraiment dire ce qu'il pensait. Tous proposaient l'unité nécessaire, mais en repoussant les échéances, en tergiversant sur les moyens, en multipliant les atermoiements.

Bien sûr, après le bris des négociations avec le M.S.A., nous avions décidé fermement de continuer seuls notre route. Mais était-ce là la bonne solution? Les mois avaient passé et les indépendantistes se déchiraient de plus belle. Où cela nous menait-il donc?

Mon tour vint enfin. Je décidai de dire exactement le fond de ma pensée, sans me soucier des réactions. Il fallait une réponse claire à toutes les questions que nous nous posions. J'en formulai une:

«Je crois, dis-je, que nous pensons tous la même chose mais que nous craignons de nous l'avouer à nous-mêmes. Voici ma suggestion: le congrès du parti aura lieu dans deux semaines; selon nos statuts, l'exécutif a encore le droit de formuler des propositions aux membres. Je suggère donc que l'exécutif propose aux membres de dissoudre le R.I.N. Après quoi nous entrerons au Parti québécois un à un. Nous croyons à l'unité des forces indépendantistes. Or, nous avons vu qu'elle était impossible par voie de négociation. Alors il faut la faire de force. Si nous entrons au Parti québécois un par un, Lévesque ne pourra pas nous refuser même s'il n'aime pas cela. D'autre part, cette façon de procéder nous permettra de conserver intacts les principes que nous défendons. Puisqu'il n'y aura pas de négociations, il n'y aura pas non plus de compromis.»

Je regardai mes collègues. Ils étaient ébahis mais nullement consternés. La brutalité de la proposition les surprenait mais ils se rendaient compte que leur réflexion n'était pas différente de la mienne. Après tout, nous vivions et nous combattions ensemble depuis plus de huit ans; il était donc normal que nous nous retrouvions sur la même longueur d'ondes. Nous avions connu, nous, toutes les divisions qui avaient déchiré le mouvement indépendantiste. Inévitables peut-être, mais combien stériles et combien désespérantes. Nous avions été les premiers, au moment où M. Lévesque fondait le M.S.A., à proposer la négociation. Nous avions tant d'adversaires à combattre. Comment pourrions-nous le faire efficacement si les fractions s'émiettaient et si nous refusions de grouper les faibles moyens dont nous disposions? Il fallait faire l'unité. Pas à n'importe quel prix, bien sûr. Mais il me semblait que ma proposition nous permettait de payer le moins cher possible sur le plan des principes, même si notre orgueil et nos sentiments de fidélité devaient en être profondément affectés.

L'unanimité se fit très rapidement. TOUS LES MEMBRES PRÉSENTS ÉTAIENT D'ACCORD. Il fallait d'abord avertir tous les délégués au conseil central du parti. Après quoi, il fut décidé que nous donnerions une conférence de presse pour annoncer notre décision.

Nous n'avions pas de temps à perdre. Le congrès avait lieu dans moins de deux semaines et les membres auraient alors à prendre une décision d'une gravité considérable. Mais nous n'avions pas le choix. Si nous ne soumettions pas cette proposition aux membres dès maintenant, la décision serait nécessairement reportée à un an. Trop tard peut-être pour être vraiment significative. Trop tard pour ne pas être entachée d'amertume, cette folle qui nous guette à chaque tournant de la vie politique.

Nombreux furent ceux qui nous reprochèrent plus tard d'avoir agi trop vite, de ne pas avoir accordé assez de temps à la réflexion. Certains membres, qui n'étaient pas nécessairement en désaccord avec la proposition, votèrent contre parce qu'ils avaient le sentiment d'avoir été «bulldozés» par l'exécutif. Nous étions parfaitement conscients de ce problème mais les avantages d'une solution rapide nous forçaient à agir de la sorte.

Cela d'ailleurs nous permit de remarquer une fois de plus que, dans les moments de crise, les choix qui s'offrent à nous sont bien limités. Ce n'est qu'en période calme, quand il ne se passe vraiment rien, qu'on peut se permettre d'envisager un éventail complet de tous les choix possibles, accompagnés de toutes les nuances qui appartiennent à chacun. Autrement, il arrive plus souvent qu'autrement que NOUS N'AYONS PAS LE CHOIX.

Je crois qu'en ce jour d'octobre 1968, c'était là vraiment l'image que nous renvoyait une réalité agressive et pressée.

Vint donc la conférence de presse. Les réactions ne se firent pas attendre.

Plusieurs militants enrageaient. Quoi, après toutes ces années, le R.I.N. allait disparaître? Et nous allions nous unir à ces anciens libéraux malfaiteurs? Et avec René Lévesque qui nous détestait et qui nous dénonçait tous les jours? D'ailleurs, il n'est même pas indépendantiste, vous le savez... Ces militants étaient sûrs que je les avais trompés, trahis. Ils étaient profondément convaincus que nous nous apprêtions à commettre une irréparable erreur. Ils étaient très tristes. Moi aussi.

Désormais, ce ne fut plus qu'un monologue. Ne parlaient que ceux qui appuyaient la proposition de dissolution. Je fis une longue intervention, à la suite de toutes les autres. J'y mis toute la force de conviction dont j'étais capable. Pourtant, je sentais bien, au fond de moi-même, une sorte d'inquiétude, une certaine appréhension: et si je me trompais; si nous nous trompions tous!

Le vent avait commencé à tourner un peu plus tôt dans la journée. Je le sentais en parlant. Les applaudissements se faisaient plus nourris quand je touchais les points les plus solides de mon argumentation. Tous étaient parfaitement conscients de l'énorme sacrifice qu'on exigeait d'eux. Mais ils en avaient connu d'autres. Et ils étaient si profondément attachés à la cause de l'indépendance du Québec qu'ils réussiraient, j'en étais sûr maintenant, à la placer au-dessus de toutes les contingences, au-dessus de toutes les considérations personnelles.

Le débat prit fin, faute de combattants. Nous avions le sentiment que tout avait été dit et que de nouvelles interventions ne pourraient rien ajouter de significatif à notre réflexion.

Maintenant, il n'y avait plus qu'à attendre le résultat du vote. Il vint enfin. Avec plus de quatre-vingt-deux pour cent, les membres du parti avaient voté la dissolution. C'en était fait. Le R.I.N. était mort. Nous avions gagné la partie.

Gagné la partie! Quelle triste constatation. Il n'y eut pas de cris, pas d'applaudissements. On n'applaudit pas au spectacle de sa propre mort, même si on imagine la renaissance toute proche.

C'est alors que les militants montrèrent un courage extraordinaire. Ils étaient pour la plupart défaits, beaucoup pleuraient, tous avaient le cœur serré. Mais il restait une tâche à remplir. Une tâche idiote, bassement matérielle, odieusement hors de propos.

Il faudrait bientôt assurer la dissolution légale du R.I.N. Nous voulions partir dans l'honneur, sans rien devoir à personne. Nous avions des comptes à payer d'une valeur de deux à trois mille dollars.

Madame Thérèse Guérin, que nous appelions affectueusement «la sœur grise» du parti parce qu'elle possédait des dons extraordinaires de quêteuse, monte sur la scène.

Elle était incapable de retenir ses larmes. Elle pleurait abondamment. Mais à travers ses sanglots elle réussit à parler, à dire la situation dans laquelle nous nous trouvions, à demander aux membres un dernier effort financier, à les exhorter, pour l'honneur de ce que nous avions vécu, à quitter la scène sans rien devoir à personne. Tous ces riniens d'une générosité incomparable, après avoir voté la dissolution de leur parti, trouvèrent encore la force de vider leurs poches et de réunir ainsi plus de quatre mille dollars.

C'était maintenant à mon tour de parler. C'était mon dernier discours en tant que président du R.I.N. J'avais assisté à la naissance de ce parti, je devais maintenant en consacrer la mort. J'avais le cœur si gros que j'eus beaucoup de peine à prononcer mes premières phrases. Madame Paré, cette admirable militante qui ne me pardonnait pas cette triste journée, me cria une injure. J'avais tant d'amitié et d'admiration pour cette femme que je crus un instant m'être complètement trompé.

Je parlai brièvement. Ce ne fut pas un très bon discours. J'avais surtout envie d'être ailleurs. Je ne me souviens plus très bien de ce que j'ai pu dire alors. Mais je me souviens d'avoir terminé en disant: «Il n'y a plus de R.I.N., il n'y a plus de R.I.N., il n'y a plus de M.S.A. Il y a le Parti québécois, et c'est notre parti. Vive le Parti québécois. Vive l'indépendance du Québec.»

Les membres, debout, m'applaudissaient et moi j'applaudissais intérieurement leur courage. Nous échangeâmes des poignées de main. J'avais peine à retenir mes larmes devant tous ces yeux rougis, devant tous ces hommes et ces femmes que j'aimais tant et qui me le rendaient bien.

J'eus alors le sentiment rare et merveilleux d'avoir fait ce que nous avions à faire. D'abord en cette journée, par la décision que nous avions prise, et ensuite pendant toutes ces années où nous avions travaillé et lutté ensemble.

Malgré ma tristesse, je ne pouvais pas ne pas sentir une certaine fierté.

Je rentrai seul chez moi, habité par cette pensée. Je me couchai presque aussitôt et je pleurai doucement jusqu'à ce que le sommeil m'envahisse.

Le lendemain, je devins membre du Parti québécois.

Pendant toutes les années qui suivirent, j'acceptai en silence de lire et d'entendre dire que René Lévesque avait réussi à faire l'unité des indépendantistes.

Aurais-je l'air amer si je disais que ce n'est pas vrai? Me pardonnera-t-on d'affirmer aujourd'hui que c'est nous qui avons fait l'unité des indépendantistes, contre la volonté même de René Lévesque? Je le dois pourtant à la vérité et au courage des militants du R.I.N.

Je ne regrette pas ce que nous avons fait et je crois encore que nous avons eu raison de le faire.

Le Petit Journal,
semaine du 18 au 24 février 1973

L'intolérance de
René Lévesque

Il y a quelques semaines, nous causions, entre amis, de politique. Du Parti québécois. De René Lévesque.

Nous en disions à la fois trop de bien et trop de mal. Nous le noircissions comme à dessein, mais c'était pour mieux le blanchir quelques instants après. Ce n'était pas une analyse raisonnable de René Lévesque, homme politique, président du Parti québécois. C'était plutôt l'expression d'une sorte de fascination ambivalente.

Au bout d'une demi-heure de cette conversation, alors que je venais de porter un autre de mes jugements précipités et un peu injustes, quelqu'un s'écria:

— Mais tu es en amour avec René Lévesque!

L'image était si bien trouvée, elle décrivait si exactement notre sentiment à tous, que nous en fûmes frappés comme s'il se fût agi d'une révélation.

Et c'était une véritable révélation. Pour moi et pour les autres. Combien de fois, dans le passé, avions-nous tenté de définir ce qui nous attachait tous à ce petit homme insupportable, généreux et mesquin, génial et confus, honnête, sincère, mais si habile à manier l'ambiguïté. Nous n'y arrivions jamais complètement. Et pour cause. Maintenant, nous venions de découvrir cette dimension importante qui nous avait toujours échappée dans le passé.

Oui, c'est bien cela. Entre René Lévesque et le peuple québécois, plus particulièrement ceux qui ont engagé leur vie à ses côtés, il y a plus qu'une foi politique, il y a plus qu'une admiration et une reconnaissance mutuelles; il y a autre chose qu'une fidélité

partisane, mieux et pire que la recherche d'une nécessaire compréhension.

Il y a un piège.

Et ce piège est une forme d'amour dont je n'ai
jamais connu l'équivalent en politique québécoise. Et ce
sont toujours les termes de l'amoureux éperdu ou dépité
que chacun, adversaire ou allié, utilise pour décrire ses
relations avec René Lévesque. On ne critique pas René
Lévesque, on le démolit injustement. On ne loue pas
René Lévesque, on l'accepte sans discussion, aveuglément, l'œil en feu, comme aux premiers temps de la
passion amoureuse.

Je peux me tromper, mais il me semble que nous
avons tous été, à des degrés divers, les victimes plus ou
moins consentantes de ce drôle de phénomène.

Il est clair en tout cas que ce fut mon cas et que ce
l'est encore aujourd'hui. Je me souviens encore de ce
jour où j'étais assis sur la scène de l'amphithéâtre du
centre Paul-Sauvé pendant que René Lévesque adressait
la parole à quelques milliers de personnes réunies là
pour l'entendre. Nous étions au plus fort de la «querelle
Lévesque-Bourgault». Nous nous parlions à peine. Nos
relations étaient froides et tendues. Je crois même que
nous nous détestions. J'étais assis derrière lui, face à la
foule. Je le regardais. Je le sentais vibrer de toute la force
de son intelligence et de son âme. Je n'essayais même
pas de résister à son emprise.

Et il me monta soudain à l'esprit une pensée, que
dis-je une pensée, plutôt un sentiment incontrôlable et je
me dis en moi-même: «Je l'aime quand même, le t...»

Je n'ai pas changé. J'ai déjà dit que je n'avais pas de
querelle fondamentale avec René Lévesque. C'était vrai,
et ce l'est encore aujourd'hui. Ce que je n'avais jamais
osé dire — d'abord parce que je n'en étais pas conscient
moi-même — et d'aucuns trouveront que je charrie et

que j'utilise, pour décrire les relations d'affaires toujours assez distantes que j'ai entretenues avec René Lévesque, des expressions fort peu appropriées, voire choquantes, c'est que, il faut bien l'avouer, lorsque j'exprime une opposition à René Lévesque, il s'agit souvent, au-delà des divergences politiques que nous pouvons entretenir, de l'expression du «dépit amoureux» plus que de l'objection réelle et consentie.

Cela ne vaut pas que pour moi. J'ai vu des douzaines de personnes réagir de la même façon en face de cet homme complexe, divers et paradoxal.

Il s'agit d'une «histoire d'amour» qui commença il y a près de quinze ans. René Lévesque animait *Point de mire* à la télévision. Je fus séduit, comme tout le monde. Nous étions sous Duplessis. Il était donc fort rare à l'époque de voir l'intelligence s'exprimer publiquement.

Puis René Lévesque entra en politique. En 1960, il était porté au pouvoir avec les libéraux et il devenait ministre dans le cabinet Lesage. On n'avait jamais vu cela: un ministre honnête, qui avait son franc-parler, qui n'hésitait pas à épouser les causes les plus impopulaires et qui, par surcroît, savait s'exprimer avec intelligence, avec verdeur, dans un style à la fois créateur de toutes les générosités et dévastateur de toutes les platitudes.

Je pense bien que nous ne nous en sommes jamais remis. En 1960 et en 1962, comme beaucoup de monde, j'ai voté libéral à cause de René Lévesque. J'étais séduit, j'étais conquis, j'étais «embarqué». Dès ce moment, je commençai à le bâtir dans mon esprit comme je voulais qu'il soit. Ce qui est bien contraire à la raison et au réalisme politiques mais bien propre au sentiment amoureux. Le piège se refermait.

Pendant ce temps, le R.I.N. se formait, puis devenait parti politique, et nous nous apprêtions à participer aux élections de 1966. Je voyais René Lévesque de temps en temps, ici ou là, par hasard, en coup de vent, toujours très rapidement. Nous espérions tous qu'il quitte le Parti libéral pour se joindre à nous. Je lui demandais alors, mi-sérieux, mi-blagueur: «Quand donc viendrez-vous?» Il ne disait rien tout en souriant de son rictus faussement modeste ou alors il répondait rapidement, sans insister: «Bientôt, bientôt».

Mais il ne venait toujours pas. À cette époque, le R.I.N. était farouchement opposé au Parti libéral. Malgré René Lévesque. Nous n'étions pas loin de penser d'ailleurs que s'il tardait trop à en sortir, il ne ferait plus que servir de caution aux politiques abjectes de Wagner ou à l'arrogance de plus en plus solitaire de Jean Lesage.

Lévesque était nationaliste, cela sautait aux yeux. Par ce fait même, il nous coupait l'herbe sous le pied et il amenait de l'eau au moulin libéral. Nous le combattions, bien sûr, et nous le condamnions, mais du bout des lèvres. Nous le sentions trop près de nous pour ne pas ressentir un certain malaise à l'attaquer trop vertement.

Quoi qu'il en soit, le Parti libéral fut défait aux mains de M. Daniel Johnson. Quelques mois plus tard, nous sentîmes que René Lévesque se posait de plus en plus de questions.

On connaît la suite. Il démissionna bientôt du Parti libéral pour fonder le M.S.A., assis, à ses débuts, sur une base passablement ambiguë.

Nous ne le savions pas encore mais c'était le début d'une collaboration orageuse, quoique discrète dans ses affrontements.

Encore aujourd'hui, il y a un tas de choses que je ne comprends pas. Je ne comprends pas surtout la sorte d'acharnement que mit René Lévesque à nous empêcher de nous intégrer normalement au Parti québécois.

Marcel Chaput fut un des premiers à souffrir de

cette attitude. Il eut fort peu de contacts avec le président du Parti québécois, mais un jour qu'il avait, au téléphone, une discussion assez violente avec lui, il s'entendit dire sur un ton agressif: «Ce n'est pas parce que vous avez été là avant nous qu'il faut vous élever des monuments». Chaput répondit: «Nous ne voulons pas de monuments. Mais nous avons le droit d'exiger de ne pas être pénalisés pour avoir fait ce que nous avons fait».

Or, à tort ou à raison, c'est l'impression que plusieurs d'entre nous avions: on nous «punissait» littéralement. René Lévesque, surtout René Lévesque, le fit avec une constance qui dépasse l'entendement. Chaque manifestation de cette attitude me laissait pantois, complètement affaissé, incapable de réaction. Mais surtout, ah oui surtout, je ne comprenais pas. Peut-être s'agissait-il tout simplement, comme l'écrivait un jour Michel Roy, de réactions chimiques:

«Au lendemain de l'élection de Pierre Bourgault au conseil exécutif du Parti québécois, une importante fraction des militants craignait le pire. Surtout dans l'entourage de René Lévesque, où l'on savait pertinemment que l'incompatibilité entre les deux hommes, avant d'être idéologique — l'avait-elle déjà seulement été? — était d'abord, sinon exclusivement, psychologique.

«Ce qu'il faut craindre, disait un familier du secrétariat après la proclamation des résultats au congrès de Québec, ce n'est pas l'affrontement des idées, c'est plutôt la réaction chimique. Mais un autre, plus sage ou plus réaliste, ajoutait: Bien sûr, Lévesque et Bourgault, c'est le feu et l'eau, mais ce qu'il faut comprendre, c'est qu'il y a place aujourd'hui dans le Parti québécois et pour le feu et pour l'eau! Cela, affirmait-il sans en être tout à fait convaincu à l'époque, je pense que René Lévesque l'a bien compris maintenant.» (Michel Roy, in *le Magazine*

Maclean, juillet 1971.)

J'ai maintenant cessé de chercher les «vraies» explications. Je me contente de celle-là. C'est peut-être la moins raisonnable mais c'est sans doute la plus convaincante.

En tout cas, comment expliquer autrement une attitude qui passait alors de l'ironie amère et dévastatrice au mépris le plus accablant?

Car c'est bien de cela que j'ai vécu dans les deux premières années où je fus membre du Parti québécois.

J'en connus la première manifestation deux semaines après la réunion des forces indépendantistes. C'était à une partie d'huîtres dans la circonscription de René Lévesque et où il m'avait personnellement invité. C'était la première fois qu'on nous voyait publiquement ensemble, René Lévesque, Gilles Grégoire et moi. Après que nous eûmes tous les trois adressé la parole aux militants qui nous entouraient et qui semblaient se réjouir de constater l'unité enfin retrouvée, M. Lévesque refusa catégoriquement de se laisser photographier à mes côtés. Gilles Grégoire fut incapable de l'en convaincre, et il s'en montra tout étonné.

Je ne comprenais pas ce refus mais je sentis dès cet instant que le chemin de la collaboration réelle allait être semé d'embûches.

C'est probablement de cette époque que date le début de mon «dépit amoureux».

Pendant les deux années qui suivirent, rien ne s'arrangea, bien au contraire. J'apprenais de toutes parts que René Lévesque refusait de paraître sur la même tribune que moi. Beaucoup de membres du parti partageaient les sentiments qu'il entretenait envers moi, et il ne faisait rien pour les dissiper, bien au contraire.

Je me sentais complètement inutile. Je n'arrivais pas à trouver ma place. Il y avait une chose que je faisais bien: c'était de parler et de convaincre. Or, on m'écartait systématiquement de la plupart des assemblées publiques.

Je décidai alors de me présenter à un poste de l'exécutif du parti, lors du congrès de 1969.

La bataille fut courte mais elle fut d'une violence inouïe. Presque tous les membres de l'exécutif se liguèrent contre moi. Ce fut une campagne de dénigrement, d'où la haine n'était pas absente, comme je n'en avais jamais connue auparavant. René Lévesque était le plus violent de tous.

Michel Roy raconte:

«... Pourtant, au congrès de 1969, à Montréal, on avait procédé tout autrement; pour empêcher Bourgault d'accéder à l'exécutif, une cabale digne des vieux partis avait été soigneusement organisée. Bourgault n'avait pas passé. Et pour que le compte y soit, on l'avait un peu humilié au passage.» (*idem*)

Plusieurs de mes partisans voulurent alors déchirer leur carte de membre. Je réussis à les en empêcher.

Les élections de 1970 approchaient à grands pas et je ne savais toujours pas où j'allais me présenter. À certains moments d'ailleurs, j'étais si découragé de voir qu'il m'était impossible de trouver ma place dans ce parti que je songeai à démissionner tout simplement.

Mais le pire était encore à venir.

On a imaginé toutes sortes de discussions sanglantes entre René Lévesque et moi, toutes sortes de batailles où nous nous serions déchirés à belles dents. La vérité est tout autre.

Nous ne nous voyions à peu près jamais. Nous nous évitions. Sauf une fois...

Fatigué d'entendre toutes sortes de racontars et voulant savoir exactement où nous en étions, un jour, quelques mois avant les élections de 1970, je m'en fus voir René Lévesque à son bureau. Mal m'en prit. Ce fut sans doute la demi-heure la plus douloureuse que j'aie connue dans ma vie.

Jamais de toute ma vie, et je pèse ici chacun de mes mots, je n'avais été aussi méprisé, même par mes pires adversaires.

Cette scène m'a fait si mal et m'a marqué si profondément que c'est peut-être la raison pour laquelle j'accepte de la raconter aujourd'hui. C'est peut-être la seule façon que j'aie de la repousser au fond de ma mémoire. Ce n'est pas le bon moment, je le sais. C'est du «défoulement public», je le sais. Mais je sens depuis longtemps la nécessité de le faire et je le fais. Il est une chose, en tout cas, dont je suis absolument certain: il n'y a aucune «hargne personnelle» dans cette affaire.

Je parlai peu pendant la demi-heure que dura cette entrevue. J'étais tellement abasourdi, tellement défait, que j'en étais devenu presque muet.

M. Lévesque était fort en colère. Il enrageait pour me dire que c'était vrai qu'il refusait de paraître en public avec moi parce que cela pouvait nuire à l'image du parti; qu'il était également vrai qu'il ne me laisserait pas me présenter dans un «bon comté»; que, de toute façon, je ne représentais pas trois cents personnes au Québec; que si je plaçais la cause de l'indépendance au-dessus de moi-même, il valait mieux que je ne me présente pas aux élections pour le parti; que je devrais faire comme François Aquin et débarrasser les rangs du parti de ma présence; que j'étais un paresseux et un chiâleux; que je me plaignais tout le temps et que Jacques-Yvan Lefebvre me valait cent fois parce qu'il travaillait, lui — Lefebvre était ce petit organisateur véreux, ancien membre du R.I.N., qui m'avait battu à la convention de Taillon, avec l'aide de... —, qu'il était tanné d'entendre parler des sacrifices des membres du

R.I.N. quand un homme comme Marc Brière en avait fait cent fois plus que chacun d'entre nous; que j'étais entouré d'une petite bande de fanatiques prêts à se faire tuer pour moi; que ma violence verbale l'exaspérait; que... que... que...

Je protestai un peu, mais faiblement. Je me taisais surtout. J'étais sonné, complètement abasourdi. Je ne cherchais plus d'explications, je constatais, tout simplement.

Le Petit Journal,
semaine du 25 février au 3 mars 1973

L'élection du 29 avril '70

Quitte ou double contre Bourassa

A utomne 1969. Je suis assis tranquillement chez moi à regarder la télévision. Le téléphone sonne. C'est Normand Brouillette, qui fut autrefois mon secrétaire lorsque j'étais président du RIN.

Il me fait une bien drôle de proposition : pourquoi ne me présenterais-je pas comme candidat du Parti québécois dans le comté de Mercier, contre Robert Bourassa, nouvellement élu chef du Parti libéral ?

Je sursaute. Ça n'a pas de sens ! C'est un suicide ! Je me ferai battre à plate-couture ! Non, Normand, ta proposition ne tient pas debout.

Et pourtant...

Je fis lentement le tour de la question pour m'apercevoir qu'après tout c'était peut-être une meilleure idée que je l'avais cru au début. Mercier était une circonscription à forte majorité francophone ; le R.I.N. y avait fait en 1966 une percée importante ; elle se trouvait au beau milieu d'un immense quartier de travailleurs et d'ouvriers ; elle avait été depuis toujours très fortement touchée par l'information et la propagande indépendantistes. En vérité, sur papier, c'était une des meilleures circonscriptions de Montréal.

Mais il y avait aussi un handicap de taille : c'était le fief de Robert Bourassa. Comment vaincre un chef de parti, surtout en présentant un programme aussi controversé que le nôtre ?

Mais un autre facteur, loin d'être négligeable dans mon cas, me venait lentement à l'esprit : ma position dans le Parti québécois était des plus inconfortables. Il fallait à tout prix que je gagne la confiance de René Lévesque et celle de milliers de militants du parti qui ne voyaient en moi qu'un épouvantail détestable plus propre à effrayer les électeurs qu'à les rallier autour de la cause de l'indépendance.

Il fallait à tout prix que je démontre ma rentabilité électorale. Quel meilleur moyen de le faire que de me présenter dans un comté suicide, où on ne me donnerait pas une chance sur mille de l'emporter ? C'était un pari, bien sûr, mais le jeu en valait la chandelle.

Quitte ou double : ou bien je me cassais la gueule de façon définitive ou bien je gagnais mon pari et je prouverais que mon «image» n'effrayait pas les électeurs autant qu'on voulait bien le laisser croire.

Dans cette perspective, je savais que je pouvais gagner la première manche, c'est-à-dire forcer le Parti québécois à se battre à mes côtés, même à contrecœur, tout simplement parce que je me présentais contre Robert Bourassa. Il était dans l'intérêt du parti de le faire battre ou, à tout le moins, de lui faire une lutte farouche et de le forcer à s'occuper de son comté, au détriment de l'ensemble de sa campagne québécoise.

Je savais, d'autre part, que le seul fait de me présenter contre Robert Bourassa me permettrait de réunir autour de moi une équipe beaucoup plus considérable et beaucoup plus motivée que si je me présentais dans un comté «ordinaire».

Restait l'inconnue : réussirais-je à obtenir un intéressant pourcentage du vote ? C'était là l'enjeu, le risque, le défi. Quitte ou double.

Le lendemain, je téléphonai à Normand Brouillette pour lui dire que j'avais reconsidéré son idée et que je la trouvais bien meilleure que la veille.

Peu de temps après, j'annonçai que j'allais me présenter au congrès de mise en nomination de Mercier. La surprise fut générale. L'éventail des réactions était fort large: elles allaient du sourire ironique du gars qui pensait que Bourgault s'en allait à l'abattoir, à l'enthousiasme délirant du gars qui pensait que Bourgault ne ferait qu'une bouchée de Bourassa.

Je fus élu au congrès de mise en nomination par une très forte majorité.

L'organisation se mit en place rapidement; la bataille pouvait commencer. Elle vint d'ailleurs beaucoup plus tôt que nous l'attendions. La date de l'élection était fixée au 29 avril (1970).

Le Parti québécois ne mit pas plus de vingt-quatre heures à se remettre de sa surprise. Nous étions prêts. En moins de temps qu'il n'en faut pour le dire, les militants se déchaînèrent. Nous avions envie de cette élection, nous avions envie de nous compter officiellement. Nous savions que le mouvement avait fait des pas de géant depuis 1966, mais nous voulions pouvoir le prouver avec des chiffres et des faits. L'occasion était enfin arrivée de le faire.

Comme prévu, dans Mercier, des centaines de militants se présentèrent pour travailler. Ils étaient dirigés par le plus jeune organisateur au Québec: Richard Filiatrault. Il avait alors vingt-trois ans et, malgré tout, il jouissait de la confiance presque aveugle de tous les militants, jeunes ou vieux.

Les assemblées publiques du PQ étaient si vivantes, si joyeuses, si riches de tous les sentiments de fierté et de dignité dont notre peuple avait été sevré depuis si longtemps, que même les observateurs les plus distants se laissaient prendre au jeu.

La campagne avait débuté à l'aréna Maurice-

Richard, à Montréal, par une assemblée monstre où pas moins de dix mille personnes qui n'avaient pu trouver place à l'intérieur enrageaient dehors dans le froid et la bousculade.

Dans la salle, pas un pouce de terrain qui ne fût occupé. Tous les candidats du parti étaient réunis sur la scène et les discours commencèrent à se succéder.

Peu de temps après, on entendit scander: «On veut Bourgault, on veut Bourgault...» Je ne devais pas parler ce soir-là et je regrettais que quelques-uns de mes partisans tentent de m'imposer par ce moyen. Mais je compris bientôt que c'était là le désir de la plus grande partie de la foule. Jean Duceppe, qui agissait comme maître de cérémonie, avait toute la peine du monde à détourner l'attention et à présenter les orateurs. Ce cri revenait toujours. Il promit, sans promettre, que je parlerais. Je le voyais consulter Lévesque et Grégoire. Il semblait certain maintenant que la foule était décidée à me faire parler.

Cela dura bien une heure. J'étais heureux que la foule me réclamât avec tant d'insistance mais je craignais en même temps d'aiguiser des ressentiments qu'il n'était pas temps de voir resurgir.

Mais la foule insista si bien, que Gilles Grégoire, entre deux orateurs, s'empara du micro et me présenta.

Je parlai très brièvement. Je me rassis, content. J'avais gagné mon pari: le parti m'acceptait. Je songeai, en souriant, que je le devais un peu à Robert Bourassa.

Je sentis également la profonde volonté démocratique qui animait le Parti québécois. Les militants, farouches ce soir-là, las des querelles qui nous opposaient, avaient affirmé péremptoirement leur souveraineté en affirmant: «Lévesque et Bourgault, que vous aimiez cela ou non, vous allez travaillez ensemble. Vous allez vous battre ensemble et nous allons gagner ensemble.»

C'est du moins la leçon que je tirai de leur attitude. C'est d'ailleurs à partir de ce moment précis que je sentis que j'avais ma place dans ce parti.

La campagne se déroulait comme prévu. Quelle différence avec celle de 1966 où nous n'étions qu'une poignée de militants pour faire face aux grosses machines des vieux partis.

Désormais, nous avions aussi notre machine, bien différente de celle des autres, honnête, aussi propre que possible, bénévole, mais puissante et méthodique.

J'étais décidé à ne pas sortir de Mercier pour courir la campagne. Je refusai toutes les assemblées qu'on m'offrit sauf une, à Sept-Îles, où j'avais été candidat en 1966.

Filiatrault avait trouvé la façon de faire travailler ensemble les plus vieux et les plus jeunes. Il avait trouvé le moyen de les faire se parler entre eux, ce qui n'est pas un mince exploit, dans n'importe quelles circonstances.

Il savait également faire travailler son candidat, même lorsque celui-ci démontrait peu d'enthousiasme pour un travail de porte à porte harassant et frileux.

À une semaine du scrutin, rares étaient ceux dans le parti et en dehors qui ne croyaient pas que nous allions «faire des ravages».

Je me trompe peut-être mais j'ai l'impression que c'est ce qui nous perdit. Nous fûmes battus par notre propre succès: les Québécois voulaient bien de nous dans l'opposition, mais ils ne nous voyaient pas encore au pouvoir, pas maintenant en tout cas...

Ils prirent peur, je crois. Beaucoup plus que «le coup de la Brink's», c'est notre succès qui les effraya.

Ils nous voyaient partout. Nos assemblées étaient les plus grosses et les plus enthousiastes de toutes. Les sondages nous mettaient en avance dans un très grand nombre de comtés alors que nous chauffions les fesses aux autres partis dans plusieurs autres. La vague s'amplifiait de jour en jour sans que personne ne semblât capable de la dégonfler. Personne, sauf les électeurs...

Pour ma part, j'estime à près de deux cent mille le nombre des votes que nous avons perdus dans la dernière semaine de la campagne; c'était le vote de ces gens qui avaient plus tôt décidé de nous appuyer mais qui, à la dernière minute, craignant de nous retrouver au pouvoir, prirent peur et votèrent comme d'habitude, c'est-à-dire pour les autres.

Mercier n'échappa pas à ce phénomène. Je suis à peu près certain que c'est une manchette du *Montréal-Matin* qui me consacrait vainqueur contre Robert Bourassa quelques jours avant la date du scrutin qui fit «virer de bord» plusieurs partisans du Parti québécois. L'article du journal, basé sur un sondage indépendant, m'accordait 1,5 % d'avance sur M. Bourassa. Ce sondage concordait avec les nôtres.

Quoi qu'il en soit, on sait ce qu'il arriva par la suite. Le soir du 29 avril fut, pour nous tous, un des soirs les plus sombres de notre vie. Malgré ses 24 % du vote, le parti était lavé. Sept députés élus sur 108. Lévesque, Parizeau, Grégoire battus. C'était une catastrophe dont nous mîmes plus de deux ans à nous remettre.

Pour ma part, j'étais battu, bien sûr, mais je talonnais Robert Bourassa de si près que nul ne pouvait plus douter de ma «rentabilité électorale».

Pourtant, notre défaite collective était si grande que j'en pleurais de rage.

Lorsqu'on me demanda de me rendre au centre Paul-Sauvé pour y prendre la parole, je refusai en disant: «J'en ai assez des victoires morales. Non, pas ce soir. C'est la job de René Lévesque. J'ai tellement de fois, depuis dix ans, convaincu les militants que nous avions gagné alors même que nous avions perdu que je ne me sens plus le courage de le refaire aujourd'hui.»

C'est effectivement René Lévesque qui le fit, avec courage, pendant que moi, éreinté et agressif, j'accompagnais quelques amis, aussi las et enragés que moi. Nous nous engueulâmes pendant deux heures, comme des animaux qui, incapables de s'en prendre à plus fort qu'eux, se déchirent entre eux. Nous avions le sentiment d'avoir subi une profonde injustice.

Nous étions vidés de tout, sauf de l'espoir qui, malgré tout, depuis tant d'années, nous permettait d'avancer encore un peu, jour après jour, bon an mal an, vers l'objectif que nous poursuivions avec tant d'acharnement.

Que l'espoir demeurât, malgré tout, restera toujours pour moi une chose aussi mystérieuse que vivante, aussi incompréhensible que certaine.

Mais l'espoir est là, toujours indéfectible, toujours acharné à briser la réalité pour donner sa chance au rêve. Dieu merci!

Quelques mois plus tard, Robert Bourassa m'apprit que les sondages de son parti, pendant la campagne électorale, confirmaient les nôtres: j'étais en train de le battre.

Mais il n'en savait rien à l'époque. Ses organisateurs lui avaient caché la vérité, pour le maintenir au meilleur de sa forme.

Le Petit Journal,
semaine du 4 au 10 mars 1973

La police

« **D** e deux choses l'une: ou bien les policiers se feront justice eux-mêmes ou bien ils interrompront leur service.» (Déclaration de M. Syd Brown, président de la Conférence internationale des associations de police, à Montréal, le 20 juillet 1970).

«La société nord-américaine est menacée par une conspiration communiste visant à détruire la fibre morale de notre jeunesse et à répandre la contestation et le désordre. Certes, le crime organisé constitue un véritable danger dans le monde où nous vivons mais il n'a pas la même gravité que cette conspiration où l'on retrouve côte à côte gauchistes, maoïstes, castristes, communistes de stricte obédience et les hippies, individus aux cheveux longs, drogués et déserteurs de l'armée américaine.» (Déclaration de M. Steve Olynyr, de la police de Montréal, faite le 21 juillet 1970).

La première citation nous rappelle une déclaration du même genre faite l'an dernier par un policier de Montréal. La deuxième nous remet en mémoire une déclaration plus succincte, mais qui dénotait le même esprit, faite par l'ex-directeur de la police de Montréal, il y a quelques mois, M. Jean-Paul Gilbert.

À n'en pas douter, elles ne sont pas le fait de quelques têtes particulièrement échauffées mais plutôt l'expression d'un état d'esprit qui se généralise chez beaucoup de policiers à travers le monde. Le problème est sérieux et exige qu'on y attache une importance particulière.

Si, en effet la police d'un pays doit et peut être un élément de sécurité et de protection pour les citoyens, il serait par contre intolérable qu'elle en vienne à appliquer la justice elle-même ou qu'elle se permette d'intervenir dans l'ordre idéologique des choses. C'est pourtant ce qui menace de se produire si l'État n'adopte pas immédiatement envers ses corps policiers une attitude très ferme.

Comment le ministre de la Justice peut-il accepter sans broncher l'appel à peine voilé à la violence de ceux-ci lorsqu'on sait la minutie que tout l'appareil judiciaire met à interdire aux indépendantistes d'en faire autant et à les punir sévèrement le cas échéant. Le délit est pourtant flagrant. Il l'était tout autant dans le cas du policier montréalais qui, l'an dernier, avertissait le gouvernement de la possibilité de voir les policiers s'emparer du pouvoir par la force des armes.

Mais l'État a peur. Peur de se retrouver demain sans machine de répression pour se protéger lui-même. Alors l'État se tait, ou cède au chantage, selon le cas. Par ce biais de la peur, la police en vient à protéger un régime plus que les citoyens eux-mêmes. C'est l'engrenage. Cela peut mener très loin.

Les policiers exercent un métier dangereux, cela est certain. Ils y risquent souvent des coups, voire leur vie, mais c'est sans cynisme que je dis: cela fait partie du métier, comme cela fait partie du métier d'un homme politique en vue. Mais ce n'est pas Robert Kennedy qui après l'assassinat de son frère, eût songé à «descendre», les eût-il connus, tous ceux qui pouvaient le menacer, lui. Il courait des risques et il avait librement consenti à le faire. Il en va de même des policiers. Si leur métier difficile exige qu'ils jouissent d'un certain nombre de privilèges, celui d'abattre ceux qu'ils jugeront dangereux n'est pas de ceux-là.

Mais où est le véritable ennemi de la police? Selon l'avis de M. Jean-Paul Gilbert, ce ne sont pas les bandits, les tueurs, les voleurs. Ce sont les hippies, les cheveux longs, les méchants communistes, les drogués et quoi encore.

Cette analyse n'est pas le propre de la police. Celle-ci ne fait que refléter l'analyse que fait une grande partie du monde adulte face à une jeunesse turbulente, épanouie, contestataire, souvent naïve mais combien généreuse.

Encore là, c'est la peur qui domine. La peur la plus naturelle du monde, la peur de l'inconnu. La jeunesse actuelle est une inconnue à plusieurs dimensions. Et l'adulte a beau faire appel à ses souvenirs de jeunesse, il n'en voit aucun qui puisse le rattacher à l'esprit de la jeunesse actuelle si ce ne sont l'insécurité et le manque de communication dont tous les jeunes ont été affligés à travers les âges, en particulier dans les agglomérations urbaines.

Mais ce qui déroute encore plus l'adulte et le policier, ce n'est pas tant l'absence de points de référence entre sa jeunesse et la jeunesse d'aujourd'hui que la différence des moyens d'expression de l'une et de l'autre. La musique, les cheveux, la drogue, les manifestations, le costume sont un langage inconnu de l'adulte moyen. Mais c'est un langage.

Si vous êtes avec un groupe de Chinois, que vous ne comprenez pas le chinois et qu'ils s'expriment en chinois, vous aurez bientôt l'impression qu'ils parlent de vous, qu'ils ricanent en vous voyant et qu'ils échangent des propos malveillants à votre endroit. Au bout d'un certain temps, sans raison mais excédé quand même, vous crierez: «Soyez polis, parlez français ou taisez-vous!»

Nous ne réagissons pas autrement devant le langage incompréhensible des jeunes. Très tôt, la méfiance s'installe puis l'intolérance, puis la répression. «Parlez 'adulte' ou taisez-vous!» On n'oublie qu'une chose, c'est que le chinois, ça s'apprend.

L'adulte se sent impuissant devant le phénomène jeunesse. Le policier aussi sans doute, mais il a les moyens, lui, d'opérer le transfert de son impuissance: alors il dénonce, il juge, il arrête, il condamne, il frappe, il harcèle, il insulte. Il se sert de sa force, de ses armes, de son autorité et de celle de la loi (même quand il la viole lui-même) pour forcer les jeunes à parler son langage à lui, le langage de tous les adultes.

Ça donne la Maison du pêcheur à Percé, ça donne le Carré Saint-Louis, ça donne les descentes, organisées comme des opérations militaires, dans les discothèques, ça donne surtout le harcèlement continuel: ne voit-on pas de plus en plus de jeunes se faire «embarquer» pour être détenus pendant quelques heures, puis relâchés sans qu'on porte contre eux quelque accusation que ce soit? Il s'agit de les impressionner, de leur faire peur, n'est-ce pas?

Et, pour ma part, j'entends chaque mois des douzaines de témoignages qui me sont fournis par des personnes de tous milieux et de tous âges, qui tendent à prouver qu'on provoque ceux qu'on arrête, qu'on les bat inutilement, qu'on les insulte, qu'on les ridiculise à souhait. Pourquoi? Seul l'État pourrait mettre fin à ces pratiques abusives. Mais qui protégera le régime si le régime ose affronter les policiers? L'État a peur et cela est terrible.

Mais l'analyse du problème serait incomplète si je ne parlais pas des problèmes particuliers des policiers eux-mêmes, car ce sont souvent ces difficultés qui font que le policier se détourne de ses véritables fonctions.

1) Le policier n'a pas de responsabilité véritable, il obéit à des ordres. À la longue, rien n'est plus néfaste. J'ai personnellement rencontré nombre de policiers (pas nécessairement dans les conditions les plus favorables)

parfaitement conscients des sottises qu'on leur fait dire ou de la stupidité de certains gestes qu'on leur fait poser. Mais où et avec qui peuvent-ils en discuter? Comment peuvent-ils influencer les décisions de leurs officiers supérieurs? Ils ne disposent d'aucun moyen pour le faire. Alors ils démissionnent ou bien ils se taisent et «font comme les autres». L'erreur fondamentale que commettent beaucoup d'officiers — et de citoyens ordinaires d'ailleurs — est de ne pas faire la différence entre l'armée et la police.

Or cette différence doit exister et c'est au niveau de la responsabilité vécue du simple policier qu'on devrait pouvoir la retrouver. Tel n'est pas le cas.

2) Le policier n'a souvent pas les moyens de combattre le véritable ennemi de la société, le bandit et, plus singulièrement, le membre de la pègre ou de la Mafia. Très souvent, le policier sait qui il faudrait arrêter, pourquoi et comment. Mais il connaît aussi les complicités politiques ou policières qui protègent tel ou tel individu (le rapport Prévost en fait mention). Il ne peut pas agir. Frustré dans sa conscience même, il finira par arrêter n'importe qui pour n'importe quoi. Les vrais coupables étant hors d'atteinte, il en vient à s'en fabriquer lui-même.

3) Le policier est jugé très sévèrement par ses collègues. C'est pourtant une attitude inutile. Il semble y avoir une certaine manière d'agir à laquelle il doit se conformer, sans quoi... J'ai vu moi-même nombre de policiers parfaitement civilisés, humains, justes, alors qu'ils agissaient seuls, se transformer soudain en insulteurs et en «tapocheurs» aussitôt que d'autres policiers étaient présents. Cela devrait être corrigé rapidement.

4) Le policier n'a aucun contact professionnel avec les autres citoyens, particulièrement avec ceux à qui il a affaire de plus en plus souvent: les contestataires et les

manifestants. Il sait qu'il faut taper dessus mais que sait-il d'autre? Quand donc le syndicat des policiers invitera-t-il ses membres à rencontrer ailleurs que dans la rue tous les groupes idéologiques que le pouvoir croit devoir combattre?

Qu'est-ce qu'un séparatiste, qu'un hippie, qu'un communiste? Qu'est-ce qu'un jeune? Cela s'apprend mais encore faudrait-il que cela se fasse dans des conditions de mutuelle confiance et non pas sur les barricades. Les policiers ont récemment émis le vœu de dialoguer avec la population, de lui expliquer leurs problèmes, leurs aspirations, de l'éclairer sur leur rôle. D'accord. Mais accepteront-ils de tenter de connaître ceux que certains policiers appellent leurs ennemis?

5) Le policier n'est pas politisé, dans le sens le plus large du mot. Pourquoi les policiers ne pourraient-ils pas critiquer les lois? Ils connaissent mieux que quiconque les lois désuètes ou inapplicables ou simplement stupides. On les force quand même à les appliquer. Lorsqu'ils le font, on les couvre de ridicule alors même que ce sont les législateurs qui sont en faute. Encore là, nombre de policiers ne demanderaient pas mieux que de collaborer à l'amélioration des lois, mais comment peuvent-ils le faire? Quand leur permettra-t-on d'exercer de véritables responsabilités?

Que conclure? Quatre choses:

1) L'État doit prendre ses responsabilités et affirmer la primauté du pouvoir civil.

2) Le policier doit acquérir de véritables responsabilités qui lui permettront de ne pas se sentir un citoyen de seconde classe dans nos sociétés.

3) La violence policière gratuite doit cesser. Il appartient ici aux directeurs de police et à leurs assistants de voir à mettre fin à ces pratiques.

4) Le dialogue doit s'engager entre policiers et

citoyens, *dans les deux sens.*

Et j'ajoute un cinquième point: comme le dit M. Michel Chartrand, il est bien inutile de s'en prendre aux policiers eux-mêmes. Ils sont souvent victimes des mêmes exploiteurs que nous, ils ont les mêmes peurs, les mêmes frustrations. C'est tout le système qui est en cause et nous sommes finalement tous dans le même combat. Le policier est un salarié, souvent un prolétaire, comme la plupart des ouvriers. Il ne doit pas être laissé pour compte dans la lutte de libération. Lui aussi a droit à sa liberté. Je ne peux approuver celui qui veut la liberté de tous sauf celle du policier. Notre véritable ennemi est bien plus haut et bien plus puissant. Le policier lui sert d'instrument. Il est bien inutile de briser l'instrument si nous ne brisons pas le bras qui le brandit.

Lorsque le policier cessera de servir d'instrument à une poignée d'exploiteurs, alors il sera libre. C'est la liberté de chacun qui, additionnée, fait la liberté de tous.

Point de mire,
juillet 1970

Lettre ouverte
à René Lévesque

Monsieur,

Vous vous posez aujourd'hui de graves questions. Mais c'est peut-être de nous, les membres du Parti québécois, que vous attendez une réponse. Comment expliquer autrement le risque que vous avez pris de les poser publiquement, n'ignorant pas l'inquiétude, voire le désarroi que vous alliez ainsi provoquer dans certains esprits?

C'est en effet à nous de décider pour vous. Cela nous place dans une situation inconfortable car je sais pertinemment — pour l'avoir éprouvé moi-même à l'occasion — que ce qui vous ennuie sans doute le plus, en ce moment, c'est de vous voir dicter votre action par les autres. Vous ne vous appartenez plus, on vous pousse et on vous tire, on vous aime et on vous hait, souvent pour les mauvaises raisons, et votre «personnage» a érigé un mur entre vous et les autres êtres humains. La communication personnelle, d'homme à homme, est devenue presque impossible.

Alors que vous n'étiez qu'un homme ordinaire, il y a de cela un certain temps, vous avez sans doute terriblement souhaité devenir René Lévesque. Aujourd'hui, vous ne souhaitez qu'une chose, c'est de redevenir Jean Dupont, anonyme ou presque, sans responsabilités ou presque, sans influence ou presque, mais vivant. Vous êtes devenu un monument: cela vous est désormais insupportable et vous voudriez redevenir un être humain, tout simplement. Je ne sais si cela vous sera jamais possible dans l'avenir. Je vous le souhaite de tout mon cœur. Mais je sais que pour le moment vous ne pouvez même pas y songer. Vous devez rester président du Parti québécois et vous devez diriger le parti dans la prochaine campagne électorale.

Parce que les membres ont confiance en vous.

Parce que vous avez de formidables pouvoirs de conviction et que nous avons encore tant de Québécois à persuader.

Parce que nos adversaires vous craignent.

Parce que vous êtes «rentable». Cessez d'en douter, vous êtes le seul à le faire.

Parce que vous êtes indispensable, comme chacun d'entre nous.

Parce que tant que vous croirez qu'il y a encore une chance — et vous semblez le croire — vous avez le devoir de la courir.

Parce que vous n'avez pas le droit, par votre départ, de précipiter un certain nombre de militants dans des aventures que vous réprouvez.

Parce que vous n'êtes pas si vieux que vous le pensez.

Parce que vous n'êtes pas si seul que vous le pensez.

Parce que vous êtes entouré de la meilleure équipe au Québec.

Parce que des Québécois ont retrouvé l'espoir à travers vous.

Envoyez tout promener si le cœur vous en dit. Mais vous ne serez pas redevenu Jean Dupont pour autant. Vous avez réussi à devenir René Lévesque. N'y a-t-il pas une certaine vanité à prétendre que vous n'êtes rien d'autre qu'un «homme ordinaire»? Vous avez réussi à rallier des milliers de gens autour de vous. N'y a-t-il pas une certaine vanité à prétendre que cela aurait pu se faire avec n'importe qui d'autre?

René Lévesque, je crois que vous avez peur, comme moi, comme nous tous. La victoire est proche et cela nous effraie. C'est la liberté même que nous tentons d'assumer qui nous fait peur. De tout temps, cette sacrée liberté a effrayé ses plus farouches défenseurs. Elle ne veut pas être galvaudée, alors elle se défend. Elle ne se donne qu'à ceux qui la méritent.

J'ai toujours cru, pour ma part, qu'aucune cause n'est plus grande que les hommes qui la servent. Vous savez bien, René Lévesque, que les hommes ont leur importance et qu'ils ne sont pas aussi interchangeables que vous voulez le laisser croire.

Partez René Lévesque et la cause de l'indépendance du Québec, dans l'esprit d'un grand nombre, sera réduite à la dimension de votre démission.

Restez René Lévesque et notre liberté aura la qualité de votre courage.

C'est tout ce que j'ai à dire.

Point de mire,
septembre 1970

Quand
nous bloquerons
Dorval

N ous n'avons pas le choix: il faut désormais stopper l'entrée de tous les immigrants au Québec. Pour ma part, je suis à la veille de suggérer que nous nous rendions par milliers à Dorval, le jour de l'arrivée d'un avion d'immigrants, pour forcer cet avion à retourner d'où il vient, avec son chargement de futurs citoyens québécois anglophones. Devant la bêtise et l'inconscience des gouvernements d'Ottawa et de Québec, nous n'aurons bientôt plus d'autre recours que cette solution draconienne. Bêtise et inconscience soulignées encore une fois ce mois-ci par le ministre de l'Immigration du Québec, M. Pierre Laporte, qui nous a servi, réchauffé, le recueil de toutes les platitudes auxquelles nous avaient habitués ses prédécesseurs à ce poste.

Nous connaissons désormais fort bien la chanson: il faut que les immigrants s'intègrent en plus grand nombre au Québec français; pour ce faire, nous devons nous décider à mieux les accueillir en nous départissant de l'hostilité que nous avons toujours manifestée à leur endroit. Montrons-leur que nous les aimons et ils s'intègreront tout naturellement à notre société.

Le Ministère, pour sa part, fait tout ce qu'il peut: accueil à l'aérogare, distribution aux enfants de cahiers à colorier des scènes de leur nouveau pays, classes d'accueil dans lesquelles, dans une proportion effarante, les immigrants choisissent d'apprendre... l'anglais. M. Laporte est content: c'est là une bonne vieille politique libérale, juste, humaniste, gentille et souriante, qui-ne-brime-pas-les-libertés-si-chèrement-acquises... et qui donne des résultats nuls.

M. Bourassa ne peut que se réjouir : son ministre de l'Immigration lui ressemble étrangement, ce qui veut dire qu'il est parfaitement insignifiant et qu'il est prêt à faire tous les efforts nécessaires, au prix même de sa santé, pour ne pas bouger, piétiner, dormir, disparaître et mourir en souhaitant que les sacro-saints investisseurs veuillent bien continuer à gouverner à leur place. Pourtant la vérité saute aux yeux :

1) Les immigrants continuent à s'assimiler aux Anglais dans une proportion de plus de 90 %.

2) Ils continueront à le faire tant que nous serons forcés de le faire nous-mêmes, l'anglais étant la seule langue vraiment utile et nécessaire au Québec.

3) Ils constituent, pour la grande entreprise, enfant chérie de MM. Bourassa et Trudeau, un réservoir inépuisable de «cheap labor». Ils ne sont relativement bien accueillis par les Anglais que pour cette raison. Un immigrant compétent, qui «commande un salaire important», verra bientôt toutes les portes se fermer devant lui s'il n'arrive pas en droite ligne du Royaume-Uni.

Les immigrants du Québec sont les otages de la grande entreprise. Celle-ci ne s'en sert que pour gonfler la main-d'œuvre salariée tout en bloquant les revendications justifiées des salariés québécois.

4) Les politiques d'Ottawa et de Québec sont dérisoires. Elles ne servent qu'à masquer le véritable problème, c'est-à-dire l'impossibilité pour les Québécois français d'imposer leur langue et d'intégrer les immigrants parce qu'eux-mêmes sont forcés tous les jours d'abdiquer et de renier leur langue maternelle.

5) Les Anglais du Québec se servent des immi-

grants pour augmenter leur nombre.

6) Les immigrants sont exploités à fond par leurs propres compatriotes établis ici avant eux.

7) Les immigrants n'ont aucun intérêt à s'intégrer à nous parce qu'ils sentent bien, dès le départ, que nous n'avons aucun pouvoir, que nous ne contrôlons rien, que d'autres que nous prennent les décisions et, qu'en somme, on ne peut pas s'intégrer à ce qui n'existe pas.

8) Il est bien inutile d'accuser les immigrants d'une action dont ils ne sont pas coupables. Nous aurions en effet bien mauvaise foi à les accuser de faire comme nous. En arrivant, ils nous regardent, puis bientôt nous imitent. Ils apprennent l'anglais. Nous sommes les seuls responsables.

Mais M. Laporte est content. Et puis il y aura des danses de folklore organisées par le ministère pour nous aider à mieux comprendre nos nouveaux compatriotes. Tout va pour le mieux dans le meilleur des mondes. Pendant ce temps, NOUS DISPARAISSONS.

Si j'ai proposé, au début, une action qui sera bientôt nécessaire, c'est tout simplement qu'il n'y en aura bientôt plus d'autre. Le jour où nous bloquerons Dorval, MM. Laporte, Bourassa, Trudeau et autres inconscients, se réveilleront peut-être de leur torpeur. Je n'entretiens pourtant aucun espoir de ce côté. Si jamais nous réussissons à les réveiller, ils ne se lèveront que pour nous traiter de fanatiques et de racistes en nous accusant de faire fuir les capitaux.

Les Anglais reprendront en chœur le même refrain. Le *Star* et la *Gazette* se déchaîneront. Westmount se scandalisera et M. Trudeau se fendra d'un grand discours dans lequel il recommandera aux minorités de ne pas se laisser faire.

NOUS PASSERONS QUAND MÊME ET, UN JOUR, CE PAYS PARLERA FRANÇAIS, COÛTE QUE

COÛTE. Nous y accueillerons alors les immigrants avec sympathie et respect. Il n'y aura plus de problème d'immigration au Québec puisque nous aurons alors réglé notre propre problème. D'ici là, malheureusement, il faudra plusieurs fois bloquer Dorval.

Point de mire,
octobre 1970

Ni héros
ni martyr

Il n'est pas facile de garder sa raison et de n'éprouver que des sentiments justes dans la situation de crise que nous traversons. Certains ont perdu la tête complètement et ont tout tenté depuis pour nous la faire perdre avec eux, notre panique devant justifier la leur. MM. Trudeau, Marchand, Caouette et Drapeau ont été les principaux artisans de la déraison qui s'est emparée d'une partie de la population et dont ils comptent bien se servir, dans les semaines et les mois qui viennent, pour bâillonner toute velléité d'opposition à leur pensée majestueuse.

Pourtant, la vie continue et chacun de repousser le plus rapidement possible au fond de sa mémoire ce mauvais souvenir si accablant. Il fallait vite oublier la mort de John Kennedy ou celle de Martin Luther King. Il faut penser le moins possible à la mort innombrable du Vietnam. Et surtout, ne nous parlez plus des enfants du Biafra.

Ne pas penser. Ne pas réfléchir. Simplement avoir peur encore un peu. Juste assez peur pour appuyer massivement M. Trudeau et M. Drapeau qui, eux, savent et qui vont nous sauver de tous les maux. Avoir juste assez peur pour se taire, ne plus rien dire, s'habituer aux soldats, s'habituer à la police, s'habituer à disparaître tranquillement. Nous nous sommes tellement toujours habitués à n'importe quoi, pourquoi ne pas continuer?

S'habituer à la violence comme nous nous étions habitués à la servitude.

Et pourtant non! Il faut ouvrir les yeux, il faut regarder, il faut voir. Alors j'ouvre les yeux, je regarde et j'essaie de voir.

Je n'aimais pas M. Laporte. Oh, je voulais bien lui savoir gré d'avoir combattu Maurice Duplessis mais, comme presque tous ceux qui s'étaient opposés au «chef», il avait fini par lui ressembler: même arrogance, même mépris souverain de l'opinion des autres, mêmes tactiques déloyales, même démagogie et même myopie politique. Je n'aimais pas non plus le style de l'homme sec, fendant et dépourvu de toute chaleur. Ses dix années de vie politique ne m'avaient pas convaincu qu'il fût un homme de principes et je cherchais en vain à quel moment il avait servi les intérêts de la collectivité plutôt que les siens propres.

À tort ou à raison, je trouvais l'homme politiquement mesquin. Sa mort n'a pas changé l'opinion que j'avais de lui. J'ai donc pu éviter les larmes publiques et télévisées de M. Trudeau aussi bien que la course, toujours télévisée, pour le choix de son meilleur ami, épreuve dont M. Cadieux est sorti gagnant haut la main, les véritables amis de M. Laporte ayant préféré rester à la maison et ne pas participer au tournoi.

Pourtant sa mort ne m'a pas laissé indifférent. Je n'ai pas conclu abusivement et démagogiquement qu'il était un héros ou un martyr puisqu'il n'avait jamais choisi de mourir pour quelque cause que ce soit, surtout pas celle de M. Trudeau. Non, on lui avait arraché sa mort; on la lui avait presque volée. Je n'ai pas conclu non plus qu'il était mort en lâche, comme certains le prétendent à la suite de la lettre hautement émotive qu'il écrivait à M. Bourassa. Comment aurions-nous, chacun d'entre nous, réagi dans la même situation? Sa lettre prouvait de toute évidence, qu'il n'était pas un homme d'État, mais elle ne nous permettait nullement d'affirmer qu'il manquait de courage.

J'ai également refusé de conclure que nous étions enfin débarrassés d'un adversaire encombrant. Mon sentiment fut beaucoup plus simple: je fus d'abord pris d'une vague tristesse à la pensée de cet homme qu'on avait brutalement arraché à ceux qu'il aimait et qui l'aimaient. Je n'en parlai pas trop parce qu'il n'est jamais de bon ton d'accorder trop d'importance à ces trivialités quand on sert une belle et grande cause. Et pourtant, la vie est-elle autre chose que ce paquet de sentiments obscurs et parfois indicibles qui nous lient les uns aux autres? M. Laporte aimait et il était aimé. Cela ne le rendait-il pas semblable à moi? Sa mort n'était-elle pas un peu la mienne? Ou alors comment expliquer ma tristesse?

Mais je ne sentais pas que de la tristesse. C'est la colère qui soudain m'envahit à la pensée que cet homme était mort pour rien. Il l'avait senti lui-même. Il l'avait écrit. Il l'avait crié à la face du monde. Sa mort ne sauverait pas le régime, au contraire. Sa mort n'empêcherait pas l'action du FLQ de continuer. Sa mort ne changerait pas le cours de l'histoire. Sa mort ne ferait pas revivre la démocratie. SA MORT NE SERVAIT PAS CEUX QUI SE SERVAIENT DE SA MORT.

Je me demande ce qu'il a pu penser lorsqu'il comprit, à la fin, que ses amis libéraux avaient décidé de le condamner pendant que ses adversaires du Parti québécois insistaient de toutes leurs forces pour que le gouvernement négociât et lui sauvât la vie en même temps que celle de M. Cross.

D'un côté, la raison d'État, nourrie de la vanité hargneuse de M. Trudeau et de la faiblesse démissionnaire de M. Bourassa, le condamnant; de l'autre côté, la raison tout court et la compassion, transcendant les premiers réflexes de la peur, commandaient qu'on le sauvât à tout prix. Ses derniers amis auront-ils donc été ceux-là même qu'il méprisait avec tant de facilité et qu'il combattait souvent par les moyens les plus vifs? Eût-il été sauvé, par quelque miracle, comment aurait-il pu faire face à ses «amis» qui, forcés de choisir entre lui et la vanité de l'État, avaient préféré sauver les apparences de leur légitimité contestée plutôt que de donner la parole à ceux dont ils niaient jusque là l'existence.

Ne fallait-il pas, en effet, démontrer que les membres du FLQ étaient des êtres inhumains et barbares? Qu'importe la vie d'un homme pourvu que la démonstration fût concluante! Mais peut-on se dissocier d'un crime quand on a forcé quelqu'un à le commettre?

Loin de moi l'idée de vouloir disculper les membres du FLQ. Ils ont tué cet homme. Je suis d'ailleurs certain qu'ils sont parfaitement conscients de cette responsabilité et qu'ils l'assument pleinement. Ceux d'ailleurs qui, pour les disculper, rejettent toute la faute sur les seuls gouvernements, ne s'aperçoivent même pas qu'ils vident leur geste de toute signification. La responsabilité assumée de ses actes est le premier degré de l'honnêteté envers soi-même et envers ceux qu'on a décidé de servir.

Les militants du FLQ ont accepté de sacrifier un homme à la cause qu'ils défendent. Ils ont eux-mêmes établi cette échelle de valeurs qui veut que la cause soit plus importante que la vie d'un homme. N'allons pas leur faire l'injure de supposer qu'ils n'y ont pas réfléchi et qu'ils n'en ont pas librement décidé ainsi. Mais l'honnêteté n'est pas, par ailleurs, la plus grande vertu du pouvoir et de ceux qui l'exercent chez nous. Ils ont tôt fait, eux, de se disculper, en refusant toute responsabilité dans la mort de M. Laporte.

Or, inutile de se le cacher, M. Trudeau a placé la cause qu'il défend au-dessus de la vie de M. Laporte. Il a accepté de sacrifier M. Laporte à la raison d'État, à sa

raison d'État, en défense de ce qu'il ose appeler sans rire
«nos institutions démocratiques». Sa démarche est
absolument identique à celle du FLQ. Ils ont tous les
deux choisi la violence en prétendant tous les deux que
c'est l'autre qui avait commencé. Il ne s'agit pas ici de
savoir qui a raison politiquement mais bien de savoir
qui est responsable de la mort de M. Laporte.

Je réponds que les membres du FLQ et les membres
de nos trois gouvernements, de Montréal, Québec et
Ottawa, sont également responsables. Nier sa responsabilité n'est pas l'annuler pour autant. M. Laporte aurait
pu être sauvé. Le FLQ pouvait le sauver. Pour ce faire il
lui aurait fallu, ne fût-ce que temporairement, sacrifier
la cause qu'il défend. M. Trudeau pouvait le sauver.
Pour ce faire il lui aurait fallu, ne fût-ce que temporairement, sacrifier la cause qu'il défend.

La vie de M. Laporte a servi de pouvoir de négociation aux deux parties. Ils l'ont utilisée abondamment tous
les deux. Il n'y a pas eu de négociation. Les deux parties
sont restées sur leurs positions: M. Laporte est mort.
Mais derrière ces responsabilités précises du pouvoir et
du FLQ, il existe une autre responsabilité plus diffuse,
mais réelle: la nôtre. Nous avons tous «armé» le bras du
pouvoir ou le bras du FLQ. Parfois déchirés, ballottés
par des sentiments contradictoires, nous avons fourni
des armes aux deux parties. Peut-être n'étions-nous pas
assez conscients de leur détermination à s'en servir.
Désormais nous le savons. Nous n'avons plus d'excuse.
Nous pouvons choisir de continuer d'aimer les uns ou les
autres. Ou nous pouvons choisir de tenter de les
désarmer tous.

Aujourd'hui que deux violences s'affrontent, certains prétendent que nous n'avons pas le choix, qu'il
faut se ranger carrément du côté de la violence de
répression ou du côté de la violence de libération. C'est,

bien sûr, question d'appréciation et d'analyse personnelle. Pour moi, la violence reste le dernier recours. Je résisterai toujours à m'y laisser entraîner sous le simple prétexte qu'elle existe. J'essaie de voir clair et j'essaie de rester libre.

Ce n'est pas facile. Parfois je me dis que je ne suis pas dans le FLQ tout simplement parce que je manque de courage et puis, dans la minute suivante, je m'aperçois que j'ai d'autres raisons, dont la principale est le sentiment que je renierais ainsi tout ce pourquoi j'ai toujours combattu. Suis-je un peureux? Bien sûr, comme tout le monde. Mais j'ai assez souvent triomphé de ma peur pour savoir que je pourrais encore la vaincre si j'en sentais la nécessité absolue. Ma vie, et la vôtre, valent-elles plus que la cause que je défends? «Better dead than red» disent certains Américains. Il vaut mieux être mort que communiste. Je trouve cela complètement stupide. Je crois qu'il vaut mieux être communiste que mort.

Mais comment cela s'applique-t-il à nous? Il vaut mieux être mort dans un Québec indépendant que vivant dans la Confédération canadienne, disent certains. Ah oui? Quel étrange sentiment! N'y a-t-il pas là une volonté de suicide évidente? Est-ce la peur de vivre, beaucoup plus dure à supporter que la peur de mourir? Et toute cette misère et cette indignité qui m'entourent? Y suis-je donc si insensible que je refuserais de sacrifier ma vie pour les faire disparaître? Toutes ces questions que je me pose et auxquelles je ne trouve pas de réponse...

Quel est mon seuil de tolérance à l'injustice que je vois tous les jours? Puis-je accuser quelqu'un d'avoir atteint plus vite que moi ce seuil qui force la décision? Si j'entre dans la violence, ne suis-je pas coupable d'imposer cette violence à des gens qui ne l'ont pas choisie? Si je refuse la violence, ne suis-je pas coupable de cette violence réelle que le pouvoir exerce sur des millions de citoyens? N'en suis-je pas le complice?

Et pourtant, malgré tout, j'ai choisi. Je continue à privilégier la cause de la vie sur toutes les autres causes. Je continue à croire que l'homme n'est grand que vivant. Je continue à affirmer que je ne ferai pas l'indépendance du Québec pour les morts. Je reste convaincu que la vie de M. Laporte valait bien la mienne.

Et puis, très égoïstement, je veux être là au jour de l'indépendance. Pas vous? Tuer pour la cause? Mourir pour la cause? Non! Ni héros ni martyr.

J'ai toutes les raisons de vivre et de laisser vivre. Et je veux mourir sans raison, tout simplement, un jour, comme on meurt partout et depuis toujours, comme un homme, parce que c'est fini, parce que c'est ainsi. Sans drapeau, sans fusil, sans patrie, sans discours, sans larmes, tout nu, enfin désarmé, et pour toujours.

Le refus d'employer ou de soutenir la violence, de quelque côté quelle soit, dans la situation actuelle du Québec, ne doit pas nous cacher pourtant la réalité telle qu'elle existe. Désormais, deux violences antagonistes s'affrontent sous nos yeux et, si nous voulons les désarmer, il va falloir d'abord en déterminer les causes.

La première question que plusieurs se posent quand ils se réfèrent à la violence du FLQ est la suivante: «Pourquoi utiliser ce moyen quand nous habitons un pays où il existe la liberté de parole et qu'il est permis de renverser le pouvoir par les moyens électoraux normaux?» Et, bien sûr, nos hypocrites gouvernants affectent de croire cette affirmation, jurent sur «les institutions démocratiques» qu'il en est ainsi, et prennent des airs de vierges offensées si on ose leur rappeler que leur pouvoir est loin d'être aussi démocratique qu'ils le prétendent.

Nous avons dit et répété jusqu'à épuisement que notre système électoral était tout ce qu'il y a de plus antidémocratique. Le 29 avril dernier nous en servit une preuve si flagrante qu'on s'étonne encore de voir des gens affirmer avec agressivité que les gens du PQ doivent cesser de se plaindre, qu'ils ont été battus *démocratiquement*, dans une élection *démocratique*, et qu'ils doivent se plier au verdict populaire.

Répétons encore une fois l'équation: les libéraux, avec quarante-cinq pour cent du vote populaire, occupent soixante-dix pour cent des sièges à l'Assemblée nationale. Le Parti québécois, qui a obtenu les votes de vingt-quatre pour cent des électeurs, n'occupe que six pour cent des sièges à l'Assemblée nationale. Cette proportion est spectaculairement injuste, le PQ obtenant quatre fois moins de représentation que celle à laquelle il avait droit.

Ça, c'est le résultat. Quand on sait, d'autre part, les moyens odieux mis en œuvre pour arriver à cette caricature exemplaire de la démocratie, on ne peut qu'être révolté de voir nos bienveillantes autorités affirmer que tout cela est parfaitement normal et que le peuple s'est prononcé clairement en faveur du parti au pouvoir.

Il y a une véritable usurpation, sinon de la totalité du pouvoir, du moins de sa plus grande partie. Sans même analyser la composition du vote, sans même s'attarder à dénoncer le farouche vote anglais qui a servi à perpétrer ce que d'aucuns appellent un véritable coup d'État, le seul résultat, brutal dans sa nudité, est si éloquent qu'il faut être d'une malhonnêteté absolue pour affirmer que notre système électoral est démocratique et juste.

Tous ceux qui aujourd'hui se scandalisent si bruyamment des actions du FLQ, où étaient-ils au lendemain du 29 avril? M. Trudeau s'est-il inquiété de voir la démocratie ainsi bafouée? M. Caouette s'est-il porté à la défense des institutions démocratiques? M. Drapeau a-t-il frémi d'indignation? M. Bourassa s'est-il senti mal à l'aise dans sa peau? Et M. Marchand n'a-t-il pas accepté de servir de «front» ou de caution morale (dans les deux langues) à ce véritable hold-up électoral? Le *Star* et la *Gazette* se sont-ils émus? Les Anglais se sont-ils révoltés à la pensée que la «democracy» était en danger? Non, tout ce beau monde a souri d'aise et de soulagement à la pensée que les bons avaient gagné et que les méchants avaient été humiliés.

Indomptable, le Parti québécois engageait aussitôt la bataille entreprise par plusieurs il y a des années pour démocratiser le système électoral. Six mois plus tard, rien, absolument rien n'a été fait dans ce sens. Et si nous devions nous retrouver demain face à une élection, nous nous retrouverions exactement dans la situation dans laquelle nous étions avant le 29 avril, nous nous ferions fourrer de la même maudite façon.

Dans ce sens, on peut dire que le FLQ a sans doute voulu venger le PQ. C'est peut-être le premier moteur de l'action de ces militants. La démocratie prenant le visage du mensonge le plus flagrant, ils ont refusé de jouer plus longtemps un jeu où les dés sont pipés. Devant l'évidente réticence du pouvoir à modifier les règles du jeu pour donner une chance à tous, ils ont décidé de faire leurs propres règles, calquées sur celles qu'on voulait leur imposer. On peut refuser d'approuver leurs moyens d'action, il serait naïf de ne pas tenter d'en découvrir les motifs.

Voyons maintenant ce qu'il en est de la fameuse liberté de parole qui devrait, selon certains, excuser toutes les violences du pouvoir. On ne peut pas nier qu'il existe ici une liberté de parole qui dépasse celle qu'on trouve dans plusieurs pays du monde. Cette liberté de parole est pourtant plus formelle que réelle. Cette liberté diminuée a cependant sa valeur et il faudrait être inconscient pour ne pas la préférer au silence. Il faut quand même accepter d'en voir les limites.

M. Trudeau a le droit de crier *Vive le Canada* et moi j'ai le droit de crier *Vive le Québec*. À première vue, on pourrait tenter de croire que nos deux libertés s'équivalent. Or il n'en est rien.

Derrière la liberté de parole de M. Trudeau, il y a une somme considérable de pouvoir; derrière la mienne, il n'y en a pas. Cela fait toute la différence du monde. Si M. Trudeau veut défendre le Canada, il commande à l'armée de le faire. Si moi je veux défendre le Québec, je ne peux que me le commander à moi-même. La liberté de parole de M. Trudeau peut se prolonger dans une action réelle, ma liberté de parole se transforme plus souvent qu'autrement en vœu pieux. Où l'on voit que mon pouvoir réel, n'étant pas celui de M. Trudeau, ma liberté de parole n'est le plus souvent qu'une liberté plus artificielle que réelle. C'est ainsi que le riche a presque toujours une liberté de parole plus grande que le pauvre; le fort a une liberté de parole plus grande que le faible; le patron a une liberté de parole plus grande que l'employé; le pouvoir a une liberté de parole plus grande que l'opposition; l'homme libre a une liberté de parole plus grande que l'esclave; Ottawa a une liberté de parole plus grande que Québec; la majorité a une liberté de parole plus grande que la minorité, le colonisateur a une liberté de parole plus grande que le colonisé. Il est donc parfaitement faux de prétendre que tout le monde, au Québec, a la même liberté de parole.

Il faut aller plus loin. Le pouvoir de M. Trudeau est si grand qu'il peut même ordonner à des gens de ne plus parler, de se taire, en leur imposant la censure ou l'emprisonnement.

Serait-il donc déraisonnable d'affirmer que le FLQ, en agissant comme il l'a fait, a tout simplement voulu donner du pouvoir à sa liberté de parole? Cela semble évident quand on sait l'insistance qu'il a mise à faire diffuser son manifeste.

Soyons plus précis. M. Alban Flamand ou M. Paul Coucke mettent tous les jours, derrière leur liberté de parole, le pouvoir fantastique de la radio ou de la télévision. On ne leur demande pas d'être objectifs, on n'exige même pas qu'ils soient honnêtes. Aucun indépendantiste n'a jamais partagé ce pouvoir. De temps en temps, pour faire la démonstration de son libéralisme, on en invite un, pour la forme. Mais il n'y a pas de commune mesure entre le temps alloué aux uns et aux autres. Et pourtant la liberté de parole existe. Elle existe si bien que M. Caouette peut se permettre de crier impunément qu'il faudrait fusiller tout un paquet de monde pendant que moi, si je me permettais de pareilles outrances, je me verrais emprisonné dans l'heure qui suit. Liberté de parole? Régime démocratique? Où cela? Mais à quoi bon insister?

La violence ne s'excuse peut-être pas mais elle s'explique drôlement. Faudrait-il aussi rappeler toutes les raisons qui font désespérer certains Québécois de voir s'améliorer le régime actuel?

Le Québec compte deux cent mille chômeurs, soit trente-sept pour cent de tous les chômeurs du Canada.

L'anglais continue à être la seule langue utile et nécessaire au Québec.

Les immigrants s'assimilent à plus de quatre-vingt-dix pour cent au groupe anglais.

L'économie est presque tout entière aux mains des étrangers.

Les élections sont truquées.

Les jeunes sont méprisés et harcelés sans cesse

inutilement.

Les compagnies de finance exploitent systématiquement les défavorisés.

Les riches se soustraient à une juste taxation.

Il y a deux justices: celle des riches et celle des pauvres.

Les femmes sont des citoyennes de seconde classe.

La pollution sévit à l'état endémique.

Le chantage est monnaie courante: chantage des investisseurs, chantage des médecins, chantage des employeurs envers les employés, chantage de MM. Drapeau et Marchand.

Tous les pouvoirs de décisions nous échappent. Etc.

Malgré tout, je n'ai pas encore, pour ma part, atteint mon seuil de tolérance. Mais combien l'ont déjà atteint? Combien demain? Combien dans un an? À cela M. Trudeau oppose «sa» solution: plus de violence et plus de force encore. Il n'y a pas deux mois il refusait de considérer qu'il existât un problème au Québec. Puis soudain, c'est le complot, c'est l'insurrection armée, c'est l'état de guerre. Tout cela né spontanément, en vingt-quatre heures, à partir de rien. Voyons M. Trudeau, soyons sérieux!

Il n'y a pas un mois il refusait d'admettre qu'il y avait encore dans nos prisons vingt-trois prisonniers politiques. Il avait l'excuse de pouvoir dire que c'étaient des criminels de droit commun. Mais soudain il crée lui-même, de toutes pièces, plus de quatre cents prisonniers politiques, il fait envahir et perquisitionner plus de trois mille foyers. Il invente le délit d'opinion.

Il y a six mois, il faisait élire M. Bourassa à Québec. Aujourd'hui, il l'étouffe et l'asservit à ses quatre volontés.

Il y a de cela bien longtemps, il combattait Duplessis. Aujourd'hui il s'en inspire en l'améliorant.

Autrefois il se voulait le prophète de la cité libre, aujourd'hui il envoie l'armée.

Autrefois il disait qu'il fallait subordonner les institutions aux hommes. Aujourd'hui il casse les hommes pour sauver ses institutions.

Il y a un mois il reconnaissait la Chine. Mais il ne reconnaît toujours pas le Québec.

Abrité derrière ce qu'il appelle des secrets d'État, derrière des rapports de police dont on ne saura jamais le contenu, derrière la panique aveugle de M. Drapeau, derrière les calomnies tout innocentes de M. Marchand, derrière la bonne conscience des Anglais et de notre petite bourgeoisie nationale, il écrase de tout son pouvoir le peuple québécois qu'il dit vouloir protéger. Quel ridicule! Il a réussi à faire croire à la population qu'elle était menacée mais je n'ai pas vu de soldats dans le métro; ni dans le quartier Saint-Henri; ni dans les manifestations populaires. Non, ils protègent les hommes politiques, les puissants, les riches, les privilégiés, et ce sont les luxueuses limousines qui les accompagnent dans leurs déplacements. Il met le feu et se fait pompier tout à la fois. Toute la vanité d'un homme au service d'une politique de l'effroi.

Mais il faut continuer quand même. Il faut que la parole revienne à tous ceux qui l'ont perdue depuis longtemps. Et j'avoue que nous l'avons un peu perdue par notre propre faute.

Nous, les indépendantistes, depuis trop longtemps, nous acceptons beaucoup trop souvent de nous excuser de notre simple existence. Nous nous défendons beaucoup trop lorsqu'on nous accuse de prendre trop de place.

La vérité c'est que nous avons perdu l'initiative de l'action. Les dix dernières années m'ont appris que lorsque nous cessions d'attaquer, que lorsque nous acceptions de nous taire, toutes les violences pouvaient alors éclater. La violence des impatients qui, désespérant de nos moyens et de notre courage, se fabriquent des moyens à la mesure de leur désespoir. La violence du pouvoir qui, confiant de nous voir bientôt disparaître, s'acharne à nous achever au plus tôt.

Mais il nous appartient de remettre nos adversaires sur la défensive. Les événements tragiques que nous avons vécus n'ont changé ni nos objectifs ni nos moyens. À nous de mieux définir et de mieux expliquer les premiers; à nous d'utiliser pleinement les seconds.

Nous ne nous tairons pas.

Nous avons une bataille à gagner.

Nous la gagnerons.

Point de mire,
novembre 1970

FLQ, l'escalade vers l'arme absolue

S amedi 10 octobre 1970.
Six jours plus tôt, le FLQ enlevait M. James Cross, diplomate britannique, et commençait sa formidable invasion des foyers québécois à travers les postes de radio et de télévision. Ses exigences étaient maintenant bien connues. De jour en jour, l'heure annoncée pour l'exécution de M. Cross était reportée. Il semblait évident à tous, à ce moment, que les militants du FLQ cherchaient à gagner du temps pendant que les gouvernements essayaient de retrouver leurs esprits.

La surprise avait été totale: les machines gouvernementales, lourdes et encombrantes, arrivaient difficilement à suivre le rythme des événements. Par l'entremise des postes de radio, le FLQ transmettait communiqué sur communiqué. Le gouvernement se voyait forcé de répondre par le même canal.

Mais aujourd'hui, on sentait que l'heure était plus grave que dans les jours qui avaient précédé. Les opérations policières se multipliaient. On signalait des mouvements de troupes au nord et au sud de Montréal. Dix-huit heures. C'était le dernier délai fixé par le FLQ. Le gouvernement accepterait-il de négocier ou allait-il sacrifier M. Cross à la raison d'État? C'est la question que se posaient alors tous les Québécois.

M. Jérôme Choquette, ministre de la Justice du Québec, apparut enfin sur les écrans de télévision, quelques minutes avant 18h 00. Il avertit qu'il ne répondrait pas aux questions des journalistes. Dès les premières lignes de son message, on comprit que c'était

Ottawa qui parlait à travers lui. On comprit aussi rapidement pourquoi il avait été choisi pour faire ce travail. Le gouvernement refusait carrément de négocier. Ce gouvernement, c'était le gouvernement d'Ottawa. M. Trudeau ne voulait pas se salir les mains. La «job sale», c'est Québec qui la faisait. Le discours de M. Choquette était plat et infantile. Mais il ne laissait aucun doute sur le fond même de la question. C'était non.

Des milliers de Québécois furent atterrés. Le FLQ n'avait plus le choix. M. Cross allait mourir. Déjà la population se résignait à l'inévitable. Dans des milliers de foyers québécois, on se mit à table tout en restant à l'écoute de la radio ou de la télévision; maintenant on attendait la réponse du FLQ: elle ne pouvait annoncer autre chose que l'exécution de M. Cross. On n'eut pas à attendre longtemps. Quelques minutes plus tard, moins d'une demi-heure après le message de M. Choquette, la réponse du FLQ arriva, spectaculaire, cinglante et proprement stupéfiante. Le FLQ n'avait pas exécuté M. Cross. Non. Il avait préféré s'emparer d'un second otage: M. Pierre Laporte, ministre de l'Immigration et du Travail du Québec.

À 18h 18 exactement, le FLQ reprenait l'initiative de l'action de façon si audacieuse qu'on mit un certain temps à croire que M. Laporte avait bel et bien été enlevé. Cette fois le coup avait porté. Aussi bien la population que les gouvernements, qui ne connaissaient pas M. Cross, avaient réussi à prendre une certaine distance face à l'événement. Mais maintenant tous se sentaient impliqués. D'autant plus qu'il semblait évident, à la lumière de ce second enlèvement, que les militants du FLQ n'étaient pas des amateurs. C'était du travail professionnel, exécuté avec une précision méthodique et une maîtrise parfaite. On ne jouait plus.

La semaine qui suivit fut sans doute la plus longue

que les Québécois aient jamais connue. On connaît la suite. À 18h 18, samedi le 17 octobre, M. Pierre Laporte était exécuté. Dimanche le 18, on prit connaissance du dernier message de M. James Cross. Depuis, rien.

Au moment où ces lignes sont écrites, les ravisseurs sont toujours au large et la police semble travailler dans le noir le plus complet. Ce mois d'octobre 1970 marque le plus haut point d'une escalade commencée il y a près de 10 ans.

Le 20 avril 1963, une bombe signée FLQ éclatait à Montréal à l'arrière du Centre de recrutement de l'armée, au 772 ouest, rue Sherbrooke, tuant un gardien de nuit, M. William O'Neill. Un mois plus tard, soit le 17 mai, des bombes étaient déposées dans quinze boîtes aux lettres de Westmount. On eut le temps d'en désamorcer quelques-unes avant qu'elles explosent toutes. C'est en faisant ce travail que le Sergent-Major Walter Leja vit une bombe lui sauter dans les mains. Il fut blessé gravement. Le FLQ venait de faire son entrée sur la scène québécoise.

À cette époque, le mouvement indépendantiste balbutiait encore. Le RIN (Rassemblement pour l'indépendance Nationale) n'était pas encore devenu parti politique et il tentait de se définir un programme. Ses militants étaient peu nombreux, sa clientèle ne l'appuyait que du bout des lèvres et il ne s'était pas encore vraiment engagé dans les vastes manifestations de rue qu'il entreprit plus tard. C'était l'époque où MM. Gérard Pelletier et Pierre Elliott-Trudeau n'hésitaient pas à accepter de rencontrer MM. André d'Allemagne et Pierre Bourgault dans un débat public à l'Université de Montréal. C'était l'époque de la «révolution tranquille». M. Jean Lesage était au pouvoir et M. René Lévesque venait de nationaliser l'électricité. En ce temps-là, les indépendantistes, faute de pouvoir voter pour eux-mêmes, votaient pour les libéraux.

L'atmosphère était alors relativement détendue. M. Trudeau pouvait bien se faire huer copieusement à l'Université de Montréal, ça ne l'empêchait pas d'aller danser à la Rose Rouge en compagnie de ses «amies» indépendantistes. La discussion, bien sûr, tournait parfois à l'aigre. C'est ainsi que M. Trudeau se fit un soir littéralement casser la gueule par un indépendantiste à qui il avait offert de «sortir pour régler ça dehors».

Mais tout compte fait, on s'entendait encore assez bien entre fédéralistes et indépendantistes. On se parlait encore. Il faut bien dire que les indépendantistes étant trop faibles pour constituer une menace, on ne les prenait pas trop au sérieux dans les milieux fédéralistes.

On se cherchait et on tentait de se définir, d'un côté comme de l'autre.

C'était encore le temps du dialogue. Ne vit-on pas alors le RIN organiser un grand colloque à l'hôtel Windsor où l'invité d'honneur était M. Jean Marchand?

Le RIN constituait alors tout le mouvement indépendantiste. Tous les militants s'y retrouvaient. Ils n'étaient pas plus de 500 et ils se connaissaient presque tous les uns les autres.

Aussi, au moment où éclatèrent les premières bombes, tous les regards se tournèrent vers le petit mouvement indépendantiste.

Les premiers militants du FLQ se firent appréhender assez rapidement. Ils portaient presque tous leur carte de membre du RIN. À partir de ce moment, tous les militants indépendantistes devinrent des suspects. Ils n'ont pas cessé de l'être depuis.

Ces premiers militants du FLQ n'avaient pas encore désespéré du système électoral québécois. Leur pensée politique était par ailleurs d'une grande simplicité: ils étaient nationalistes sans plus. Ils ne cherchaient pas à renverser le pouvoir et ils n'avaient à peu près aucune exigence sociale. Leurs gestes visaient essentiellement à dramatiser la cause de l'indépendance. Il s'agissait alors de publiciser cette cause tout en l'internationalisant. Ils n'étaient pas très organisés et ne se cachaient pas beaucoup. Il faut dire que la police, surprise, ne savait pas trop non plus comment attaquer le problème. Elle n'en réussit pas moins à leur mettre la main au collet.

Quand les premières bombes éclatèrent, les Québécois ne voulurent pas croire qu'elles pussent être amorcées par des compatriotes. Ils imaginaient déjà un vaste complot international et ils tentaient de se convaincre que tout cela était l'œuvre d'éléments étrangers à notre société.

La capture des militants devait leur révéler l'étendue de leur illusion: il s'agissait pour la plupart de jeunes étudiants de «bonne famille», idéalistes et souvent romantiques, qui ne regrettaient aucunement leur geste et qui, quoique confus dans leurs objectifs, acceptaient en général la responsabilité des moyens qu'ils employaient.

La population fut évidemment révoltée mais elle cachait mal pourtant une certaine sympathie pour ces jeunes qui n'hésitaient pas à aller jusqu'au bout.

Le calme revint pendant que les milieux indépendantistes, ébranlés eux-mêmes par cette nouvelle forme d'action, forcés de se définir plus sérieusement, commençaient à mettre de la chair autour du squelette de leur idéologie. Ce premier groupe FLQ démembré, les autorités poussèrent un soupir de soulagement. Le «séparatisme était bien mort», on pouvait donc continuer à vaquer à ses occupations comme avant: le problème était réglé.

Pourtant, derrière leurs barreaux, les militants devenaient des martyrs aux yeux d'autres jeunes idéalistes qui n'allaient pas tarder à les suivre dans leur action. Il fallait financer le mouvement? Qu'à cela ne tienne. On allait s'engager dans le vol et le hold-up. Il fallait des armes? On allait s'en procurer.

C'est alors qu'au mois de septembre 1964, des militants armés attaquèrent le magasin de l'International Firearms sur la rue Bleury, à Montréal. La fusillade qui s'ensuivit fit un mort et précipita les participants en prison. François Schirm et Edmond Guenette furent condamnés à être pendus. Leur sentence fut plus tard commuée en emprisonnement à vie. Il suffisait apparemment de mettre une bombe quelque part et de la signer FLQ pour devenir immédiatement un membre du mouvement. Mais il n'y avait plus que le FLQ. L'ALQ (Armée de Libération du Québec) était née.

Les buts de l'ALQ semblaient bien définis: s'emparer du plus grand nombre possible d'armes de toutes sortes, les distribuer à un noyau de révolutionnaires convaincus, étendre le mouvement à la population pour ensuite s'emparer du pouvoir. Il ne s'agissait plus de terrorisme. C'était plutôt le début de la guérilla urbaine. Mais après quelques coups spectaculaires: vols d'armes dans les manèges militaires, aussi bien à Montréal qu'en province, les principaux artisans de l'ALQ se voyaient appréhendés rapidement. On n'en entendit plus parler. Mais la signature du FLQ réapparaissait un peu partout. La population ne s'émouvait plus beaucoup. Elle était habituée à apprendre par la radio ou par les journaux qu'une autre bombe venait d'éclater ici ou là.

Dans les années qui suivirent pourtant on sentit que le FLQ élargissait ses bases idéologiques: il n'était plus aussi exclusivement nationaliste et il s'intéressait de plus en plus aux problèmes sociaux et économiques du Québec. En fait, les militants du mouvement se politisaient au même rythme que de larges secteurs de la population du Québec. Il ne s'agissait plus seulement d'accéder à l'indépendance du Québec, il fallait encore ajouter un contenu à ce postulat de base. Les attentats continuaient mais l'éventail des revendications s'était élargi de telle façon qu'il était difficile pour plusieurs de comprendre exactement leur signification. Pourquoi donc le FLQ s'attaquait-il à des Canadiens français? Pourquoi donc se mêlait-il des conflits ouvriers?

Habituée à un nationalisme verbeux et sans conséquence, peu consciente des véritables moteurs de son exploitation, la population n'arrivait pas à faire le lien entre l'action du FLQ et les objectifs qui la sous-tendaient. Dépourvu de canaux d'information, le mouvement se voyait de plus en plus mal compris. Pendant ce temps, le RIN, qui avait vu naître à ses côtés le Parti Républicain du Québec, dirigé par Marcel Chaput, se radicalisait.

Les manifestations de rue se multipliaient, dont la plus spectaculaire allait se dérouler à Québec, au mois d'octobre 1964, à l'occasion de la visite de la reine d'Angleterre.

L'assassinat de Kennedy, quelque temps auparavant, et la fusillade de la rue Bleury avaient troublé les autorités qui, dès lors, redoutaient le pire. Québec fut transformée en une véritable forteresse. L'armée manifestait pour la première fois sa présence de façon spectaculaire. M. Claude Wagner, alors ministre de la Justice du Québec, ne lésinait pas sur les moyens. Il fit même construire le fameux camion anti-émeute, blindé et bourré de gadgets, qui ne servirait d'ailleurs jamais et qui disparut bien vite — on ne sait où — auréolé de sarcasmes et de ridicule.

Les journalistes étaient venus du monde entier: le RIN en profita pour leur expliquer ce qui se passait au Québec. C'est dans une atmosphère troublante que le vendredi soir, veille de l'arrivée de la reine à Québec, le RIN tint une vaste assemblée publique au Centre Durocher, de Québec. Dans la salle remplie à craquer, il y avait sans doute plus de policiers en civil et de journalistes que de véritables militants. Les dirigeants avaient tenu secrets les plans de la manifestation. À la fin de l'assemblée, deux mille militants descendaient dans la rue pour s'apercevoir immédiatement qu'ils étaient pris dans une souricière et que, entourés de centaines de policiers et de soldats, ils risquaient de se voir massacrer sur place à la moindre velléité de mouvement. La manifestation avorta.

Mais le lendemain, dans des rues à peu près désertes — la population ayant préféré regarder le spectacle à la télévision —, la reine d'Angleterre fit son entrée dans la ville. La présence militaire et policière était impressionnante. Soudain l'inévitable arriva. Des policiers apeurés mais gonflés à bloc se mirent à taper dans les rangs de quelques centaines de manifestants qui n'arrivaient pas à s'organiser pour constituer une véritable force. La télévision voyait tout. Elle transmit en direct, à une population stupéfaite, les images qui allaient servir de témoin à ce qui devait bientôt s'appeler le samedi de la matraque. Encore une fois, la population québécoise était ébranlée dans ses habitudes. Certains prenaient conscience que le Québec venait de se donner une police politique.

Les vols de dynamite continuaient. Le FLQ renaissait, les bombes recommençaient à exploser. Il ne semblait pas y avoir à cette époque une organisation FLQ vraiment structurée.

Entre-temps, le RIN et le RN (Ralliement National) avaient participé aux élections de 1966. Ils avaient réussi une percée assez étonnante malgré la faiblesse de leurs moyens et la nouveauté de leur objectif.

Ensemble ils obtenaient plus de deux cent vingt mille voix, M. Daniel Johnson prenant alors le pouvoir avec huit cent cinquante mille voix. Les deux partis indépendantistes avaient donc réussi à s'approprier près de vingt-cinq pour cent du vote nécessaire pour permettre à l'Union nationale de former le nouveau gouvernement. Encore ne présentaient-ils pas de candidats dans toutes les circonscriptions. Malgré tout, ils ne réussissaient pas à faire élire un seul candidat. Il était dès lors inévitable que sur ces deux cent vingt mille électeurs dépourvus de toute représentation, il s'en trouvât quelques centaines pour rejeter d'emblée le système électoral.

De ces quelques centaines de personnes profondément déçues, il était encore inévitable que surgissent quelques dizaines de militants décidés à tenter de se faire entendre par d'autres moyens. Désormais, la situation allait se transformer rapidement. La présence du FLQ se manifestait maintenant de façon permanente. On en restait toujours aux mêmes moyens: hold-ups et bombes. Mais les bombes étaient plus puissantes et l'organisation plus solide. Les recherches de la police se faisaient de plus en plus difficiles mais la liste des présumés militants du FLQ emprisonnés s'allongeait. À mesure que les plus «vieux» prisonniers politiques étaient libérés, d'autres prenaient leur place. Les procès de Vallières et Gagnon donnaient lieu à une agitation politique croissante.

L'escalade augmentait sur tous les fronts. De plus en plus de Québécois se déclaraient ouvertement indépendantistes. Les milieux étudiants étaient en effervescence. Les manifestations se multipliaient. C'est dans ce climat que le 24 juillet 1967, éclatait le «Vive le Québec libre» du général de Gaulle. Les milieux canadiens-anglais, mal informés par leurs média et par leurs hommes politiques de ce qui se passait au Québec, réagirent par le plus grand affolement et l'indignation la plus écervelée. Alors que de Gaulle ne faisait qu'interpréter la situation, ils imaginèrent qu'il la créait de toutes pièces. On connait la suite.

Les événements se précipitaient. François Aquin démissionnait du Parti libéral et se déclarait ouvertement indépendantiste. René Lévesque et de nombreux libéraux se posaient maintenant publiquement des questions qu'ils n'osaient pas formuler dans des temps plus sereins. M. Daniel Johnson continuait sa politique un pas en arrière, deux pas en avant, tout en cautionnant facilement les propos du général. Il évitait systématiquement de dénoncer les indépendantistes.

À Ottawa, on préparait un autre scénario: les trois colombes — Trudeau, Marchand, Pelletier — s'apprêtaient à prendre leur envol. Il fallait sauver le Canada à tout prix! M. Trudeau annonça qu'il était le messie tant attendu. Il passa à l'attaque, ce qui ne faisait que multiplier les indépendantistes québécois. L'agitation augmentait.

Bientôt, M. René Lévesque démissionnait avec fracas du Parti libéral pour fonder le Mouvement Souveraineté-Association (MSA). Des milliers d'indépendantistes, effrayés par l'action du RIN, et qui avaient préféré ne pas s'y joindre, s'engagèrent dans le MSA avec René Lévesque.

M. Trudeau s'engagea dès lors dans la politique de provocation qu'il ne devait plus abandonner par la suite. M. Marchand jouait les insulteurs publics pendant que M. Pelletier se taisait.

Le 24 juin 1968, à la veille même des élections fédérales, à la suite d'une escalade démagogique sans précédent, M. Trudeau se présentait rue Sherbrooke pour présider le défilé de la Saint-Jean. Depuis un mois, le RIN et le MSA multipliaient les déclarations qui incitaient M. Trudeau à s'absenter de ce qu'ils appelaient un affront. Celui-ci ne voulut rien entendre. Le RIN décida alors d'intervenir massivement, dans la rue.

La manifestation qui s'ensuivit fit plus de cent cinquante blessés, aussi bien du côté des manifestants que des policiers : le président du RIN, Pierre Bourgault, fut arrêté et se retrouva en cellule en compagnie de plus de trois cents autres personnes dont plusieurs n'avaient eu que le tort de se trouver sur les lieux.

L'émotion fut grande. Le lendemain M. Trudeau était porté au pouvoir. On savait désormais que l'affrontement était devenu inévitable. M. Trudeau avait décidé de sauver le Canada *par tous les moyens*. On n'allait pas tarder à savoir ce que cela voulait dire. Mais le mouvement indépendantiste continuait à s'accroître à une vitesse foudroyante. Le RN se joignit au MSA qui devint bientôt le Parti québécois. Des négociations s'engagèrent avec le RIN. Elles n'aboutirent pas. Il fallait pourtant faire vite ; les élections approchaient et l'unité de tous les indépendantistes était devenue une nécessité vitale. Placé devant cette obligation, le RIN se saborda et ses membres se joignirent presque tous au Parti québécois. Ils n'y étaient pas bienvenus mais ils décidèrent quand même d'y gagner leur place.

Le FLQ ne dépérit pas pour autant. Le 13 février 1969, une puissante bombe éclate à la Bourse de Montréal et fait vingt-sept blessés. Puis on fait sauter la demeure de M. Jean Drapeau. L'Université McGill est touchée deux fois. D'autres bombes éclatent, plus nombreuses, plus puissantes. Dans les années 1968-69, on dénombre plus de cent attentats à la bombe, en vingt mois.

En février 1969, on annonce une vaste opération policière. Les perquisitions et les arrestations se multiplient. Arrêté, Pierre-Paul Geoffroy plaide coupable à toutes les accusations qu'on porte contre lui. Il est condamné cent vingt-quatre fois à la prison à perpétuité. Le 11 novembre 1969, M. Rémi Paul, ministre de la Justice, annonce qu'«il y a trois mille terroristes au Québec».

La force du Parti québécois augmente de jour en jour. Il compte maintenant plus de vingt-cinq mille membres.

La crise du «Bill 63» éclate alors et déferle en torrent sur le Québec. Des dizaines de milliers de manifestants descendent dans la rue. Même les petites villes de province sont touchées. Spectacle sans précédent : Sherbrooke, Chicoutimi, Hull, Rimouski, Rouyn voient défiler dans leurs rues une jeunesse pleine de santé et de détermination. Les syndicats emboîtent le pas. Un mouvement d'opinion comme le Québec n'en a jamais connu prend forme. M. Bertrand, qui a succédé à Johnson, décide de passer outre aux objurgations de la population francophone. Il fait voter le projet de loi. Les libéraux, dans leur très grande majorité, se rangent du côté de M. Bertrand. Les Anglais ont gagné.

La population se sent dès lors impuissante. À l'euphorie de la fête dans la rue succède une sorte de torpeur de l'opinion publique. Elle sera de courte durée.

En effet, on sent de plus en plus que les élections sont dans l'air. Le PQ s'organise frénétiquement. Après une bataille acharnée contre M. Claude Wagner et M. Pierre Laporte, M. Robert Bourassa s'empare littéralement, à coup de millions, de la «chefferie» du Parti libéral. Les créditistes se préparent à se lancer dans l'arène provinciale. L'Union nationale, ballottée de tous côtés, mal remise des déchirements de la très dure campagne à la «chefferie» qu'elle a connue, visiblement inquiète de la montée du PQ, cherche une voie plus facile. M. Bertrand croit l'avoir trouvée en mars 1970, il annonce la tenue des élections. Elles auront lieu le 29 avril.

Le FLQ se tait. Voilà déjà quelque temps qu'il a réduit ses activités. Certains croient même qu'il n'existe plus. Ses militants, sans doute conscients de l'importance de l'élection annoncée, laissent toute la place aux indépendantistes non-violents qui vont tenter, encore une fois, de faire la preuve que la violence est inutile.

29 avril. Après une campagne de dénigrement, de chantage et de calomnie sans précédent, M. Bourassa, avec l'aide de ses amis d'Ottawa et d'une caisse électorale plus secrète que jamais, s'empare du pouvoir en faisant élire soixante-douze députés sur cent huit.

Avec six cent trente mille votes et vingt-quatre pour cent de la totalité des suffrages, le PQ ne réussit à faire élire que sept députés. Les grandes vedettes du Parti sont balayées dans l'ouragan. René Lévesque, Jacques Parizeau, Gilles Grégoire sont battus dans leurs circonscriptions respectives.

C'est la consternation. C'est la colère. Des centaines de milliers de citoyens assistent, impuissants, à ce véritable coup d'État. Désormais le décor est planté pour l'escalade.

L'été 1970 fut tranquille, chaud, paresseux. La vie politique du Québec était comme endormie. On aurait dit que les efforts des dix dernières années avaient épuisé tout le monde. Les libéraux étaient au pouvoir à Ottawa et à Québec, l'opposition était démembrée, exsangue.

L'automne arriva. Quelques batailles s'amorcèrent — serment à la reine, réforme de la carte électorale, français prioritaire — qui n'arrivaient pas à faire décoller l'opinion publique.

Le FLQ ne fait pas beaucoup parler de lui. On raconte de temps en temps dans les journaux qu'on a découvert un vol de dynamite ici ou là. La police s'en inquiète mais la population n'en sait à peu près rien, tout occupée qu'elle est à fuir vers les plages pour échapper à la chaleur accablante des villes.

Le Parti libéral, au pouvoir à Québec, fait la preuve de son manque d'imagination. L'Union nationale semble agoniser dans la grisaille parlementaire. Les Créditistes se donnent en spectacle à des publics qui ne rient même plus. Le Parti québécois n'arrive pas à redécoller. La rentrée scolaire se fait avec un minimum de tapage. Le chômage augmente sans provoquer de convulsions.

Il ne se passera donc rien cette année. Puis, tout à coup, sous nos pieds, la terre tremble. Nous chavirons. Octobre 1970. FLQ FLQ FLQ. Ces trois lettres crépitent à la radio, éclaboussent les écrans de télévision, coiffent les journaux du monde entier.

Le FLQ a frappé brutalement, sans prévenir, avec la soudaineté de l'événement historique.

L'escalade tranquille des dernières années était brusquement rompue. Il ne s'agissait plus de franchir normalement les étapes. D'un seul coup, on sautait au dernier palier. Le FLQ, cette fois, avait décidé de s'emparer de l'histoire et de la plier à ses volontés.

Le FLQ avait décidé de franchir, en moins de six mois, le terrain que d'autres militants, à travers le monde, avaient mis des années à parcourir. On hésite toujours à recourir à l'arme absolue. Même dans la guerre conventionnelle, les États prennent toutes les précautions pour que ne se déclenche pas la guerre atomique de peur de se voir emportés eux-mêmes dans les retombées de leurs propres armes. Les mouvements révolutionnaires ont toujours, jusqu'à ces dernières années, adopté la même prudence, sachant qu'une arme trop puissante peut les faire sauter en même temps que leurs adversaires.

Or l'enlèvement et l'exécution d'otages est une arme

absolue. Il n'y a aucun recours contre elle, tout simplement parce qu'il est impossible de protéger les trois milliards d'individus de la planète. On peut enlever n'importe qui, n'importe où, n'importe quand. Y aurait-il dix soldats pour protéger chaque Québécois, rien n'empêche le FLQ de frapper à Londres, à Rome ou à Téhéran.

C'est ce qui rend complètement absurdes les mesures adoptées par Ottawa dans les circonstances. Elles procèdent d'une analyse complètement fausse de la situation. On voudrait contrer une action localisée alors que de par sa nature même elle peut prendre des proportions universelles. C'est une arme contre laquelle on n'a pas encore inventé de recours. On arrêterait un million de Québécois et on fouillerait toutes les maisons une à une qu'on ne ferait ainsi que jeter de l'huile sur le feu.

Des gouvernements plus intelligents et qui pourtant ne se parent pas de toutes les vertus démocratiques, conscients de leur impuissance dans la parade, ont préféré sauver la vie des otages plutôt que de les voir exécuter sans que cela puisse en aucune façon désarmer l'adversaire. C'est dans cet esprit que beaucoup de Québécois ont supplié le gouvernement de négocier avec le FLQ.

Il faut ajouter que cette arme absolue comporte de tels dangers pour celui qui l'utilise et risque tellement d'avoir l'effet d'un boomerang qu'il ne peut exister qu'une infime minorité de personnes dans le monde qui soient décidées à s'en servir. Les conséquences à long terme de son utilisation sont si incalculables qu'il est à peu près impossible d'imaginer qu'elle puisse entrer dans l'arsenal des mouvements révolutionnaires organisés, ceux-ci préférant les actions beaucoup plus traditionnelles dont l'efficacité a souvent été démontrée.

C'est pourquoi, lorsque quelqu'un affirme que céder aux ravisseurs de MM. Cross et Laporte n'aurait fait que multiplier les attentats de ce genre, c'est complètement méconnaître le degré de détermination, de courage et de désespoir qu'il faut réunir en un seul homme pour le porter à poser un tel geste. Contrairement à ce que certains esprits peuvent croire, il est peu de révolutionnaires qui, leur vie n'étant pas en danger, soient prêts à prendre le risque de s'immoler tout en acceptant la responsabilité de la mort d'autres hommes sans pouvoir calculer avec la plus grande précision possible l'efficacité de leurs actes.

Affirmer qu'il existe au Québec des centaines de kidnappeurs en puissance relève proprement du délire. Il faudrait alors imaginer que c'est tout le peuple québécois qui a sombré dans un désespoir tel que seul le suicide collectif et instantané pourrait le sauver de la malédiction. Nous n'en sommes pas là.

Le FLQ est aujourd'hui entré dans l'histoire, pas seulement du Québec mais du monde. Pourquoi ses militants ont-ils accepté de prendre de tels risques? Nous ne le savons pas encore et peut-être ne le saurons-nous jamais. Mais on comprend mal que M. Trudeau et son gouvernement aient accepté de prendre des risques tout aussi considérables sans s'inquiéter de l'inefficacité de leur solution. Il est vrai que la réalité a toujours profondément emmerdé M. Trudeau et qu'il préfère se réfugier dans son imagination fantaisiste. C'est Alice aux pays des merveilles revue et corrigée par Lord Acton et le cardinal Newman. Cela fait un beau spectacle. Cela ne fait pas une politique.

Désormais, le FLQ est un mouvement illégal. M. Trudeau a décrété qu'il en serait ainsi. Comme s'il suffisait de déclarer l'illégalité d'une action pour qu'elle disparût.

Point de mire,
novembre 1970

Hypocrites du monde entier, unissez-vous

V oyez mon hypocrisie:

Joyeux Noël à vous, Vietnamiens. Ne manquez surtout pas à la messe de minuit.

Joyeux Noël à vous, enfants du Biafra. C'est la fête des enfants, ne le savez-vous pas?

Joyeux Noël à vous, Noirs du monde entier. Jésus est blanc, mettez-vous cela dans la tête une fois pour toutes.

Joyeux Noël à vous, camarades-citoyens de Tchécoslovaquie. Les rois-mages arrivent de Moscou.

Joyeux Noël à vous, femmes de la terre. Jésus est un homme, mettez-vous cela dans la tête une fois pour toutes.

Joyeux Noël à vous, Indiens de l'Amérique. Dommage que vous ayez brûlé nos missionnaires.

Joyeux Noël à vous, déserteurs de l'armée américaine et honte à vous de ne pas vouloir être des «soldats de Dieu».

Joyeux Noël à vous, prisonniers et torturés de Grèce et du Brésil. Jésus est un colonel, mettez-vous cela dans la tête une fois pour toutes.

Joyeux Noël à vous, affamés du Tiers-Monde. Vous savez, chez nous, Jésus, c'est une dinde.

Joyeux Noël à vous, gentils hippies. Peace. Love. Ça vous rappelle quelque chose?

Joyeux Noël à vous, les Juifs. Répétez après moi: Jésus

n'est pas juif... Jésus n'est pas juif... Jésus n'est pas juif...
Joyeux Noël à vous, pauvres orphelins. Cessez donc de
vous plaindre pour rien. Il y a les bons Pères, les bons
Frères, les bonnes Sœurs... Moi, mes parents....
Joyeux Noël à vous, Québécois. Jésus est fédéraliste et
anglais, mettez-vous cela dans la tête une fois pour
toutes.
Joyeux Noël à vous tous, prisonniers politiques. Non,
non, cent fois non, Jésus n'est pas venu renverser le
système. Qui donc peut vous avoir mis de pareilles idées
dans la tête?
Et puis Joyeux Noël à vous, Jésus. Après tout, c'est votre
anniversaire non? Vous avez vécu et vous êtes mort
pour défendre la liberté de parole, dites-vous? Pas
possible. Si je crois en vous? Non, pas vraiment. Vous
comprenez, ça fait si longtemps. Monsieur Trudeau? Ah
oui, lui croit en vous. Oui, oui: il assistera à la messe de
minuit. Moi aussi peut-être. Entre nous, vous croyez
vraiment que cela soit si important? Vous me demandez
si les soldats et la police protégeront l'église où M.
Trudeau communiera? Ah oui, ça c'est certain. Les
révolutionnaires vous savez... Quoi? Vous? Ça alors...
Il faut que j'avertisse M. Trudeau tout de suite.
Voyez mon hypocrisie... et la vôtre.
Joyeux Noël à nous tous, hypocrites du monde entier.
Peace. Love.

Point de mire,
décembre 1970

SI...

Il est toujours hasardeux de faire des hypothèses en changeant l'histoire, simplement pour imaginer ce qui se serait passé si, dans les mêmes circonstances, on avait fait telle ou telle chose plutôt que telle autre. Bien sûr, l'histoire ne se refait pas mais le jeu peut être amusant. Ainsi, peut-on se demander ce qu'aurait fait Napoléon s'il n'avait pas été défait à Waterloo? Ou alors que serait devenue la France si Hitler avait gagné la guerre de 1939? Ou encore comment se serait résolue la crise québécoise d'Octobre si M. Daniel Johnson avait été au pouvoir?

Si... si... si...

Jeux d'intellectuels qui ne changent rien à la réalité des choses. Pourtant je ne résiste pas à la tentation de jouer ce jeu, ne serait-ce que pour tenter d'oublier à quel point nos gouvernants sont stupides et aveugles, ne serait ce que pour imaginer une meilleure réponse à des questions qui pourraient de nouveau surgir.

Voyons donc l'hypothèse:

Que se serait-il passé et où en serions-nous aujourd'hui SI Ottawa et Québec, après l'enlèvement de M. Cross, avaient accepté les conditions du FLQ, particulièrement celle qui exigeait la libération de vingt-trois prisonniers politiques?

Pour répondre à la question, je ne m'en tiendrai qu'aux évidences à peu près absolues:

• M. Cross aurait été libéré dans les quarante-huit heures et ses ravisseurs auraient probablement accepté l'offre de sauf-conduit qu'ils acceptèrent deux mois plus tard.

- M. Laporte n'aurait pas été enlevé et ne serait pas mort.
- Toute l'affaire aurait connu peu de rebondissements internationaux.
- On aurait évité plus de quatre mille perquisitions et plus de cinq cents arrestations presque toutes inutiles et injustes.
- Il n'y aurait pas eu de panique dans la population.
- On n'aurait pas eu à proclamer la loi martiale pour ensuite en continuer l'application sous le nom de «loi Turner» qui emprisonne tout le Québec dans son carcan d'exception.
- Les soldats seraient restés dans leurs casernes.
- *Le Devoir* serait demeuré libéral comme avant.
- Le FLQ aurait joui de moins d'une semaine de publicité alors qu'aujourd'hui il est assuré d'en avoir pour des mois, considérant que le Pouvoir a inventé quelques douzaines de nouveaux prisonniers politiques qui risquent d'accaparer les manchettes pendant plusieurs mois à venir.
- Le Québec aurait continué son lourd sommeil d'automne en rêvant aux 100 000 emplois de M. Bourassa.
- L'opposition au Pouvoir ne se serait pas regroupée comme elle est en train de le faire actuellement.
- La gauche canadienne-anglaise aurait continué à ignorer le Québec alors qu'elle est aujourd'hui en train de s'organiser pour appuyer notre lutte de libération.
- Un grand nombre d'hommes politiques ne se seraient pas déconsidérés à tout jamais en proférant les pires sottises. (Marchand, Trudeau, Drapeau, Choquette, Coiteux, Lacroix et autres).
- Les curés du Bas du Fleuve se seraient tus.
- Les mouvements de défense des libertés civiles et

des prisonniers politiques ne seraient pas nés et ne se seraient pas organisés.

- La guérilla judiciaire n'aurait pas lieu.
- Des milliers de Québécois n'auraient pas connu une si rapide radicalisation.
- La haine entre les Québécois n'aurait pas été avivée.
- De nouveaux héros populaires ne seraient pas nés.
- René Lévesque aurait sans doute démissionné de la présidence du Parti québécois.
- M. Trudeau serait resté fidèle à ses principes.
- Le Frère Untel n'aurait pas perdu la tête.
- La censure à Radio-Canada ne serait pas aussi évidente qu'elle l'est maintenant.
- Les «POÈMES ET CHANTS DE LA RÉSISTAN-CE» ne feraient pas salle comble.
- Toutes les illusions québécoises auraient continué à s'entretenir d'elles-mêmes.

En vérité, la liste pourrait s'allonger indéfiniment. Ce qu'il faut pourtant et surtout retenir, c'est qu'un événement mineur a été transformé en moment historique. Alors que tout aurait pu être réglé et oublié en moins d'une semaine, le Pouvoir a fait d'Octobre 1970 un événement historique qui aura de profonds échos non seulement dans les années à venir mais pour toutes les générations futures de Québécois.

Que conclure sinon que ceux qui nous dirigent manquent singulièrement de vision et qu'ils préfèrent s'attacher à ce qu'ils appellent des résultats immédiats plutôt que de rechercher la vérité qui présiderait au bien-être des citoyens.

Doit-on en pleurer ou s'en réjouir? Il suffit tout simplement de le constater. Il suffit de savoir qu'il n'y a rien de nouveau là-dedans. Les régimes en place ont toujours fourni les meilleures armes à leurs adversaires. Nous n'échappons pas à la règle. C'est d'ailleurs une des conditions essentielles de notre réussite.

Et si vous voulez jouer avec moi le jeu des hypothèses historiques, posez la question suivante : Où en serions-nous aujourd'hui si, par malheur, Pierre Elliott-Trudeau était indépendantiste ?

Point de mire,
le 4 février 1971

Entre deux «joints»...

Q uand je dis que les étudiants sont morts, je ne crois pas exagérer. Jamais depuis dix ans, avons-nous senti dans ce milieu pareille désaffection, semblable impuissance et égale absence d'imagination. D'après des observateurs américains, il semble que le phénomène soit le même aux États-Unis. C'est donc toute l'Amérique du Nord étudiante qui dort. Est-ce l'accalmie qui précède la tempête? Prépare-t-on en silence des révolutions audacieuses? N'est-ce là qu'un moment d'arrêt pour reprendre son souffle? Je voudrais le croire mais je n'arrive pas à m'en convaincre.

Je crains plutôt d'être obligé d'affirmer que ce sommeil cache une certaine lâcheté doublée d'un masochisme collectif aberrant. Ou alors comment expliquer cette espèce de jouissance qu'ont les jeunes à courber l'échine sous l'insulte, à sourire de l'exploitation dont ils sont l'objet, à frémir d'aise à la seule pensée de se découvrir les victimes d'un système qui les digère un à un?

J'ai cru un moment que tous ces jeunes nous préparaient une «révolution par le vide» ou la «révolution-non-révolution», le «drop out» collectif. Plutôt que de combattre le système, on l'ignore tout simplement, on s'en dissocie totalement, on le fait s'écrouler sous l'indifférence. On en sort. On s'installe dans une sorte de marginalité créatrice, à côté et en deça du système. Au bout d'un certain temps, les deux cultures mènent chacune son chemin, parallèlement. Un peu plus tard, la vieille culture disparaît d'elle-même, ne trouvant plus personne pour l'habiter. Cette idée d'une révolution globale et non violente avait de quoi séduire. Mais je suis presque convaincu maintenant qu'elle ne se fera pas. Pour des raisons très simples : la première étant qu'il n'y a pas, chez les «drop-out», de véritable conscience révolutionnaire. En vérité, bien peu ont dépassé le stade de la révolte individuelle. Or, pour qu'une révolution soit efficace, y compris la révolution par le vide, il faut qu'elle s'organise à partir d'une conscience collective.

Cela n'est pas le cas. Et combien de jeunes aujourd'hui ne conservent de la révolution qu'une impuissante illusion personnelle. D'autre part, pour que cette révolution arrive, il faudrait que le «drop out» le soit vraiment, qu'il refuse toute participation, qu'il s'exclue systématiquement. Or, cela n'est le fait que d'un très petit nombre. Les autres COLLABORENT, et le plus souvent ils ne le font que par intérêt personnel. Cela ne peut déboucher que sur l'intégration à plus ou moins long terme.

Ce qui ne semble pas avoir été compris, c'est que cette NON-RÉVOLUTION appelle un combat aussi exigeant que la révolution traditionnelle. Ce combat n'existe pas alors que, pendant ce temps, les adversaires, eux, se servent de toutes les armes à leur disposition. Je ne crois donc pas que l'apathie générale des jeunes d'aujourd'hui soit le signe avant-coureur d'une révolution culturelle sans précédent dans l'histoire du monde. Si, par ailleurs, on consent à n'être qu'un «drop-out» à mi-temps, il faudrait quand même avoir l'honnêteté de ne pas jouer au martyr ou au moins avoir la lucidité nécessaire pour se demander d'où vient cette jouissance masochiste dont je parlais plus haut.

Mais alors que se passe-t-il donc? S'il n'y a pas de NON-RÉVOLUTION, comment alors expliquer le comportement des jeunes? On trouve chez eux peu de réformistes: je parle ici de ceux qui s'engageraient dans les formations traditionnelles, partis politiques, syndicats, associations d'étudiants, etc., pour les faire évoluer dans le sens qu'ils l'entendent. Je comprends parfaitement que le réformisme ait trop souvent montré son impuissance pour séduire des esprits jeunes et dynamiques. Rejetant le réformisme, on se trouve devant le choix révolutionnaire. Mais je ne vois pas ce choix hanter l'esprit de la jeunesse québécoise actuelle. En effet, si on trouve chez nous un certain nombre de jeunes engagés dans une action révolutionnaire, on voit mal comment on pourrait sérieusement parler d'une jeunesse révolutionnaire.

Cherchons ailleurs. Il arrive souvent qu'avant la révolution, on trouve la contestation, plus ou moins organisée, plus ou moins efficace. On pourrait temporairement s'en contenter en se disant: c'est toujours ça de pris. Mais cette année, rien, ou à peu près. Même la contestation, apanage de la jeunesse depuis dix ans, semble devoir être récupérée par les adultes.

Mais il reste quoi alors? Rien. Ni réformisme, ni contestation, ni révolution, ni non-révolution, ni IMAGINATION. «L'imagination au pouvoir», c'était un beau slogan. Il est resté vide. Personne ne semble s'être avisé que l'imagination pouvait s'exercer en dehors du pouvoir, qu'elle pouvait même être un instrument pour y mener.

Non, vraiment, je regrette qu'il faille bien parler ici de lâcheté. Je refuse la réponse facile de ceux qui disent que tout cela est dû à la drogue. C'est une mauvaise réponse. Je connais des douzaines de gens (jeunes et moins jeunes) qui fument et qui «droppent» et qui travaillent quand même quinze heures par jour. Le «pot» a le dos large mais pas au point d'en faire une excuse.

LÂCHETÉ. La plus grande lâcheté dans ce cas consiste à se laisser bouffer par le système en le dénonçant du bout des lèvres mais sans jamais entretenir l'espoir de le vaincre. Ne faire aucun projet pour le remplacer. N'entreprendre aucune action pour le renverser. Ou ne pas savoir imaginer une société parallèle. S'endormir. Mourir. «To die, to sleep no more, perchance to dream.» La peur d'Hamlet. La grande peur québécoise d'Hamlet. Le désespoir.

On ne trouve plus de raisons de vivre? C'est pourtant la vie même qui porte en elle toute sa signification. Il n'y a pas d'autre sens. Il n'y a pas d'autre raison. Si, au moins, vous vous suicidiez, je comprendrais. Même pas. Vous vous laissez assassiner en souriant. Bande de caves. C'est votre droit. Ce n'est pas moi qui vous en empêcherai. Mais vous ne m'empêcherez pas non plus de continuer à espérer un peu. Espérer que peut-être l'an prochain... ou dans deux ans...

Espérer! Entre deux «joints» vous ne croyez pas qu'on pourrait peut-être faire quelque chose?

Point de mire,
le 19 février 71

Le Parti québécois doit-il devenir socialiste?

L e Parti québécois est aujourd'hui réuni en congrès. Qu'en sortira-t-il? Il n'est pas inutile de se le demander au moment où l'on sent que des milliers de membres se sont radicalisés depuis deux ans pendant que les structures et le programme n'évoluaient guère dans le même sens. On peut dire du programme du Parti québécois, tel qu'il est aujourd'hui, qu'il n'est qu'une ébauche, une projection inachevée d'une social-démocratie québécoise. Les grands principes et les grands objectifs y demeurent flous pendant qu'il est difficile d'y déceler les véritables lignes de force qui les sous-tendent. Est-ce bien ainsi que le souhaitent les membres et est-ce là le programme dynamique dont les Québécois ont besoin?

Qu'il me soit permis d'en douter. J'en veux pour preuve l'essouflement du Parti à tenter de rattraper constamment, sans presque jamais y réussir, la pensée qui anime toutes les contestations québécoises. N'est-ce pas M. Jacques Parizeau qui affirmait au congrès régional de Montréal-Ouest: «Nous sommes en train de nous laisser doubler à gauche par l'épiscopat québécois.» Si ce parti qui se dit de gauche a le souffle si court qu'il en soit à s'inquiéter du dynamisme des évêques québécois, mon Dieu, je ne donne pas cher de son avenir à moins que nous nous décidions tous, nous les membres du PQ, à donner un solide coup de barre qui nous remettra dans la course.

J'en veux pour autre preuve le peu d'intérêt que représente le PQ pour les jeunes Québécois. Contrairement à l'idée que se font nos adversaires et à l'illusion qu'entretiennent certains membres, il faut bien constater que très peu de jeunes militent dans le parti et que ceux qui le font y mettent souvent tellement de réserves que leur dynamisme même en est affecté. Le Parti québécois n'est plus une aventure et il n'a plus la fragilité de ses débuts: il ne doit donc plus hésiter à se définir plus clairement.

D'abord et avant tout il faut s'attaquer aux choix fondamentaux. Dans quelle sorte de régime voulons-nous vivre une fois l'indépendance acquise? C'est Claude Charron qui dit que nous devons au plus tôt définir la *qualité* de l'indépendance que nous souhaitons. J'aime cette expression. Qualifier notre indépendance, c'est lui donner un sens, c'est la rendre vivante. Comment nous servir de cet instrument, qui nous donnera des pouvoirs accrus, pour assurer que les Québécois mèneront vraiment leurs propres affaires? Quelle classe devons-nous privilégier? Quelles structures seront les plus aptes à assurer la participation du plus grand nombre?

Je pense que, dans l'esprit, nous avons déjà fait un premier choix: le Parti québécois doit être un parti de gauche. Mais cette notion plane encore dans les sphères de la raison et ne s'inscrit pas encore réellement dans une politique vécue. C'est justement dans ce sens qu'il faut faire un pas. Il faut choisir entre différentes politiques de gauche. L'éventail en est très large mais il me semble que, pratiquement, nous pouvons le réduire à deux options particulières: socialisme ou social-démocratie. Personnellement, j'opte carrément pour le premier volet de l'alternative: je voudrais voir un Parti québécois socialiste. Mais, en dernière analyse, il appartient aux membres de le décider. Mais il m'apparaît certain que tant que nous n'aurons pas fait ce choix fondamental, notre action sera toujours empêtrée dans les discussions stériles et les atermoiements qui nous empêchent de passer à l'offensive sur tous les fronts.

Le présent congrès ne réglera pas cette question puisqu'il n'est pas orienté dans ce sens. Il faudrait pourtant que la question y soit soulevée, débattue et qu'elle amorce le débat qui devrait occuper tous nos esprits dans l'année qui vient. Le prochain congrès devrait nous permettre de faire le choix qui s'impose. Pour y arriver cependant, il est d'une extrême importance que toutes les tendances du parti puissent y participer. Ce n'est pas le temps des exclusives et des purges. Au contraire, il faut plutôt ouvrir nos rangs à une gauche militante et dynamique qui ne trouve pas sa place chez nous. J'ai moi-même fait l'erreur dans le passé de vouloir priver le RIN de certains de ses éléments les plus vivants; je ne voudrais pas voir le Parti québécois tomber dans le même panneau. Je crois avoir compris une chose: c'est que quel que soit le choix que nous fassions, nous aurons toujours intérêt à avoir dans nos rangs des militants qui ne partagent pas l'avis de la majorité.

Je suppose, par exemple, que le PQ se définisse clairement comme un parti social-démocrate. Fort bien. Mais le principal défaut des social-démocraties, c'est de se transformer trop rapidement en régimes «libéraux» vaseux et stériles. Je crois qu'une aile socialiste puissante à l'intérieur d'un parti social-démocrate pourrait constamment tenir en éveil la majorité en lui poussant dans le dos pour la revigorer à l'occasion.

De la même façon, je suppose que le Parti québécois se définisse clairement comme un parti socialiste. Fort bien. Mais le principal défaut des régimes socialistes, nonobstant toutes les belles théories qu'on peut entretenir sur le sujet, c'est de faire fi trop facilement de ce qu'on appelle les libertés formelles, qui ne sont méprisées que par ceux qui n'en ont jamais été privés. C'est alors qu'une aile social-démocrate puissante pourrait exercer son influence sur la majorité pour lui faire respecter les acquis positifs des révolutions bourgeoises. Je sais bien que cela peut paraître une simple vue de l'esprit par trop optimiste. Je sais bien qu'à droite comme à gauche, on a toujours la tentation d'éliminer ces paradoxes politiques. Mais la vie est ainsi faite qu'elle est elle-même paradoxale et je ne vois pas qu'un parti *vivant* puisse échapper à cette règle de la nature.

Pour terminer, je voudrais ajouter une observation. Je vois déjà d'ici un grand nombre de membres s'affoler à la simple pensée qu'on puisse simplement oser parler de socialisme dans un congrès du PQ. Ils invoqueront alors l'idée qu'il ne faut pas effrayer la population, qu'elle n'est pas prête, qu'eux voudraient bien mais que... Enfin vous connaissez la chanson. Or tout cela n'est que justification de sa propre peur. Plutôt que d'avouer sa propre frayeur devant le mot ou la chose, on la transporte chez les autres et on la leur fait assumer. Cela ne règle rien. On risque même ainsi, à plus ou moins long terme, de voir «les autres» montrer plus de courage et plus rapidement que soi-même. Alors on est dépassé à jamais. Je dis que le Parti québécois doit avoir le courage d'aller aussi loin que nécessaire. Cela est très différent du «aussi loin que possible» qui ne sert souvent qu'à excuser son inaction, sa paresse ou sa lâcheté.

Aussi loin que nécessaire, cela veut dire pas mal plus loin...

Point de mire,
le 26 février 71

Toute la mémoire
du monde

L a guerre du Vietnam est en train de pourrir le monde
entier. Elle est devenue la guerre de chacun d'entre
nous. Depuis quelques années, nous avons tous combattu dans les rangs du Vietcong ou dans l'armée du
Sud; nous avons participé aux assemblées du Congrès
américain; nous avons marché dans les rues de New
York, de Washington ou de Montréal avec les manifestants de la paix; nous avons bombardé le Nord et nous
avons fait plusieurs sorties en hélicoptère; nous nous
sommes terrés dans des abris de fortune pour échapper
au napalm; nous avons négocié à Paris; nous avons
pleuré nos frères, nos femmes et nos enfants. Nous
avons été maintes fois blessés. Nous sommes morts.
Malgré toute notre négligence et notre indifférence
méprisante, nous n'avons pu échapper aux images élec-
troniques qui ont envahi notre cerveau et qui nous ont
engagés, d'un côté ou de l'autre, dans cet horrible et
futile combat.

Rien ne sera plus jamais comme avant. L'information instantanée nous met aujourd'hui à la portée de
toutes les connaissances du monde, de ses beautés, de
ses plaisirs, de ses espoirs. Mais du même coup et de la
même façon, notre conscience se charge de toutes les
misères et de toutes les injustices du monde.

Isolés comme nous l'étions autrefois, il était alors
possible de ne penser qu'au pauvre d'à côté tout en
tentant de corriger l'injustice faite à son voisin immédiat. Le reste du monde nous échappait. Notre conscience n'avait que son poids normal à supporter.

Il n'est plus aussi facile aujourd'hui de faire le vide dans des consciences sur lesquelles pèse le poids de tous les maux de la planète.

Par la connaissance que nous avons de tout ce qui se passe dans le monde, par l'accumulation et l'addition de tous les problèmes qui assaillent tous les hommes, par notre mémoire qui n'en peut plus d'enregistrer une foule innombrable d'images tragiques, il peut arriver que notre conscience soit désormais si lourde, si chargée, qu'elle perde toute mobilité, toute vie indépendante, toute raison d'espérer. Sommes-nous donc condamnés à traîner notre conscience comme un boulet? La conscience, autrefois moteur, ne serait-elle plus qu'un poids mort qui nous accable?

Comment pouvons-nous, sans défaillir, enregistrer dans notre mémoire, tous les jours, la grande plainte des Noirs, le cri de l'Afrique, le dernier soupir de l'homme qui meurt de faim à Calcutta, l'odeur de la chair qui brûle sous le napalm, les sanglots du Brésilien qui ploie sous la torture, le regard effaré de celui qu'on assassine pour rien, le beau cadavre de Sharon Tate, le sang qui coule de la tête du manifestant de Paris, de Montréal, d'Ankara, la vision d'horreur d'un tremblement de terre au Pérou, la souffrance et la mort de son meilleur ami, l'humiliation de mon frère indien, la juste colère des femmes du monde entier, la panique d'un bad trip, la sombre anxiété de celui qui n'en pouvait plus et qui a perdu la tête?

Comment puis-je en plus supporter sans défaillir la détresse et le désarroi de celui qui aime et qui n'est pas aimé? Il est si près de moi que je pourrais bien être en train de parler de moi-même. Est-il possible de vivre avec toute la mémoire du monde? L'imagination toujours présente pour compléter le tableau des connaissances? Cette guerre inutile contre laquelle les consciences conjuguées du monde entier n'ont rien pu jusqu'à présent, ne serait-elle pas à l'origine de ce profond sentiment d'impuissance et de découragement qui s'est emparé de la jeunesse du monde entier? Existe-t-il un seuil de tolérance pour la conscience désespérée au-delà duquel il faut chercher refuge dans l'abstraction et le vide?

Je n'en peux plus du Vietnam. Pourtant je me force à secouer ma conscience. Et j'entends cette pauvre femme de Hanoï qui me dit: je n'en peux plus de l'Amérique, je n'en peux plus de toi; laisse-moi vivre ma vie. Sa vie, la mienne, aussi précieuses l'une que l'autre. La vie qui porte en elle-même tout son sens, toute sa signification. Il ne faut pas chercher des raisons de vivre en dehors de la vie.

La vie est ma seule raison de vivre. Alors je continue, écrasé sous le poids de ma trop lourde conscience, mais vivant. Alors je continue le combat: Yankee go home. Vive le peuple vietnamien libre. Vive le peuple vietnamien VIVANT.

Point de mire,
le 2 avril 1971

Le printemps malade

F aire l'indépendance d'un pays n'est jamais chose facile; il faut y mettre des années de luttes et de sacrifices. Chacun devrait savoir cela et les militants devraient en être plus conscients que les autres. Pourtant, combien entretiennent encore des illusions en s'imaginant «qu'ici ce n'est pas comme ailleurs» ou que «les autres finiront par comprendre» ou encore «nous sommes des gens civilisés, alors...» C'est oublier trop facilement que le colonialisme n'est pas une valeur de civilisation et que les oppresseurs ne peuvent absolument pas, à partir des valeurs autoritaires qu'ils défendent, réagir de façon «civilisée» au mouvement de libération d'un peuple.

Je m'acharne pour ma part depuis dix ans à tenter de faire comprendre aux indépendantistes qu'ils doivent se préparer au pire, que le régime se défendra avec le dernier acharnement, qu'il emploiera tous les moyens nécessaires pour mâter la révolution. On m'a souvent traité de prophète de malheur tout en m'incitant à ne pas apeurer la population. En fait, mon seul but n'a toujours été que de préparer des militants assez aguerris pour résister sans flancher à la répression, tout en continuant le combat sans se décourager. Mais on souriait: «Nous ne sommes pas le Biafra», disait-on. «Cela fut peut-être vrai en Algérie, mais ici, nous sommes quand même plus évolués.» Vanité et mépris, dans le même souffle.

Et puis, depuis dix ans, tout ce beau monde a volé de surprise en surprise. Au lendemain de l'éclatement des premières bombes, la première réaction fut d'imaginer que c'était là l'œuvre «d'étrangers». Au premier matraquage, on parlait d'incident passager. Aux premières arrestations préventives, on restait incrédule. Et jusqu'à tout dernièrement, on se forçait à croire qu'il était possible de discuter avec M. Trudeau. Et la police secrète? Impossible chez nous, bien sûr. Et le harcèlement systématique de certains militants? Ah non, c'est sans doute qu'ils aiment jouer aux martyrs. Les procès politiques? Ailleurs, bien sûr, mais chez nous, vous le savez bien, il n'y a que des criminels de droit commun. Les travailleurs exploités par les gros profiteurs du système? Allons donc, regardez notre niveau de vie. La caisse électorale? Jean Marchand n'en a jamais entendu parler. Le coup d'État? Chez nous? Vous n'y pensez pas. Et le 29 avril? Oh! ce n'est pas grave puisque cela a toujours été ainsi. Et Octobre? On se demande encore si cela ne s'est pas passé sur une autre planète.

Quelle bêtise! Que faudra-t-il donc pour nous ouvrir les yeux? Nous continuons toujours naïvement à nous boucher les yeux devant la réalité. Nous sommes là, tranquillement, entre deux parties de sucre et trois danses bavaroises, à dénoncer le système à tour de bras, à crier sur tous les toits que nous avons la ferme intention de faire perdre tous leurs privilèges aux exploiteurs, à annoncer que nous avons décidé d'enlever le pouvoir à quelques-uns pour le remettre au peuple, et pourtant nous continuons à croire que les autres vont engager un dialogue civilisé et élégant pour déterminer la meilleure façon de se défaire du pouvoir qu'ils ont usurpé et de la richesse qu'ils ont accumulée sur le dos des petites gens.

Quelle naïveté! La volonté de dialogue sera toujours à sens unique, ici comme ailleurs. Ce n'est pas qu'ils ne nous entendent pas. Ils nous entendent même très bien, mais ils ont décidé de ne jamais répondre. Mais ils aiment entendre. Pour être sûrs de tout comprendre, ils infiltrent tous les mouvements d'opposition, ils épient les faits et gestes de centaines de personnes, ils colligent les écrits, ils enregistrent les discours, ils battent les gens pour les faire parler, ils installent des micros dans les murs de nos maisons. Mais les «honnêtes» gens ne vont pas se scandaliser pour si peu. On n'entendra pas le Père Desmarais, Yvon Dupuis ou Roger Lemelin jeter les hauts cris devant pareil affront à la dignité humaine. Ils s'intéressent à autre chose. C'est la fesse qui les scandalise, ou le «mauvais goût», ou la vérité tout simplement.

Pendant ce temps, M. Jean-Pierre Goyer ne se scandalise d'absolument rien. Des micros dans les murs? Bah, ce n'est pas illégal. L'espionnage des citoyens? Il trouve cela relativement normal puisque «au Canada tout le monde est sur un pied d'égalité. Les députés fédéraux sont espionnés de la même façon que les autres citoyens».

Et puis il y a tous les autres, les bien-pensants, la-majorité-silencieuse-qui-n'a-rien-à-se-reprocher, les honnêtes travailleurs d'élections, le simple citoyen au-dessus de tout soupçon, Jean-Louis Lévesque, Jean Drapeau, Paul Desmarais, Jérôme Choquette-qui-n'est-toujours-au-courant-de-rien, Alban Flamand qui réussit le tour de force de faire de la vertu un vice, la ménagère-voleuse-à l'étalage-qui-n'a-rien-à-se-reprocher-elle, celui qui croit que la télévision privée ne lui coûte rien, le gonfleur de comptes de dépenses qui «si-ce-n'est-pas-moi-ce-sera-un-autre», enfin celui qui ne peut pas savoir ce que c'est que de perdre la liberté puisqu'il n'a jamais eu le courage de l'exercer. Tous les autres. Les «honnêtes gens». Et puis les militants indépendantistes qui continuent à croire qu'ici ça ne peut pas aller aussi loin qu'ailleurs.

Alors je me permets encore une fois de jouer les Cassandre. Ça ira plus loin et vous faites mieux de vous y préparer dès maintenant. Faites-en des parties de sucre tant que vous en voudrez. Mais je dis que bientôt les érables ne couleront plus que pour ceux qui nous auront vaincus encore une fois. Allez danser tant que vous voudrez (moi aussi je danse tant que je peux). Mais n'oubliez pas, avant d'aller danser, de faire le travail nécessaire à notre libération. Sinon ce sont les autres qui danseront bientôt, après avoir installé dans tous nos murs de gentils petits micros avec lesquels ils n'enregistreront plus que nos soupirs de déception et d'amertume. Et pardonnez-moi ces paroles! Elles sont trop pessimistes, je le sais, mais c'est que j'ai le printemps malade cette année.

Point de mire,
le 23 avril 1971

À quarante ans:
l'entracte

Décembre 1972. Noël approche. Le soleil se couche très tôt. Il fait déjà presque nuit lorsque vers dix-sept heures, Guy Joron, député PQ de Gouin, s'amène chez moi.

Au moment même où je lui ouvre la porte il se produit en moi un déclic très précis: je prends une décision très grave, dans cette seconde même, et Joron en sera le premier informé. Je l'invite à monter au premier étage et nous nous asseyons dans mon bureau.

Il vient pour me parler de tout autre chose mais c'est moi qui attaque le premier sans lui laisser le temps d'aborder son sujet.

«J'ai pris une décision, dis-je. Je quitte la politique active. Je n'en peux plus de vivre ainsi. Il faut que je gagne ma vie. Dans ma situation présente je fais de la mauvaise politique parce que je suis continuellement préoccupé de problèmes matériels que je n'arrive pas à régler et d'autre part, si je continue à faire de la politique «active», je ne réussirai jamais à régler ces problèmes de façon satisfaisante. Ça fait longtemps que j'y pense mais maintenant ma décision est prise. En ce moment je ne suis nullement indispensable, c'est donc le bon temps pour me retirer. Je reviendrai peut-être, dans trois ou quatre ans. Entre-temps, je me serai refait financièrement, psychologiquement et moralement. En vérité, je n'ai pas le choix. C'est maintenant ou jamais.»

Joron n'est pas surpris outre-mesure. Il me le dit. Il sentait bien que je devrais en arriver un jour à prendre une décision de ce genre. Il savait que j'avais dû m'absenter pendant plus de huit mois des réunions du Comité Exécutif national du PQ. Il connaissait, pour m'avoir généreusement aidé à en sortir, les difficultés dans lesquelles je me débattais. Et même s'il avait trop de pudeur pour l'affirmer carrément, il n'ignorait pas combien j'étais vidé de toute énergie créatrice. Nous le savions tous les deux: je ne servais plus à grand-chose. Encore quelque temps de ce régime et je ne servirais plus à rien.

Nous discutâmes de cette décision pendant près d'une heure. Il m'approuva.

Dans la semaine qui suivit, j'en discutai avec mes amis les plus intimes, ceux en qui j'ai une confiance inébranlable; ils m'approuvèrent également. Désormais, j'étais persuadé que je ne me trompais pas. Je sentis immédiatement un soulagement considérable, comme si je sortais de prison, comme si je partais pour la campagne après avoir passé dix ans en ville.

J'annonçai ma décision à une réunion du Comité Exécutif. Elle était irrévocable: aussi personne n'essaya de me retenir. René Lévesque me dit pourtant: «Nous pouvons vous remplacer à l'Exécutif, ce n'est pas une catastrophe, mais je voudrais que vous ne renonciez pas complètement. Nous avons besoin de vous comme candidat à Montréal lors des prochaines élections. Vous devriez ne pas vous fermer cette porte.»

C'était la première fois, depuis que nous nous connaissions, que René Lévesque me disait qu'il avait besoin de moi. J'en fus touché mais ma décision devait rester la même. Si je voulais vraiment m'en sortir, je ne pouvais plus me permettre de consacrer ne fût-ce que quelques heures par semaine à la politique active. Il me demanda alors si je me sentais soulagé depuis que j'avais pris ma décision. Je lui répondis que oui. Il ajouta alors: «C'est sans doute parce que votre décision est bonne.»

Quelques jours plus tard, juste avant la conférence de presse que nous nous préparions à donner ensemble, il me reposa la même question. Je lui fis de nouveau la même réponse. Il fut alors convaincu de la justesse de mon geste.

Ce fut une très bonne conférence de presse, une des meilleures que j'aie jamais donnée. Quand tout fut fini, je vis s'approcher de moi un des mes plus farouches adversaires à l'intérieur du parti. Il avait les larmes aux yeux. Il me donna la main et me dit: «Tu sais, nous n'avons à peu près jamais été d'accord mais j'ai beaucoup de peine de te voir partir.»

C'était vrai. Je le remerciai de cette attention bienveillante.

Après avoir enregistré une interview pour l'émission *Appelez-moi Lise*, je rentrai tranquillement chez moi. Contrairement à ce que j'appréhendais, je n'avais aucun remords et je n'étais pas triste. Le sentiment que j'éprouvais n'était pas de joie mais d'une sorte de paix incommensurable.

J'avais quand même fait un bon bout de chemin. Treize années bien remplies qui m'avaient apporté des satisfactions sans nombre.

Je ne dis pas que j'avais fait ma part car je crois qu'on ne fait jamais vraiment complètement sa part, mais j'avais quand même donné le meilleur de moi-même. Orateur, j'avais fait plus de trois mille discours. Militant, j'avais participé à plus de deux cents manifestations. J'avais aussi pensé et réfléchi. J'avais créé et inventé mais je m'étais aussi répété plus souvent que je l'aurais souhaité. Encore aujourd'hui j'ai l'impression d'avoir vécu ces années si intensément que chaque minute en fût gorgée de vie. Je pourrais mourir demain matin que j'aurais le sentiment d'avoir vécu ma vie entière.

Mais je ne suis pas mort. J'ai tout simplement envie d'autre chose. J'ai surtout envie de sortir de l'amertume dans laquelle j'avais partiellement sombré depuis quelques années. J'en étais presque venu à détester ceux pour qui je disais travailler. Tout simplement parce qu'il n'arrivait rien et que je me sentais inutile.

Je n'avais plus qu'une expression à la bouche:

— Lâche pas, Bourgault...

— As-tu une job pour moi?

— Non, mais...

— Mange d'la marde!

Tous les jours la même rengaine:

— Tu sais, Bourgault, je n'ai pas voté pour le PQ aux dernières élections mais j'ai quand même beaucoup d'admiration pour toi...

— Ah oui? Mange d'la marde!

Tous les jours les mêmes excuses:

— Tu sais, Bourgault, moi je ne peux pas militer activement mais je te suis de loin et je suis derrière toi.

— Mange d'la marde!

— Tu n'as pas le droit de lâcher...

— As-tu une job pour moi? Non? Alors mange d'la marde!

— Nous avons besoin de toi, Bourgault...

— Avez-vous une job... Non? Mangez d'la marde.

Toujours cette même expression. Toujours ce même sentiment d'agressivité et d'impuissance. On ne peut pas faire de bonne politique, on n'a même pas le droit de faire de la politique dans cet esprit-là.

Et surtout, ah oui surtout, j'avais terriblement envie de me taire, ou alors de parler autrement.

Savoir dire: je t'aime.

Je sais bien que je peux parler facilement à dix mille personnes. Je sais bien que j'ai une force de conviction peu commune lorsque je m'adresse à une foule. Mais j'ai si bien appris ce métier que j'en ai perdu la faculté de parler à une personne à la fois. Déformation professionnelle sans doute. Mais j'ai terriblement envie de m'en corriger. Je n'ai pas l'intention de passer le reste de mes jours devant une foule. J'ai terriblement envie de me retrouver à deux et d'apprendre à dire «je t'aime» sans qu'on se mette à applaudir.

Il fut un temps où j'avais sans doute plus besoin d'admiration que d'amour. J'en ai eu ma part. Aujourd'hui c'est le contraire. L'admiration éloigne, l'amour rapproche. Je ne veux plus être une statue, je veux retrouver ma chair. Je ne veux plus qu'on me crie bravo à distance, je veux qu'on me touche, de peau à peau, de cœur à cœur.

L'art oratoire est une sorte de masturbation publique. Ça peut suffire pour un temps mais comment me reprocher d'avoir plutôt maintenant envie de faire l'amour.

D'ailleurs tout cela m'était devenu si facile qu'il y avait une véritable complaisance à m'y enfoncer davantage. Je n'avais même plus le trac. J'ai envie de quelque chose de plus difficile. Et je le retrouve aujourd'hui, ce merveilleux trac qui vous égare presque lorsque deux mains se touchent pour la première fois, lorsque deux bouches s'effleurent pour la première fois. Ne pas parler, laisser filer l'heure, ne pas préparer l'effet qui déchaînera les ovations, rester en silence pendant que les oiseaux chantent dans le jardin.

Ou se retrouver seul sans sentir le malaise de n'être pas entouré...

Sentimental moi? Bien sûr. Et pourquoi pas?

Vous croyez donc que je ne fus poussé, pendant toutes ces années, que par la froide raison calculatrice? Allons donc. Il y avait du cœur et des tripes là-dedans. Il y avait du plaisir. Croyez-moi: j'en ai pris autant que j'en ai donné.

Et ce n'est pas parce que j'ai aujourd'hui envie de changer la forme de mon plaisir que je renie celle que j'ai connue dans le passé.

Je ne fais qu'élargir mon éventail, voilà tout. Je prends mon plaisir là où je le trouve. Et je me rends compte en vieillissant que les plaisirs, loin de s'annuler, s'ajoutent plutôt les uns aux autres. Puis viendra sans doute un jour ce point d'équilibre où je pourrai exercer tous mes plaisirs en alternance mais dans le même temps. Ce jour où je saurai tout à la fois parler et me taire; ce jour où je saurai aussi bien parler à dix mille personnes qu'à une seule.

Ce jour où l'apprentissage du plaisir étant terminé, je trouverai enfin la joie. Ce temps sera court, car après je mourrai.

Mais j'aurai alors bien vécu et je vous en souhaite autant.

Je vis depuis trois mois dans la paix. Je recommence à lire, je retrouve mes amis, je refais mon jardin et je réaménage ma maison. J'écris ma vie dans *le Petit Journal*, comme juste avant de mourir, je traduis Pierre Berton, j'écris un livre sur la langue au Québec, je paie mes dettes, je fais une promenade au Parc Lafontaine, j'évite le plus possible les gens qui me reconnaissent, je réfléchis, je reçois à dîner, je dors bien, je ne suis pas constipé, je fais l'amour, je rêve, je rêve, je rêve... J'écris aussi des chansons parce que je trouve du plaisir à le faire.

Je n'oublie pas le Québec.

Le Petit Journal,
semaine du 6 au 12 mai 1973

Chef tête heureuse

L es Jésuites sont au pouvoir. Comme d'habitude. Par personnes interposées, comme d'habitude: Trudeau à Ottawa, Bourassa à Québec. Tous deux ont fait leurs études au Collège Jean-de-Brébeuf, à Montréal. On ne le saurait pas qu'on pourrait le deviner tant ils manipulent le sophisme avec désinvolture et la trique avec aisance. Trudeau a gardé l'arrogance de ses maîtres, Bourassa en a conservé la duplicité. Et, tout comme les Jésuites, Robert Bourassa mène sa vie par personnes interposées. Il est riche par personne interposée (sa femme). Il est puissant par personnes interposées (Paul Desrochers, les Simard, etc.). Il a acquis le pouvoir et il s'y maintient par personnes interposées (les Anglais). Il pense à l'économie du Québec par personnes interposées (les Américains). Il traîne ses adversaires dans la boue par personne interposée (Louis-Philippe Lacroix). Il solutionne les crises par personne interposée (Pierre Elliott-Trudeau). Enfin, il allège sa conscience par personne interposée (la social-démocratie).

Pour ma part, je l'ai souvent nommé «Tête heureuse», selon l'expression du Lac Saint-Jean qui veut décrire par là l'optimiste à tout crin, le faux naïf qui se convainc qu'il n'y a pas de problèmes même lorsqu'il est dans la merde jusqu'au cou, le borgne qui se fait toujours photographier du bon côté, l'esthète qui contemple la misère et la pauvreté à la manière du psychiatre qui s'attaque à un «beau cas».

Robert Bourassa vient de passer la quarantaine; il est premier ministre du Québec et je ne lui connais pas d'autres ambitions. Je pense qu'il est lui-même surpris d'avoir pu se rendre aussi loin. Chaque fois que je l'ai rencontré, j'ai vu un homme parfaitement satisfait de son sort, sur qui l'inquiétude n'avait pas prise non plus que le doute — dont les esprits élevés se font un apanage. Il est très «middle class», très «majorité silencieuse». Et s'il ne dit rien depuis qu'il est au pouvoir, ce n'est sûrement pas parce qu'il est à l'écoute de voix intérieures plus puissantes que le bruit et la fureur qui l'entourent. Ce n'est pas non plus chez lui le signe d'une sagesse attentive. S'il ne dit rien, c'est qu'il n'a rien à dire. La majorité silencieuse n'a que faire de la parole, elle lui est aussi encombrante que le sont les quelques idées toutes faites qui lui chatouillent la cervelle de temps à autre. Elle se retrouve étrangement en un Robert Bourassa qui ne menace pas de la déranger dans sa tranquille insignifiance et qui lui promet de lui donner des p'tites jobs, des p'tits salaires, des p'tites maisons, des p'tites pensions, des p'tits rêves, des p'tites pensées, et des p'tites aspirations qui ne menacent pas de bousculer une béate médiocrité.

Le premier ministre du Québec vole bas, c'est le moins qu'on puisse dire. Je le crois pourtant intelligent et toutes les conversations que j'ai eues avec lui m'ont démontré qu'il se méfie de le paraître en public, par crainte d'apeurer une clientèle qui ne lui pardonnerait pas de souligner ainsi une qualité qu'elle ne partage pas. S'il est médiocre, Robert Bourassa ne l'est pas de nature mais plutôt par choix. S'il vole à hauteur des épaules, c'est parce qu'il a décidé une fois pour toutes que c'est à cette altitude qu'il rencontrerait la majorité des Québécois. Et il croit fermement que les dernières élections lui donnent raison là-dessus.

Il faut se méfier de son image publique: elle est beaucoup plus fabriquée qu'on ne le croit généralement. Dans ses contacts personnels, s'il croit avoir affaire à des gens intéressants, il s'empresse de la corriger aussitôt. Sa médiocrité publique fait alors place à une ouverture d'esprit à laquelle ses interventions publiques ne nous avaient pas habitués, à une «modernité» qu'il dissimule lorsqu'il brandit maladroitement le poing sur les hustings, à une générosité qui ne s'exprime en public que par la description de la vertu des patroneux. Ce n'est pas sans raison qu'on l'a traité de marionnette. Mais on se trompe si on le croit manipulé par d'autres: il agite lui-même le pantin qui lui tient lieu de porte-parole, et c'est lui qui tire les ficelles qui le font nous abreuver des plus plates banalités. La marionnette Robert Bourassa a *choisi* de n'avoir rien à dire et de ne rien dire, elle a *choisi* d'être médiocre et insignifiante, elle a *choisi* d'être simpliste à l'excès et de faire passer la raison de la tête aux pieds. Créée de toutes pièces par un Robert Bourassa qui avait terriblement envie de pouvoir, et rapidement, elle a *choisi* d'être «middle class» et banlieusarde, de se faire une «tête heureuse» sans histoires et de triompher par la joie scoute dans un Québec ahuri de se retrouver sans curés, sans maîtres, le cul à l'air et montrant ses fesses à l'univers sans que celui-ci s'en scandalise.

L'homme public est toujours schizophrène, forcément. Et il s'aperçoit vite que son image, plus grande que nature, est nettement démesurée par rapport au petit personnage humain qui la brandit. Peu nombreux sont ceux qui réussissent à élever le vieil homme à la hauteur de la représentation qu'on s'en fait. Et il n'y a personne avec qui partager cette angoisse quotidienne. Robert Bourassa, consciemment ou inconsciemment, a évité ce piège: il s'est fait une image si petite qu'il peut sans peine la nourrir, tant sont minimes ses exigences. La plupart des hommes-qui-ont-une-réputation se couchent le soir en se demandant ce qu'ils pourraient bien faire le lendemain matin pour la maintenir. Robert

Bourassa n'a pas de réputation, il se contente d'occuper une fonction. On court toujours après sa réputation mais la fonction demeure même quand on reste immobile. C'est beaucoup moins angoissant et ça permet de conserver une belle égalité d'humeur.

Mais on est en droit de se demander jusqu'à quel point cette médiocrité publique du premier ministre du Québec ne finira-t-elle pas par déteindre sur Robert Bourassa lui-même. À force de vouloir être médiocre, finit-on par le devenir? À force de ne vouloir rien dire et de ne rien dire, finit-on par se taire? À force de vouloir plaire à tout le monde, finit-on par se déplaire à soi-même? À force de s'entourer de flatteurs, l'encens ne vous fait-il pas tourner la tête? À force de ne s'occuper que d'histoires quotidiennes, finit-on par en oublier l'histoire? Cela est très dangereux. Robert Bourassa est l'un des hommes politiques les plus puissants du monde. Le Québec n'a pas tous les pouvoirs mais Robert Bourassa, lui, les a tous au Québec.

Et pourtant, on ne le voit s'attarder qu'à régler des problèmes quotidiens. Il s'occupe de tout, jusque dans le moindre détail. C'est un minutieux et il n'hésite pas à passer par-dessus la tête de ses ministres et de ses fonctionnaires pour prendre une décision administrative, rabaissant ainsi le rôle du chef de l'État au rang de tâcheron égaré parmi les millions de décisions particulières qui l'accaparent au point de lui enlever toute faculté de vue d'ensemble, de plan général, de perspective à long terme. Je lui disais, la dernière fois que je l'ai vu: «Tu ne penses qu'à une chose: te faire réélire dans quatre ans. Chaque geste que tu poses ne vise qu'à t'assurer un vote de plus ou à conserver le vote que tu as déjà. Voilà pourquoi tu es un premier ministre «plate». Accepte plutôt le risque de te faire battre dans quatre ans, mais d'ici là sers-toi de ta force pour devenir un grand premier ministre, avec tout ce que tu peux imaginer que cela puisse comporter.» J'ai alors senti qu'il en a eu envie. Quelques instants. J'ai alors senti que Robert Bourassa avait peut-être envie de jeter sa marionnette aux orties. Je l'ai même senti inquiet pendant quelques heures. Il était fatigué, nerveux, indécis. Serait-ce la naissance de Robert Bourassa? me suis-je dit, sans trop me faire d'illusion. C'était la première fois que je le voyais sans sa «tête heureuse».

Je pense qu'il a eu envie, pendant quelques minutes, d'être courageux. Or s'il est une vertu qu'il ne connaît pas, c'est bien celle-là. Comme tous les hommes politiques qui manquent de courage, il recherche les applaudissements de ses pires ennemis parce qu'il se refuse de les reconnaître comme tels. Que les Québécois français le conspuent, il n'en a cure; ce sont des alliés naturels, presque organiques; le FLQ, c'est aussi nous autres, on finira bien par s'entendre. Mais que les Anglais-qui-comptaient-tant-sur-lui se mettent à lui écrire des lettres qui commencent par «Dear Pig» et qui continuent par «you goddam sonofabitch», là c'est plus grave. Il ne peut plus reculer vers les forces ennemies qui ont cessé de l'applaudir au moment même où elles ont senti leurs intérêts menacés, mais il n'ose pas encore s'avancer résolument vers les barricades des nationalistes où il craint d'être chahuté pour n'avoir pas su répondre à leurs aspirations. Il se demande encore s'il ne pourrait pas continuer à danser au beau milieu des deux camps, sans avoir à choisir, entouré de sa majorité silencieuse qui croit le protéger du danger en lui cachant la vérité.

Il tergiverse encore: il n'aime déjà plus son entourage mais il aime désespérément le pouvoir, et il n'arrive pas à se décider à changer sa garde prétorienne. Prisonnier de son pantin, vers quoi — vers qui? — peut-il se tourner pour demander conseil? Ses collaborateurs lui cachant la vérité, il tentera de la trouver chez ses plus méchants adversaires. Il me dira: «Il n'y a personne au Québec qui ose me parler comme tu me parles.» Il voudrait que je l'applaudisse, moi aussi. Je l'engueule. Il se surprend à en tirer plaisir: tiens, quelqu'un qui ne parle pas au premier ministre en ronflant et qui ne répond pas par un sourire servile à quelque platitude éculée. Tiens Robert Bourassa qui se surprend à n'avoir pas envie d'être premier ministre du Québec pendant quelques jours. Juste pour voir.

Il hésite. Non, décidément Robert Bourassa n'est pas un homme courageux. Même ses meilleurs amis n'osent pas prétendre le contraire. Il est généreux, pourtant, et je ne crois pas que sa générosité soit feinte. Mais il n'a pas la générosité de l'homme d'État qui cherche à transformer la charité en justice. Il pense aux défavorisés du Québec et je crois bien qu'il a très à cœur le relèvement de leur situation. Mais, en homme charitable qu'il est, il se contente de faire des lois «charitables», qui laissent au hasard le soin de faire manger le lendemain le pauvre à qui on a consciencieusement donné trente sous la veille. Il est *vraiment* social-démocrate, du fond du cœur. Mais il ne sait pas ce que cela veut dire. Et, surtout, il ne sait pas comment cela s'organise, la social-démocratie.

Robert Bourassa, c'est un bon gars. De ce point de vue, sa marionnette est assez ressemblante. Or, il est toujours difficile de reprocher à quelqu'un d'être «un bon gars», et c'est sans doute pourquoi ses adversaires ont de la difficulté à le coincer. Il voudrait, cela est certain, pouvoir faire de la politique sans faire de mal à personne: de là son insistance à tenter de se rallier tous les suffrages en souriant, en tergiversant, en étant absent, en ne faisant rien ou en laissant faire les jobs sales par les autres. De là aussi son goût pour régler les cas personnels, en s'assurant ainsi la sympathie de chacun, plutôt que de s'attaquer à la solution des problèmes collectifs, ce qui a toujours pour effet de n'apporter à l'homme politique qui s'y attarde, au mieux, que l'indifférence de ceux qui ne savent pas d'où leur vient leur bien-être, et au pire le courroux de ceux dont les intérêts ont été dérangés — et qui, eux, savent trop bien par qui.

Il est donc passé maître dans l'art de plaire à beaucoup de monde à la fois — individuellement —, tout en disant aux uns le contraire de ce qu'il a affirmé aux autres. La duplicité dont je parlais au début n'a pas d'autre cause. Cet homme veut être aimé pour lui-même, et non pas pour ses œuvres. On peut lui manquer de respect, on peut l'exploiter, on peut même le ridiculiser pourvu qu'il ait l'impression que par ailleurs on l'aime. Il y a pire: il ne sait pas choisir ceux qui l'aiment. Leur qualité ne l'intéresse pas. Il veut surtout qu'ils soient nombreux, ceux qui lui disent «Robert, t'es un maudit bon gars», fussent-ils tous des imbéciles notoires.

C'est aussi un gros travailleur, du genre de ceux qui aiment dire qu'ils n'ont pas pris de vacances depuis deux ans parce que leur fonction ne leur laisse aucun moment de répit. Je me méfie toujours un peu de ces bourreaux de travail auxquels les longues heures de veille ne laissent pas une seule minute de réflexion... Il manque d'orgueil, mais il n'est pas sans vanité: par exemple, il se soucie assez peu de bien parler une langue qu'il a, croit-il, rendue officielle au Québec, mais il tient à toujours être correctement coiffé. La pensée peut être échevelée, mais le cheveu doit rester discipliné.

Pourtant, je l'ai vu inquiet pendant quelques heures. Se pourrait-il... Non, je ne crois pas.

Robert Bourassa est habile à gagner des élections, il

ne manque pas de talent pour se débarrasser des patates chaudes qui lui brûlent les mains et il excelle dans l'art de faire croire à un adversaire qu'il n'est pas loin, après tout, de partager ses idées; il sait également mener son parti avec fermeté, sans jamais aviver les dissensions, et s'il manie la démagogie avec dextérité il n'ose jamais le faire avec autant d'impudeur que Trudeau. On dirait qu'il se retient, qu'il se refuse à plonger dans l'eau jusqu'au cou. On dirait toujours qu'il a peur de se noyer mais que, malgré tout, il n'aura jamais assez de volonté pour apprendre à nager. Il est fort dans les petites choses, faible dans les grandes. Robert Bourassa, *l'un des chefs politiques les plus puissants du monde*, s'attarde à régler les problèmes de sa concierge pendant que les voleurs sont en train de dévaliser sa maison. Dans son ardeur à vouloir être aimé par tout le monde, il ne s'est même pas aperçu qu'il les avait lui-même invités chez lui.

Oh oui, Robert Bourassa est un bon gars. Mais ce n'est pas un bon chef d'État. Malgré tous les propos «modernes» qu'il peut tenir, on ne peut s'empêcher de remarquer qu'il reste ancien dans ses attitudes et provincial dans son approche. Pour le moment, c'est le pantin qui s'agite devant nous et, si bien manipulé qu'il soit, on ne peut s'empêcher de constater que sa tête est de bois et son cœur de guenille.

Quand je veux savoir si quelque être est vivant, fût-il homme, marionnette, OVNI, cheval de course ou premier ministre, j'essaie de me l'imaginer en train de faire l'amour. Avez-vous déjà tenté d'imaginer Robert Bourassa en train de faire l'amour? Oui, bien sûr, cela est fort imaginable. Mais qui tirera les ficelles quand la tête et les jambes et les bras et le cul du premier ministre du Québec seront trop occupés pour faire gigoter la poupée de bois? Vous me dites impertinent? Je le suis, en effet. On n'a pas le droit de parler du premier ministre du Québec comme je le fais, cela est certain, dites-vous. Mais oui, on a le droit. À la seule condition d'avoir soi-même fréquenté les Jésuites, à la même époque que Robert Bourassa, beaucoup plus tard que Trudeau, et dans la même classe que Bourgault.

Nous,
octobre 1976

La vraie cause de la mort du *Jour*

Depuis deux ans, je n'ai parlé du journal *Le Jour* qu'une seule fois; c'était pour déplorer sa piètre qualité. Deux semaines plus tard, Yves Michaud ne manquait pas de m'enguirlander de la plus belle façon pour avoir osé dire tout haut ce que la plupart des gens pensaient tout bas. Maintenant que *Le Jour* n'est plus, il vaut peut-être la peine de s'attarder à en faire l'autopsie. Je crois que cela est nécessaire parce qu'on s'attardera sans doute, dans les mois qui viennent, à masquer les vraies causes du décès de ce quotidien. D'ailleurs, c'est déjà commencé. On souligne déjà à l'envi les causes apparentes de l'échec de cette entreprise en évitant soigneusement de mentionner le mal profond qui la minait depuis son lancement.

Bien sûr, ce que j'appelle les «causes apparentes» ne sont pas absolument étrangères à la mort du malade (*Le Jour* est né moribond), mais il aurait quand même pu survivre, voire prospérer, si le cœur même n'avait pas été atteint. Les causes apparentes sont de deux ordres: financier d'abord, «organisationnel» en second lieu.

Financier: *Le Jour* a été boycotté par les différents paliers de gouvernement qui lui ont refusé leur publicité. C'est vrai. Et quand on sait ce qu'il en coûte pour publier un quotidien, il est facile d'imaginer ce qu'une coupure de cette envergure peut avoir de conséquences fâcheuses. Mais *Le Devoir* a survécu depuis nombre d'années à des crises financières autrement plus aiguës, c'est pourquoi je dis que si cet élément peut servir d'explication, il peut difficilement constituer un prétexte.

La vraie crise financière du *Jour* se situe ailleurs: on a voulu vendre un produit avant même de le fabriquer. On a constamment demandé aux lecteurs de «faire confiance», de «donner une chance», de «faire encore un petit effort» au lieu de leur offrir un produit de qualité dont ils auraient eu envie. *Le Jour* n'était rien d'autre qu'une vaste entreprise de philanthropie, alimentée à fonds perdus par des militants qui se sacrifiaient encore une fois pour la cause. Jamais payés de retour, ils ont fini par se fatiguer. Alors qu'il aurait fallu asseoir l'entreprise sur un vaste public lecteur content de ce qu'on lui offrait (la publicité aurait suivi), les indépendantistes naïfs que sont MM. Lévesque, Parizeau et Michaud ont préféré tenter de soudoyer par le chantage leurs pires adversaires, comme si ceux-ci, au nom de quelque vague principe démocratique dont ils se balancent éperdument, allaient verser l'argent du peuple dans une entreprise qui ne servait pas leurs petits intérêts mesquins. L'échec financier n'est donc qu'apparent. Ce problème aurait pu être résolu si on avait commencé par le commencement, c'est-à-dire si on avait commencé par fabriquer un produit.

«Organisationnel», la structure de «participation» du *Jour*, faute d'avoir pu fonctionner proprement, aurait été une des causes principales des crises répétées qu'a connues le journal durant sa courte existence. C'est vrai, mais cela aurait pu s'arranger encore une fois si le navire n'avait pas été déjà rouillé lors de son lancement. J'entends par là que si la qualité du navire lui avait permis de flotter, les dissensions se seraient aplanies d'elles-mêmes et les structures se seraient, avec le temps, adaptées à l'organe. Ce sont ces «causes apparentes» qu'on met de l'avant aujourd'hui pour tenter d'expliquer la disparition du journal indépendantiste.

Mais voici la vraie cause, la cause mortelle, celle

qui ne pardonne pas : *Le Jour* était un mauvais journal. Mal dirigé, mal construit, mal écrit, mal informé, mal distribué, mal... C'était un journal parfaitement inutile. Je n'ai jamais rien trouvé dans *Le Jour* que je n'aie trouvé, en mieux, dans *La Presse* ou *Le Devoir* — y compris la promotion de la thèse indépendantiste, y compris les attaques contre le pouvoir, y compris les informations dévastatrices pour les hommes en place, y compris les articles critiques bien étayés, y compris les comptes rendus des conférences de presse des chefs indépendantistes.

Le Jour a été fondé, j'ose le dire, sur la vanité de quelques hommes, qui se cherchaient un véhicule. Ils ont pensé que les centaines de milliers d'indépendantistes du Québec, fanatisés jusqu'à l'aveuglement, n'y verraient que du feu et dépenseraient jusqu'à leur dernier cent pour lire leurs élucrubrations dans une feuille de chou absolument indigne de leur foi. Ils se sont trompés royalement. Le jaunisme intellectuel, tare du *Jour* comme de l'ex-*Québec-Presse*, ne vaut pas mieux que le jaunisme pop, même s'il craint de s'appeler par son nom.

Et dire qu'on voulait écraser *Le Devoir*! Et dire qu'on se prenait pour *Le Monde*! Je l'ai déjà dit et je le répète encore aujourd'hui : *Le Devoir*, si fédéraliste soit-il, est un bon journal et *Le Jour*, si indépendantiste était-il, était un mauvais journal. Claude Ryan, si malhonnête intellectuellement soit-il, est un bon directeur et Yves Michaud, si grandiloquent était-il, était un mauvais directeur. J'ai rencontré des centaines de personnes qui ont abandonné *Le Jour* parce qu'ils le trouvaient ennuyeux à mourir. *Le Devoir* est lu par ses pires adversaires; *Le Jour* n'était même pas lu par ses plus farouches partisans.

Voilà la vraie cause de la mort du *Jour*. Je la

regrette autant que quiconque. J'avais combattu sa naissance, j'avais contribué à sa survivance et je pleure sa mort. Mais qu'on n'essaie pas de me faire prendre des vessies pour des lanternes!

Je suis mauvais coucheur, dira-t-on encore une fois? Peut-être. Mais je suis un maudit bon lecteur (je lis même *Le Journal de Montréal*!) et il faudra s'y prendre de bonne heure — et mieux — pour me faire abandonner *Le Devoir*. Je n'aurais pas fait mieux? dira-t-on sans doute également. Peut-être. Mais ce n'est pas parce que je suis incapable de pondre un œuf que je ne puisse en juger la qualité quand je le mange.

On parle déjà de voir renaître *Le Jour* sous une autre forme. J'ai hâte de voir ça! «Faites-nous confiance.» «Attendez encore un peu.» «Payez d'abord, vous verrez.»

NON!

Le Devoir,
le 28 octobre 1976

Lettre au *Devoir*

Monsieur le directeur,

Je veux protester avec la dernière énergie (ayant employé mes premières à vous engueuler au téléphone) contre la reproduction dans *Le Devoir* d'un article que j'avais d'abord écrit dans l'édition de novembre du magazine *Nous* et qui traitait de «la vraie cause de l'échec du *Jour*».

Ce faisant, je m'applique à suivre le bon conseil que vous me donniez au téléphone: «Écrivez-nous votre protestation» me disiez-vous alors. Le mal étant fait, vous acceptez de bonne grâce de donner la parole à votre victime qui ne peut plus dès lors que déplorer de l'être. Le calomniateur ne s'y prend pas autrement!

Quoi qu'il en soit, voici les causes de ma protestation:

Vous avez reproduit cet article sans en demander la permission à quiconque. C'est d'usage courant, dites-vous? Vous mentez. Cela se fait très rarement sauf dans les publications où le jaunisme le dispute à la malhonnêteté. L'an dernier *La Presse* avait demandé au directeur de *Nous* la permission de reproduire l'un de mes articles. Il l'accorda.

Mes propos sont du domaine public, ajoutez-vous encore? Soit. En eussiez-vous d'ailleurs tiré quelques extraits pour les reproduire sous forme de nouvelle que je ne vous chicanerais pas. Contrairement à ce que vous affirmez, c'est en cela que l'usage est courant et non pas dans la production intégrale d'un texte publié et payé par un tiers.

M. René Homier-Roy souligne dans la lettre de protestation qu'il vous a fait parvenir que mon article fut écrit il y a plus de deux mois et que si nous avions su qu'il paraîtrait en pleine campagne électorale, nous en aurions sinon annulé, du moins retardé la publication.

À cela vous répondez avec la plus suave des perversités : «M. Bourgault aurait-il des opinions différentes selon qu'on est en campagne électorale ou en temps ordinaire?»

Votre question est impertinente, monsieur Ryan, et vous le savez très bien. Vous me connaissez trop bien pour ne pas savoir que mes opinions ne varient pas au rythme des saisons électorales. Mais j'ai quand même le droit (et c'est le droit de chacun) de ne les exprimer qu'au moment où je choisis de le faire et par les canaux qui me conviennent et de faire ainsi en sorte de ne pas atteindre un objectif contraire à celui que je vise.

Dans le cas qui nous occupe, il est clair que vous vous êtes servi de moi pour détourner mon propos de son objectif premier et vous en servir à vos propres fins. Vous n'ignoriez pas que ma critique du *Jour* pouvait prendre, au temps d'une campagne électorale, une dimension tout autre que celle que j'avais voulu lui donner. Les circonstances mêmes la transformaient en charge et quoi que vous puissiez dire, c'est bien dans ce but que vous vous en êtes servi. J'ose espérer que vos lecteurs auront lu mon article dans son entier et qu'ils y auront remarqué que je vous accusais de malhonnêteté intellectuelle. Sans être devin, j'étais sûr que vous ne tarderiez pas à leur en fournir une preuve supplémentaire.

Peut-être ne comprenez-vous pas ce que j'entends par «choisir le moment de dire telle ou telle chose». Je vous en donne donc un exemple : je vous ai toujours accusé et je vous accuse encore d'être malhonnête. Vous croyant bien portant et en pleine possession de vos moyens, je me sens parfaitement justifié de le faire. Mais si je vous savais à l'agonie, luttant contre la mort et vous administrant vous-même les derniers sacrements (le bedeau peut bien remplacer l'évêque), je me tairais.

Question de circonstances! Question de tact!

Je n'aurais pas pour autant changé d'opinion à votre égard. Je conviendrais simplement que cette situation nouvelle risquerait de transformer mon coup droit en coup bas et que, autant il est de bonne guerre de discuter sévèrement avec ses alliés quand on n'entend pas encore le canon de l'adversaire, autant il est méprisable de les poignarder dans le dos quand ils montent au combat.

Grâce aux circonstances, vous avez volontairement transformé ma critique du *Jour* en un coup bas pour le Parti québécois et vous étiez parfaitement conscient que vous le faisiez. En cela vous restez fidèle à vous-même.

En tout cas si, sur votre lit de mort, vous ne m'entendez pas répéter que vous êtes malhonnête, sachez que je le penserai encore.

Le Devoir,
le 4 novembre 1976

Une stratégie
qui n'existe pas

(À M. Michel Roy, rédacteur en chef au *Devoir*.)

Dans votre éditorial daté du 15 juillet et intitulé:
M. *Lévesque et les anglophones*, vous invitez celui-
ci à «inventer une nouvelle stratégie pour rétablir le
dialogue avec ceux dont il ne cesse de s'éloigner à force
de les repousser».

Peut-être pourriez-vous, cher Michel Roy, l'y aider.
Et peut-être découvriez-vous, à cette occasion, que cette
stratégie n'existe tout simplement pas, comme M. Lévesque lui-même a dû finalement le constater avec amertume.

Le premier ministre du Québec n'a négligé aucun
effort, depuis dix ans, pour établir le dialogue avec la
minorité anglo-québécoise. Il est même allé si loin dans
ce sens que je n'ai pas hésité, à plusieurs occasions, à lui
reprocher sa naïveté. Consciemment ou inconsciemment, il faisait fi d'une donnée historique permanente:
le racisme des Anglais du Québec. À tout le moins
faisait-il semblant de l'ignorer dans sa tentative désespérée de repartir à zéro et d'oublier le passé tout en leur
proposant un nouveau contrat social.

On parle aisément de la dureté de la loi 101 mais on
oublie trop facilement qu'il s'agit là d'un compromis
arraché de haute lutte par M. Lévesque à des partisans
qui auraient voulu qu'on aille beaucoup plus loin.

Il n'a pas hésité, et plus souvent qu'à son tour, à
envoyer promener des nationalistes fervents pour mieux
faire la cour à la minorité anglophone du Québec. Je

pense, personnellement, qu'il s'est parfois abaissé devant eux jusqu'à l'humiliation.

Pour récolter quoi? je vous le demande. Parfois l'indifférence, presque toujours la haine.

Et on s'étonnerait aujourd'hui de le voir s'impatienter? On s'étonnerait encore qu'il ait «renoncé à rétablir des ponts avec cette partie de la population québécoise qu'il assimile aux ennemis du projet souverainiste»?

Ce n'est pas de cela qu'il faut s'étonner, M. Roy. Ce dont il faut s'étonner davantage c'est qu'il n'y ait pas une seule voix autorisée, dans le milieu anglo-québécois, pour approuver le projet de souveraineté-association de M. Lévesque. Il faut également s'étonner que pas une seule voix autorisée, au Canada anglais, ne se soit prononcée en faveur de la souveraineté du Québec.

Cette attitude est sans précédent dans l'histoire. Même aux pires moments de la guerre d'Algérie, on trouvait un certain nombre de Français d'Algérie assez lucides pour appuyer le projet d'indépendance algérienne. Et en métropole, c'est par milliers, voire par millions, que les Français se prononçaient en faveur de cette indépendance. Toutes les entreprises de décolonisation du vingtième siècle ont connu ce genre de réactions. Comment expliquer qu'il en aille ici autrement?

On me répondra que les Anglo-Québécois, se sentant menacés dans leur vie de minoritaires, ne peuvent que faire bloc pour se défendre.

Mais comment expliquer que les Franco-Québécois ne fassent pas de même? Ils sont bien plus menacés au Canada et en Amérique du Nord que ne le sont les Anglais au Québec.

On devrait donc s'attendre normalement à ce qu'ils réagissent comme les Anglo-Québécois et qu'ils fassent bloc eux aussi. Mais il n'en est rien. Ils continuent de choisir démocratiquement entre les diverses options qu'on leur propose, comme il est naturel de le faire.

On a reproché à M. Lévesque de parler de «clivage linguistique». On lui a souligné que tous ses adversaires ne se trouvaient pas du même côté de la barrière linguistique. Cela est vrai mais n'infirme en rien la thèse de M. Lévesque. Il y a clivage linguistique quand la totalité d'un groupe linguistique vote du même côté. Autrement dit, c'est la langue parlée (l'anglais) qui détermine le vote des Anglo-Québécois. Ce n'est pas le cas chez les Franco-Québécois qui privilégient telle ou telle option non pas seulement selon la langue parlée (le français) mais en s'appuyant sur nombre d'autres critères qui, finalement, pèsent plus lourd dans la balance que celui de la langue.

J'irai plus loin que M. Lévesque en affirmant que lorsque la totalité d'un groupe linguistique vote du même côté c'est que cette collectivité, prise dans son ensemble et malgré les exceptions, est raciste.

Ne porterait-on pas la même accusation contre les Franco-Québécois s'ils votaient tous, à quelques exceptions près, pour le Parti québécois?

Laissez-moi vous citer: «En termes d'arithmétique électorale, dites-vous, cette thèse (celle de M. Lévesque) postule que le PQ ne peut créer chez les Québécois de langue française une majorité suffisante pour l'emporter. Autrement dit, si les francophones approuvaient à 60% ou à 65% le projet péquiste au référendum, nulle minorité ne pourrait faire échec à l'entreprise.»

Vous faites là du clivage linguistique, mon cher Roy. Pourquoi les Franco-Québécois devraient-ils voter à 60% ou à 65% pour obtenir ce qu'ils veulent quand, dans toutes les démocraties du monde, 50% des voix plus une suffisent pour établir une majorité.

Si cette règle de la majorité simple ne joue pas pour les Franco-Québécois c'est que quelqu'un, quelque part, l'empêche de jouer.

Je comprends mal qu'il nous faille toujours être meilleurs que les autres, plus nombreux que les autres ou plus forts que les autres pour l'emporter.

Vous dites encore: «Quand M. Lévesque affirme dès maintenant qu'il pourrait perdre le référendum à cause des convictions de cette minorité, c'est reconnaître d'abord qu'il n'obtiendra jamais parmi les francophones les appuis suffisants pour faire échec à une collectivité qui représente moins de 20% de l'électorat.»

Qu'est-ce que ça veut dire: «appuis suffisants»? Ça devrait vouloir dire, comme dans toutes les démocraties occidentales, 50% des voix plus une, pas 60%, 65% ou 70%.

On devrait pourtant pouvoir établir des limites au masochisme collectif.

Nul gouvernement au monde ne ferait d'élections ou ne tiendrait un référendum s'il savait au départ que 20% de l'électorat lui est irrémédiablement aliéné. Si le Parti québécois accepte quand même, dans notre situation, de tenir un référendum et des élections, c'est qu'il considère les Anglais comme des Québécois à part entière et qu'il croit encore qu'ils accepteront de jouer le jeu de la démocratie. Mais lorsqu'ils votent selon un clivage linguistique, les règles du jeu sont faussées et la démocratie ne sert plus que ceux qui la violent.

M. Lévesque a parfaitement raison de souligner les dangers que cette situation pourrait faire courir à la paix sociale. Ce n'est pas jeter de l'huile sur le feu que de constater que si les Franco-Québécois, après avoir voté à 60% ou à 65% le «oui» au référendum, se voyaient ramenés au statu quo antérieur parce que le «oui» n'aurait remporté que 48% ou 49% de la totalité des voix, ils seraient tentés de s'agiter.

Jusqu'où abusera-t-on de leur patience?

Croyez-moi, si les Anglo-Québécois divisaient leur vote comme le feront les Franco-Québécois lors du référendum et que, malgré tout, le «oui» ne remportait que 49% des voix, les Franco-Québécois se tiendraient bien tranquilles, trop soucieux qu'ils sont de respecter les règles démocratiques auxquelles ils se soumettent volontairement.

Mais si on doit leur couper les jambes au départ en leur enlevant automatiquement 20% des voix, ils sentiront là une injustice flagrante qu'ils ne subiront pas de bonne grâce.

Les Franco-Québécois répugnent à voter selon la langue et ne voient pas pourquoi on trouverait «naturel» (c'est votre expression, M. Roy) que les Anglo-Québécois le fassent. Ce ne sont pas les Franco-Québécois qui ont inventé le «clivage linguistique».

Je termine en citant ce que j'écrivais dans un livre publié récemment et qui résume ma pensée sur le sujet:

«Les Anglais du Québec seront Québécois quand ils accepteront de participer au débat des deux côtés de la barricade. Quand ils se diviseront démocratiquement entre eux, comme nous le faisons nous-mêmes. Quand ils offriront à tous les Québécois, comme nous le faisons nous-mêmes. Quand ils offriront à tous les Québécois, comme nous le faisons nous-mêmes, le choix entre le Québec et le Canada. Tant qu'ils tenteront d'imposer à tous le Canada et qu'ils ne choisiront, collectivement et massivement, que le Canada, comment pourrons-nous les considérer comme Québécois?»

Tout cela est fort simple. Il est parfaitement naturel que les Anglais, en grand nombre, luttent contre l'accession du Québec à l'indépendance. Mais il est absolument anormal, aberrant, incompréhensible et dangereux, qu'ils le fassent tous.

Le Devoir,
le 21 juillet 1978

Claude Ryan
en noir et blanc

Les deux hommes ne se ressemblent pas. L'un ne cherche le pouvoir que pour mieux se donner en spectacle; l'autre n'accepte de se donner en spectacle que pour mieux asseoir son pouvoir. Le premier tire sa jouissance de l'adulation des foules et se plaît à les provoquer si elles lui refusent ses faveurs. Le second a plutôt tendance à s'applaudir lui-même en scandant son propre nom et, dans les situations périlleuses, s'invente des majorités pour ne pas perdre l'illusion qu'il a de son pouvoir personnel. Pierre Trudeau joue les affranchis mais Claude Ryan joue les moralistes; il ne dédaignerait sans doute pas de pouvoir fourrer son nez jusque dans la chambre à coucher des citoyens qu'il pourrait morigéner en leur apprenant que ce n'est pas de cette façon que «les gens sérieux» prennent leur plaisir ou que le «haut désintéressement» exigerait plus de pudeur. Mais qui donc pourrait bien avoir envie de partager sa chambre à coucher avec Claude Ryan?

Les deux hommes sont de la même génération mais Pierre Trudeau, après dix ans de pouvoir ininterrompu, se rit probablement, en son for intérieur, de sa futilité. Claude Ryan, qui n'a reçu ses premiers applaudissements qu'à l'âge de cinquante ans, garde l'insatiabilité de tous ceux qui, ayant rêvé toute leur vie durant de succès, l'ont connu trop tard pour en juger la vanité. Ils sont extraordinairement différents mais, malgré tout, ils ont deux choses en commun. Politiquement, ils doivent tous deux leur carrière aux méchants séparatistes qu'ils abhorrent. Dans des circonstances normales l'un n'aurait jamais pu devenir premier ministre du Canada et l'autre, chef du Parti libéral du Québec.

Sur le plan personnel, ils partagent sans partage une vanité incommensurable. Pierre Trudeau porte la sienne avec une certaine élégance et, sans entretenir l'illusion de tromper quiconque, il n'hésite pas à se faire le plus humble parmi les humbles lorsque le besoin politique s'en fait sentir. Claude Ryan la porte avec une lourdeur remarquable. Il s'attribue tant de mérites que, à la contemplation de telles vertus, le citoyen ordinaire ne se reconnaît plus que des vices. Arrêtons-nous là dans le jeu des comparaisons, car c'est de Claude Ryan, et de lui seul, que nous allons parler aujourd'hui.

Claude Ryan avouait d'un air candide, lors du dernier congrès libéral, que sa femme avait constitué son meilleur atout dans la course à la «chefferie». Vous avouerai-je que je l'ai cru sur parole? Voilà un beau geste d'humilité et de reconnaissance, se sont empressés d'affirmer ses partisans. Vulgaire démagogie, clamèrent ses adversaires, qui soulignaient la grossièreté du procédé utilisé à l'envi et depuis toujours par les petits politiciens de province. «Ma femme a toutes les qualités sauf celle de pouvoir prendre ma place.» Vous devinez sans doute de quel côté, pour ma part, je fais pencher la balance.

Claude Ryan, venu trop tard à la politique, est incapable d'en inventer les gestes et se contente de copier ceux dont on se sert depuis toujours. On veut rassurer? Qu'à cela ne tienne! Bon époux et bon père, je vous présente ma famille. «Une famille qui prie est une famille unie.» Et vlan!

Cet homme dur et autoritaire essaie, depuis peu, d'adoucir son image. Son image seulement, bien sûr, car il n'est pas question qu'il change sa manière. On le voit soudain, lui qui n'avait pas ri depuis la bataille des

Plaines d'Abraham, s'esclaffer à tout bout de champ et sans raison, roucouler comme une pintade quand il croit avoir proféré quelque pudique grossièreté, s'étouffer presque de plaisir quand on le porte en triomphe sur la sedia gestatoria qui peupla jadis ses rêves de zouave adolescent. Il va plus loin. Un peu à la façon de Trudeau mais avec une application plus laborieuse, il s'efforce de mal parler pour «faire peuple», pour montrer qu'il est bien des nôtres et démontrer à la face du monde que l'intellectuel austère qu'il était s'est transformé en un véritable paysan capable de tenir tête, et sur le même ton, à un Maurice Bellemare qui, menacé pourtant par un enfer prochain, n'en continue pas moins, hélas! de nous imposer son vulgaire personnage.

Il existe des hommes dont le talent est loin d'être évident mais qui réussissent quand même, à force de travail, à s'imposer. Claude Ryan est de ceux-là. C'est là, et là surtout, qu'il faut chercher l'explication de sa réussite. Pendant que les autres dorment, il veille. Pendant que les autres s'empiffrent, lui il bouffe du papier, il épluche des centaines de dossiers, il étoffe ses connaissances. Une boulimie de travail pareille se rencontre rarement chez nous. C'est souvent ce qui fait sa seule supériorité mais elle est réelle. Celui qui n'a pas fait ses «devoirs» se trouvera dépourvu devant l'avalanche de faits et de chiffres que lui lancera Claude Ryan à la face. Celui qui dansait hier pendant que lui bossait se retrouvera deuxième au fil d'arrivée sans trop savoir pourquoi il a perdu la partie derrière un homme qui n'avait pas l'air de beaucoup se presser.

Car il n'a rien d'un agité ce Claude Ryan. Une stabilité à toute épreuve. Là aussi réside une partie de sa force, peut-être de son inertie. Il s'installe, il s'incruste, il ne recule pas d'un pas; il finit par avoir tout le monde à l'usure. On se surprend à le retrouver là où on l'avait laissé quinze ans plus tôt, mais plus lourd, plus solide, plus fort, plus autoritaire que jamais. Tous les autres sont déjà morts ou partis mais lui reste, inébranlable. Les libéraux du Québec font mieux de se faire une raison: ils devront le supporter longtemps, lui qui n'a pas changé d'emploi plus de cinq fois de toute sa vie. Il a presque autant de peine à changer d'emploi qu'il en aurait à changer de religion. Une fois installé, on le voit mal déménager ses pénates ailleurs. On comprend dès lors comment il a pu mettre tant de temps à se décider à plonger dans la lutte politique. Quelques mois avant qu'il fasse le grand saut, je lui disais: «Vous ne savez vraiment pas ce qui vous attend. Vous ne savez pas à quel point la fonction de journaliste est confortable. Vous ne savez rien du monde politique. Vous allez vous faire massacrer.» Il m'a donné l'impression, ce jour-là, d'être plus hésitant que jamais. *Mende, mende*, tout comme au long de centaines d'éditoriaux. Je pense que, sans la poussée impérieuse et incontrôlable de la vanité, il n'aurait pas plongé. Mais celle-ci fut la plus forte.

Il faut pourtant remarquer que M. Ryan ne plongea pas n'importe comment, sans trop se soucier de la profondeur de l'eau. Bien au contraire. Si on veut connaître Claude Ryan, c'est peut-être quand il plonge qu'il faut le juger. Malgré le «haut désintéressement» dont il disait accompagner son geste, il posa à ses partisans des conditions brutales. Sur le plan politique, rien à redire. Il ne voulait pas prendre la tête d'un ramassis de vieux patroneux en mal de galette et il le fit savoir vertement. C'est tout à son honneur. Mais sur le plan personnel, ce fut une tout autre affaire. D'abord il lui fallait l'assurance d'une fidélité partisane sans partage. Et puis, la promesse d'une sécurité financière à toute épreuve: un salaire important pendant la course au leadership et six mois d'émoluments en cas de défaite. Il expliquera, sans convaincre beaucoup de monde, qu'à son âge et avec ses obligations familiales, il ne pouvait pas se permettre de jouer les aventuriers. Raisonnement irréprochable dans lequel on serait tenté de le suivre s'il ne mettait tant d'insistance à le chapeauter de ce «haut désintéressement» dont il nous rebat les oreilles.

Regardons M. Ryan plonger. Étonnons-nous d'abord qu'il réussisse à le faire mais étonnons-nous davantage qu'il lui faille toujours, pour flotter, plus d'eau qu'il n'en faudrait à des gens moins désintéressés.

Que vaudra Claude Ryan comme homme politique? Il est encore trop tôt pour le dire mais déjà on peut avancer quelques hypothèses. Certains de ses adversaires affirment avec un sourire entendu qu'il est absolument impossible que cet homme, avec la tête qu'il a, puisse séduire ne fût-ce qu'une infime partie de ce bon peuple québécois. Il faut être d'une naïveté désarmante ou encore prendre ses désirs pour des réalités pour tenir pareil propos. *Tout est possible en politique.* N'ai-je pas rencontré des dizaines et des dizaines de femmes qui m'affirmaient sans rire que Robert Bourassa était beau? Face à des «aventuriers» comme Trudeau et Lévesque, son apparente austérité ne va-t-elle pas le servir? Ne dira-t-on pas que s'il a su si bien tenir en main une barque aussi fragile que *Le Devoir*, il saura bien tenir en laisse un cabinet servile et un peuple plus docile qu'il n'en a l'air? Sa réputation de travailleur acharné fait maintenant l'objet de toutes les conversations. N'est-ce pas là un atout quand on cherche à se faire élire par un peuple de paresseux? On disait qu'il ne saurait tendre la main, comme le font les politiciens habiles, et embrasser les bébés, comme le font les politiciens cyniques. Mais ne l'a-t-on pas vu, depuis quelques mois, tendre la main à tous ceux qui ne s'appelaient pas Garneau et embrasser Jeanne Sauvé devant son propre mari?

Ne va-t-il pas s'encanailler davantage à mesure que les échéances approchent (les élections et la soixantaine)? C'est plus que probable. D'un côté, il a l'avantage de ne pas perdre son temps à l'Assemblée nationale et de pouvoir rencontrer chaque jour des centaines de personnes. C'est ce qui fit la force de René Lévesque au temps où il était dans l'opposition. Les gens aiment bien voter pour quelqu'un qu'ils ont pu voir et toucher. En ce sens, contrairement à ce que pensent certains de ses stratèges, il a parfaitement raison de retarder son entrée au Parlement. Mais, d'autre part, il marche sur la corde raide et joue le jeu le plus dangereux qui soit. Forcé de se démarquer aussi bien de Trudeau que de Lévesque, il les attaque tous deux. Il faut avoir les doigts bien forts pour se les placer ainsi entre l'écorce et l'arbre. Or, Lévesque et Trudeau ne sont pas des enfants d'école. Ils en ont maté de plus coriaces. Ni l'un ni l'autre n'entretient pour Claude Ryan de spectaculaires sympathies. Pour le moment, ils ne disent mot et se contentent d'observer mais ne trouveront-ils pas tous deux de leur intérêt, un jour, d'écraser ce gêneur qui jette quelque ombrage sur leur face à face historique? Claude Ryan peut-il se permettre de les attaquer tous deux à la fois? Tous les partisans de Trudeau, plus tous les partisans de Lévesque, ça fait bien du monde à la messe.

Sa tentative de dépolarisation réussira-t-elle? N'est-il pas déjà trop tard? Les Anglais du Canada ne résisteront-ils pas avec autant d'acharnement à ses propositions qu'à celles de Lévesque, eux qui ont toutes les peines du monde à avaler les timides accommodements de Trudeau? On verra bien.

Mais étonnons-nous encore d'un trait de caractère de Claude Ryan que personne n'a souligné jusqu'à maintenant. Il est d'un provincialisme désarmant. On ne sent pas qu'il ait jamais eu, du monde, une vue d'ensemble. Les grands courants de la pensée contemporaine lui échappent. Il est passé à travers les années soixante «révolutionnaires» sans jamais en prendre conscience, sans jamais en souffler mot. Le sort de l'Amérique latine ne le préoccupe apparemment pas. Les Palestiniens? Jamais entendu parler. La Chine semble exister en dehors de son aire d'appréhension. L'Europe, il n'en parle jamais. On sent l'esprit fermé, voire obtus. Son «internationalisme» s'arrête au Canada anglais. Il parle volontiers d'un Québec ouvert sur le monde, mais le monde qu'il nous présente s'arrête à Halifax. La grande révolution culturelle des dernières années ne semble même pas l'avoir effleuré. En tous cas, il n'en a jamais parlé.

Au fond, malgré ses efforts pour avoir l'air pragmatique et ancré dans la réalité, on le soupçonne d'être complètement désincarné. Ne serait-il qu'une vue de l'esprit? Existe-t-il vraiment dans notre monde de fureur et de sang ou se contente-t-il d'y passer comme une ombre en attendant de s'asseoir à la droite de saint Pierre, comme il se le promet bien? Sait-il qu'on fait maintenant des chansons au Québec? Sait-il qu'il existe d'autres femmes que la sienne qui n'accepteraient plus aujourd'hui de n'être que cette femme qu'on retrouve toujours derrière les «grands hommes»? Sait-il que la plupart des gouvernements démocratiques ne sont à peu près plus jamais élus par des majorités et que s'il tient à tout prix à diriger une majorité c'est dans l'opposition (majorité atomisée) qu'on le retrouvera éternellement?

Au temps de la JEC, il n'y avait pour lui que la JEC. Au temps du *Devoir*, il n'y avait que *Le Devoir*. Au temps du Parti libéral, il n'en a que pour le Parti libéral. «Et pourtant elle tourne», malgré la famille, la religion et la patrie. Claude Ryan saura-t-il s'en aviser bientôt?

J'ai déjà dit de René Lévesque que sa modestie était trop spectaculaire pour ne pas être suspecte. L'austérité et la vertu de Claude Ryan ne sont-elles pas de la même veine? Un nom me vient à l'esprit, que je n'arrive pas à chasser quand je pense à Claude Ryan: *Tartuffe.*

Nous,
septembre 1978

Comme Duplessis avec l'Action libérale, René Lévesque est en train d'avaler les indépendantistes

À la suite de la déclaration du premier ministre Lévesque sur l'objectif réel du référendum, M. Pierre Bourgault, ex-président du R.I.N., a accordé une entrevue, mardi, à l'émission «Ce soir». Nous en reproduisons la transcription. Le texte a été en partie retouché afin d'éliminer les redites et autres lourdeurs.

Q. : *La notion de souveraineté-association a bien évolué depuis le moment où vous joigniez les rangs du P.Q. Il y a un mot que l'on recherche dans le vocabulaire actuel du gouvernement, c'est le mot indépendance. Qu'est-ce qu'on en a fait?*

R. : On dit que l'idée de souveraineté-association a bien évolué dans les dix dernières années, mais avec les déclarations récentes du premier ministre, nous retombons au début du mouvement souveraineté-association où, à ce moment-là, on faisait de l'association une nécessité par rapport à la souveraineté. Nous en sommes exactement là aujourd'hui. Je considère que par rapport au programme du Parti québécois, par rapport à l'action des indépendantistes depuis une vingtaine d'années, c'est un recul idéologique, un recul stratégique et aussi un recul par rapport à la démocratie au sein du Parti.

Q. : *Quand M. Lévesque a dit la semaine dernière:*

Négocions d'abord; la souveraineté ensuite. Qu'est-ce que ça veut dire concrètement? Par exemple, est-ce que ça précise la question du référendum?

R.: Non, je pense que ça va retarder l'indépendance de plusieurs années. La souveraineté, ça ne se négocie pas. La souveraineté n'est pas l'affaire de négociations, contrairement à ce que dit M. Claude Morin; c'est d'abord une décision politique des Québécois. L'association ou les associations qu'on peut toujours envisager se négocient, mais on ne peut pas demander à nos adversaires, on ne peut pas demander au Canada de négocier la souveraineté. C'est à nous de la décider. Et dans ce sens-là, c'est un recul idéologique considérable.

D'autre part, sur le plan stratégique, on se place évidemment en position de faiblesse. Le programme est très clair là-dessus: si le référendum apporte une majorité de oui, le gouvernement mettra en branle le processus d'accession à la souveraineté et engagera des pourparlers avec Ottawa. Autrement dit, aussitôt qu'on a le oui, on commence à établir la souveraineté et on engage des négociations sur l'association. Et le programme ajoute: dans le cas où il lui faudrait procéder unilatéralement, le gouvernement devrait assumer méthodiquement tous les pouvoirs d'un État souverain.

On n'a plus de pouvoir de négociation. Au moment où le référendum accorde au gouvernement une majorité de oui, ce gouvernement s'en va à Ottawa et demande de négocier la souveraineté-association. Ottawa n'a qu'à dire non ou laisser traîner les négociations en longueur; il n'y a plus de position de repli, on ne peut plus se retourner et déclarer l'indépendance unilatéralement. M. Lévesque l'a dit très clairement: il n'est pas question de faire ça. C'est laisser toute l'initiative à la partie adverse. C'est Ottawa et le Canada anglais qui vont décider si nous ferons l'indépendance ou pas. C'est comme s'il y avait un référendum à travers le Canada anglais. Alors le référendum au Québec ne veut plus rien dire.

Q. : *Est-ce que M. Lévesque n'est pas, d'une certaine façon, logique avec lui-même? Est-ce qu'il n'effectue pas un retour aux sources sur le thème qui a présidé à la naissance du mouvement : la souveraineté-association?*

R. : Comme je le disais, on revient au tout début. Mais le Parti avait réussi à mettre un peu plus de raison là-dedans.

Q. : *Est-ce que vous pensez que le Parti va accepter?*

R. : Le Parti n'a pas tellement de choix. Le Parti est manipulé de façon très nette cette fois-ci. Il a déjà été manipulé par M. Lévesque, autrefois, et il l'est encore de façon très nette. M. Lévesque a averti qu'il faudrait que les membres fassent montre de maturité (...), c'est-à-dire se soumettre. Qu'est-ce que vous voulez que les membres fassent?

Q. : *C'est quand même un parti démocratique, qui a son mot à dire. Il y a un congrès qui se prépare au mois de mai prochain.*

R. : Alors, supposons que le Parti dise ce qu'il a à dire. Supposons que le Parti dise à M. Lévesque et à M. Morin : il faut s'en tenir au programme, ce que vous avez dit n'est pas bon. Qu'est-ce que vous pensez que ça change? M. Lévesque est chef de gouvernement, il va lui dire d'être réaliste.

Q. : *Est-ce qu'il pourrait y avoir des dissensions dans le Parti?*

R. : Je ne sais pas s'il y aura des dissensions. Ce qu'il peut y avoir, c'est une démobilisation assez nette des militants. Je trouve ça incompréhensible. Pourquoi se presser, à ce moment-ci, de nous arriver avec une chose comme ça? On perd tout sur le plan stratégique et ça risque de retarder l'indépendance indéfiniment. On va m'accuser, bien sûr, de semer la zizanie à l'intérieur du mouvement, alors que ce n'est pas moi qui ai commencé : ça fait quatre ans que je me tais complètement et que j'appuie le gouvernement. C'est M. Lévesque qui va à l'encontre du programme.

Q. : *Est-ce que vous pourriez, vous, prendre la tête d'un nouveau parti et redevenir le chef de file des indépendantistes?*

R. : Non, parce que j'en ai surtout pas envie; et je dirai même que sur le strict plan de l'indépendance, quand on est dans une course de fond, on ne doit pas brûler ses forces trop rapidement. Mais j'ai quelque chose à rajouter : sur le plan historique, ce qui est en train de se passer est extrêmement grave. On se retrouve dans la situation des années trente quand M. Duplessis a avalé l'Action libérale. M. Lévesque va se récrier en disant : Non, ce n'est pas du tout la même chose! Or, c'est exactement la même chose. On est en train d'avaler les indépendantistes en proposant autre chose — et c'est vraiment autre chose.

Q. : *N'est-ce pas quand même la suite logique de la philosophie de l'étapisme introduite par M. Morin?*

R. : Bien sûr, M. Morin n'a jamais été indépendantiste. Il continue à négocier comme dans les années 60 avec Ottawa. Remarquez qu'il n'a jamais rien gagné dans toutes ses négociations. Rien, mais rien du tout. Et il continue à vouloir continuer la négociation. C'est un recul très très net.

Q. : *Mais en faisant ça, M. Lévesque ne fait-il pas preuve de réalisme, étant donné que les sondages indiquent clairement que la majorité de la population favorise un fédéralisme renouvelé?*

R. : L'idée de l'indépendance a commencé à plafonner quand les supposés indépendantistes, surtout les dirigeants du Parti québécois, se sont mis à s'excuser d'être indépendantistes et ont commencé à ne plus l'expliquer. (...) Avant ça, elle n'avait jamais plafonné (...) Est-ce que c'est réaliste de s'en aller à la négociation sans aucune arme, sans aucun pouvoir de négociation, sans aucune position de repli? Les indépendantistes se trouvent dans la position des Palestiniens: tout se passe au-dessus de nos têtes, nous sommes piégés, nous ne pouvons plus bouger.

La Presse,
le 20 octobre 1978

Le ministre des Finances qui était un poète

Il a des allures de grand propriétaire terrien que le désœuvrement aurait poussé à offrir à l'État des services pour lesquels on a exigé, de tout temps, une compétence apparemment héréditaire. Sa belle éducation l'étoufferait sans doute si elle ne lui suintait pas par tous les pores de la peau. Il jette sur les hommes et les choses un regard à la fois intéressé et distant, généreux et sceptique. C'est un homme de cour et de chancellerie en un siècle — et sur un continent — où on se plaît à imaginer qu'il n'y a plus ni rois ni classes sociales, supercherie dont les hommes d'esprit ne sont pas dupes.

Il a toujours raison, cela va de soi: bon sang ne saurait mentir. Prenez-le en flagrant délit de suffisance et il aura tôt fait de vous convaincre qu'en effet il se suffit, qu'en conséquence il suffit, et qu'en somme vous devriez vous réjouir qu'il vous suffit! Il a la générosité des grands, c'est-à-dire qu'il ne donnera à personne s'il ne peut donner à tous. Il a le rire des orgueilleux, c'est-à-dire qu'il s'esclaffera plus facilement devant l'un de ses traits que devant l'un des vôtres. Il a l'appétit des chambellans, c'est-à-dire qu'il préfère au pouvoir du souverain les pouvoirs qu'il peut exercer sur ce dernier. Il est loyal, même dans l'adversité. Il est intelligent, même au milieu d'une foule. Il est idéaliste, même dans sa position de ministre des Finances.

Méfiez-vous des apparences : Jacques Parizeau est un iceberg dont la partie cachée vous étonnera si jamais vous en percez le mystère. J'aime Jacques Parizeau, autant vous le dire tout de suite. Vous saurez dès lors que je mets dans mes propos moins de flagornerie que d'amitié.

Si Jacques Parizeau est quelque peu mystérieux, ce n'est pas tant qu'il se veut ainsi ; c'est plutôt que les gens, lorsqu'ils se sont fait une certaine image de quelqu'un, si superficielle soit-elle, préfèrent s'en tenir à cette représentation de la vérité plutôt que de rechercher la vérité elle-même, effrayés qu'ils sont de ne pas découvrir dans le personnage qu'ils se sont inventé toute la grandeur qu'ils souhaitent pour eux-mêmes — ou toute la misère qui leur est propre et qu'ils cherchent à exorciser. Mais pour qui sait déchirer le masque obligé, ou briser la carapace défensive de l'homme public, il est relativement facile de découvrir, derrière ces barrières artificielles, un Jacques Parizeau beaucoup plus complexe qu'il ne paraît, beaucoup plus fou et attachant qu'il se montre.

Bien sûr, Jacques Parizeau est victime, comme nous tous, de son éducation. Les bonnes familles, les meilleures écoles, le savoir-vivre, l'élitisme de commande, l'ambition affichée comme une vertu, la froideur comme marque de commerce et signe de distinction. Parizeau est de sa classe sociale comme on est de sa famille, le plus naturellement du monde. D'ailleurs, il ne le regrette pas ; il ne cherche même pas à cacher le plaisir qu'il a d'être bien né. Il l'affiche même, parfois, avec une certaine condescendance, devant les adversaires qu'il méprise, devant les imbéciles qu'il impressionne, devant les collègues qu'il ravit de le voir jouer si parfaitement son jeu.

On ne peut le nier, il y a quelque chose de la prima

donna chez Jacques Parizeau : l'obstacle lui aiguise l'esprit, la première place convoitée le jette en transe, la défaite l'humilie jusqu'aux os et le compliment lui fait pousser des gloussements de plaisir. La jouissance du triomphe est chez lui presque impudique. Il n'est pas aussi ambitieux qu'on le croit. C'est sa nature même qui le pousse au premier rang qu'il se croit fait pour occuper, et c'est à un véritable plaisir des sens, plus que de l'esprit, qu'il s'adonne lorsqu'il y parvient. Il est plus technocrate que politique, sans doute parce que la politique ne l'intéresse pas vraiment. Ou si elle l'intéresse, c'est plus pour la penser que pour la vivre — c'est Clausewitz, ce n'est pas Napoléon. Il ferait un merveilleux général d'armée... en temps de paix.

Il a du panache, Jacques Parizeau, mais il préfère la parade, où on peut montrer ses beaux habits, aux barricades où on se fait massacrer sans aucune élégance. Ses beaux habits, c'est son intelligence. Il en est largement pourvu et ne dédaigne pas d'en faire étalage. Je le soupçonne de le faire autant pour le plaisir des autres que pour le sien propre. En effet, c'est une bien grande satisfaction qu'on éprouve à le voir jouer de son esprit en virtuose. Il est à son meilleur devant un petit auditoire. On le croyait froid, il devient chaleureux. On le croyait abstrait, il explique tout jusque dans le moindre détail. On le croyait sévère, il fait preuve d'un humour mordant. On le croyait conservateur, on le découvre plus révolutionnaire qu'on l'espérait. On le croyait égoïste, il se donne et se dépense comme un missionnaire.

Il donne aussi l'impression d'avoir tout vu, tout entendu, tout étudié, tout analysé, tout pesé à son juste poids. Il n'en est rien, bien sûr, mais comme il a fait tout cela plus et mieux que la plupart d'entre nous, il se montre un adversaire redoutable à qui ose le confronter.

— Pourquoi pas l'autogestion, comme en Yougoslavie?

— Pourquoi pas, en effet? Mais attention! J'ai pu constater, lors de mon dernier voyage en Yougoslavie l'an dernier...

— Pourquoi ne pas abolir les compagnies de finance?

— Je suis d'accord et il faudra le faire. Mais il faut d'abord trouver une solution au problème du marché noir qui se développe alors, comme certains dirigeants des pays d'Europe de l'Est me l'ont expliqué et démontré...

— Pourquoi ne pas abolir les banques?

— J'ai élaboré un projet dans ce sens que je vais maintenant vous expliquer...

— Et si le pain et le lait étaient gratuits?

— S'il n'en tenait qu'à moi, ce serait déjà au programme du Parti québécois...

C'est un peu de cette manière que s'exprime la générosité de Jacques Parizeau. Il n'est pas homme à faire la charité. Il vous dira qu'à long terme elle ne règle rien et qu'elle ne fait qu'entretenir les gens dans la misère tout en donnant bonne conscience à ceux qui la pratiquent. Il est plutôt du côté de la générosité collective, organisée (parfois trop organisée), valable pour tous et non pas seulement pour les pauvres qu'on se choisit en oubliant les autres. Une générosité qui ait aussi quelque permanence, qui ne soit pas conditionnée par le hasard ou l'humeur du moment.

En ce sens, Jacques Parizeau est un excellent homme de gouvernement. Il n'aime pas le court terme. C'est l'homme des grands desseins. Et il a encore assez d'idéalisme — ou de naïveté — pour croire que tout est possible à condition d'y appliquer sa volonté. Mais il a le défaut de sa qualité: il aimerait bien pouvoir plier les hommes à son grand dessein et les voir entrer dans son «plan». Il comprend mal qu'on puisse résister à un si beau projet. C'est donc ce qui l'amène à commettre des erreurs dites politiques, alors qu'elles ne sont que des erreurs stratégiques. Chez la plupart des hommes, la stratégie étouffe l'objectif et, comme le dit Aldous Huxley, elle n'est souvent que le reflet de leur propre trouille. Chez Parizeau, c'est le contraire qu'on constate : le politique fait souvent fi de la stratégie. C'est le reflet d'un courage certain, au prix parfois de l'efficacité immédiate.

Comme son courage se double d'une loyauté à tout épreuve, on ne s'étonne pas de le voir garder la confiance de ses alliés et de faire l'admiration de ses adversaires, même quand il lui arrive de se tromper. Car il se trompe, évidemment, comme tout le monde! Il tombe facilement dans les pièges les plus mal dissimulés. Il est myope; le regard tout entier dirigé vers cet objectif lointain qu'il s'est fixé, il lui arrive de ne pas voir l'obstacle immédiat, la petite déclivité dans le terrain qui le fait trébucher. Rien ne le met plus en colère. Il voudrait pouvoir voler vers le but sans avoir à s'embarrasser de toutes ces petites misères quotidiennes qui, après tout, ne sont pas de son rang.

Pourtant, il se rétablit vite et on le voit bientôt se redresser, plus majestueux que jamais, indomptable, redoutable, plus triomphant qu'hier et moins que demain, l'œil pétillant, le ventre d'attaque, le verbe haut et châtié, l'âme en bataille, sarcastique et conquérant. Ce merveilleux fou de Parizeau!

Quel diable l'a poussé dans cette galère? Lui qu'on payait grassement pour prodiguer ses conseils un peu paternalistes aux grands de ce monde, qui se servaient de lui pour masquer leur ignorance, ne voilà-t-il pas qu'il laisse tout tomber pour se lancer dans une aventure politique périlleuse, comme le ferait un adolescent qui n'aurait pas à se soucier du lendemain. C'est ce côté fou de Jacques Parizeau que j'aime le plus. C'est sûrement le seul ministre des Finances au monde qui sache encore rêver et dont l'imagination n'a pas été ensevelie sous l'imposture du «sain réalisme».

Cela ne veut pas dire qu'il fasse des folies. Ce sont les invertébrés, les complexés et les lâches qui se défoulent sur le dos des autres une fois de temps en temps, pour tenter d'exorciser leurs peurs et leurs insuffisances. Jacques Parizeau ne tombe pas dans cette catégorie d'agités. Il sait garder la tête froide quand le cœur se réchauffe, et s'il se laisse guider par la passion il ne tolère pas qu'elle l'étouffe. Cette grande passion souterraine qui l'habite et qui remplit toute cette partie cachée de l'iceberg!

Au fond, Jacques Parizeau est un vrai romantique. Il le niera de toutes ses forces, sans doute. Il braquera les feux sur les chiffres austères qu'il manipule pour tenter de nous faire croire qu'il vole à ras de sol, sans jamais dépasser ni les choses ni les gens d'une seule tête. Mais ceux qui le connaissent bien souriront de le voir protester : ils savent, eux, que leur ministre des Finances est un poète, et qu'il reste un des rares hommes importants à savoir encore poser un geste gratuit, à savoir rivaliser d'élégance avec les grands fauves, à savoir rester loyal quand l'intérêt lui commanderait de trahir, à savoir rester fidèle à ses rêves de jeunesse.

Sachez enfin qu'il est beaucoup plus sensible qu'il ne le paraît. Combien l'ont profondément blessé, qui croyaient ne l'avoir qu'humilié...

Nous,
février 1979

Lise Payette,
ou la rigueur avant tout

J e connais Lise Payette depuis près de vingt-cinq ans. Nous nous sommes rencontrés à Trois-Rivières, plus précisément à CHLN, où nous faisions de la radio ensemble. Une équipe un peu spéciale: il y avait là, outre Lise Payette et moi-même, Raymond Lebrun, Georges Dor, André Payette, Gilles Leclerc, Jacques Dufresne et quelques autres jeunes fous qui croyaient que la radio pouvait être autre chose que ce qu'elle était alors. Une expérience qui ne dura que quelques mois: nous fûmes tous jetés à la porte en même temps. Nous nous dispersâmes aux quatre vents, emportés par des circonstances — et un hasard qui devait atomiser notre petit groupe sans jamais lui faire perdre la mémoire de ce moment privilégié.

Depuis vingt-cinq ans, nous nous sommes recroisés de temps en temps, Lise Payette et moi. En Abitibi, à Paris, à Montréal, chez elle, chez moi, devant les caméras de télévision, derrière les micros de radio, dans les assemblées politiques, ailleurs et n'importe où, la plupart du temps beaucoup plus sérieusement que ne le commandent les règles de l'amitié. C'est sans doute que Lise Payette est beaucoup plus sérieuse que moi. Elle l'a toujours été et le demeure. Pourtant, je me souviens qu'elle riait autrefois beaucoup plus qu'aujourd'hui. (Chez moi, c'est le contraire.) Sérieuse et libre. Sérieuse parce que libre. Sérieuse à se prendre au sérieux. Sérieuse jusque dans les mondanités. Sérieuse jusqu'à l'ennui.

Elle n'a rien d'une mondaine — moins que rien. Et pourtant, elle triomphe dans la mondanité (comme on a pu le voir à l'époque où elle faisait de la télévision). Elle n'a aucun penchant pour ce genre de futilités, mais si elle croit devoir s'y plonger pour quelque raison elle le fait avec un tel «sérieux», une telle conscience professionnelle, qu'on la croirait née pour tenir salon dans les milieux les plus divers et les plus incompatibles. Si elle a décidé que le jeu en valait la chandelle, elle saura donner du naturel au personnage le plus incongru et se donnera verbalement la taille d'un mannequin juste le temps de vous faire illusion. Et vous y croirez... l'espace d'un matin!

Elle prend sa liberté au sérieux. On ne lui marche pas sur sa liberté, une liberté par ailleurs un peu fendante, un peu provocatrice. Elle vous jette sa liberté à la face (et l'autorité qui va avec) comme on jette un gant; c'est aussitôt l'affrontement, le tournoi, le défi — parfois la guerre. Parce qu'elle est ce qu'elle est devenue, elle s'accorde le privilège d'avoir toutes les exigences, de sabrer dans les sensibilités fragiles, de briser les esprits récalcitrants. Sa liberté (sa force), elle s'en sert comme d'une massue dans sa recherche constante de l'efficacité. Et on ne peut certes pas nier qu'elle soit efficace.

Féministe avant tout le monde, elle a toujours voulu prouver quelque chose: l'intelligence et l'efficacité des femmes. Elle y pensait et y travaillait il y a vingt-cinq ans et elle continue aujourd'hui. Ce faisant, elle aura réussi à tout le moins à démontrer qu'elle était loin d'être dépourvue, elle-même, de ces qualités.

Efficace: elle est partie de Saint-Henri pour se rendre à Outremont. Elle aime rappeler ses origines. Elle se plaît à répéter, encore aujourd'hui: «Je viens de Saint-Henri.» Et je me tue à lui rappeler qu'elle n'a plus rien d'une fille de Saint-Henri. «On n'est pas d'où l'on vient mais d'où l'on est rendu», lui dis-je. Il y a de la pose dans cette attitude: c'est la manière bon marché de se dédouaner à gauche: origines modestes, famille ouvrière, milieu populaire. Et roule la Mercédès jusque chez Régine!

Coquetterie, peut-être. Sans doute. Car Lise Payette n'a nul besoin de se dédouaner. Elle est militante depuis toujours. Elle a épousé toutes les causes. Et elle ne lâche toujours pas. Ministre, ce n'est pas du côté du Conseil du patronat qu'on la retrouve mais du côté des travailleurs de Tricofil. Contre tout l'establishment québécois, elle s'est battue avec une patience infinie pour faire comprendre et accepter son projet de loi sur l'assurance-automobile. Au Conseil des ministres, personne ne cherche à lui écraser les pieds.

Sérieux et efficacité! Tiens, voyons comment elle est passée de la télévision à la politique sans perdre son étonnante crédibilité. C'est sans doute là l'exemple qui illustre le mieux la façon Payette de faire les choses.

Contrairement à ce que certains pensent, elle n'a pas improvisé sa carrière politique: plus jeune, elle militait déjà dans diverses organisations. Elle continue sa carrière de militante comme animatrice de radio et de télévision. Le féminisme d'abord, bien sûr, mais également toutes les causes sociales qui lui semblent pertinentes. À première vue, elle ne faisait que du potinage de qualité. Mais il suffisait de l'observer avec un peu d'attention pour voir le nombre d'idées qu'elle réussissait à faire passer sans trop en avoir l'air, la première et la plus importante étant qu'il était possible de faire de la télévision populaire tout en gardant sa dignité, et qu'il était possible de rejoindre les gens sans les mépriser.

Devenue extraordinairement populaire elle-même, elle pouvait songer à faire son entrée en politique — et à *gagner.* En effet, Lise Payette ne croit pas qu'il vaille la peine de perdre son temps dans les batailles perdues d'avance. Il faut gagner, et le plus rapidement possible. Elle sait choisir son temps. Une fois sa décision prise, elle se consacre tout entière à sa nouvelle carrière. Mais elle ne laisse rien au hasard. Elle sait que les «artistes» ont toujours eu du mal à se faire élire; on les aime bien à la télévision mais on ne veut pas les voir à l'Assemblée nationale. Elle changera donc de peau. Complètement. En moins de temps qu'il n'en faut pour le dire, elle fera oublier son image «d'artiste» pour ne plus présenter que son personnage de femme politique. Elle ne parlera plus *jamais* de son émission de télévision. Elle ne sera plus qu'une femme politique comme une autre, assez intelligente pour savoir que son passé de «star» ne la servira qu'à la condition expresse que personne ne le souligne.

Sérieuse et efficace. Elle contrôlera son organisation politique comme elle contrôlait toute son équipe de télévision. Elle ne permet de fautes à personne et se garde bien d'en commettre elle-même. Elle sera élue, bien sûr. Devenue ministre, elle se taira volontairement pendant plusieurs mois pour faire oublier qu'on la vit jamais à la télévision. Quand elle ouvrira de nouveau la bouche, on ne l'appellera plus que Madame la ministre. Lise est disparue, enterrée à tout jamais. La transition s'est faite sans heurt et même les plus récalcitrants n'oseront pas qualifier la démarche de cynique.

Elle joue cartes sur table, madame Payette. Et elle joue fort. Elle gagne toujours. Elle ne manque donc pas d'assurance. Elle serait même arrogante à l'occasion si son impitoyable discipline ne l'en empêchait pas. Et elle ne prendrait pas le risque de se faire arrogante même si l'envie, parfois, ne lui manque pas. Elle est ambitieuse, mais elle n'hésite pas à se donner les moyens de son ambition. Elle est exigeante envers les autres, mais nul ne saurait l'accuser de ne pas l'être encore plus envers elle-même. Elle est fière, mais elle ne manque pas d'amour-propre.

Elle a des principes, et je ne connais personne qui ait pu lui en faire démordre. Elle n'a pas beaucoup d'amis, mais elle y tient. Elle peut être froide, mais elle reste accessible.

C'est une femme de tête habitée par les plus grandes passions. C'est une professionnelle et une perfectionniste. On se demande parfois où elle va, jusqu'où elle se rendra. Il me semble qu'elle ne détesterait pas devenir première ministre du Québec. Et pourquoi pas? Pour ma part, je n'hésiterais sûrement pas à voter pour elle.

Nous,
juin 1979

Au-delà de l'histoire du Moyen-Orient

« **C** eux qui ne connaissent pas l'histoire sont condamnés à la répéter.» Je ne me souviens plus de qui est cette phrase mais elle contient, je crois, un brin de vérité. Nous devrions au moins garder en mémoire les erreurs du passé, et essayer de ne pas les répéter.

Il y a pourtant des fois où il faut effacer complètement le passé pour aborder une situation donnée d'un œil réaliste et tenter d'inventer des solutions qui tiennent compte du présent et sont une garantie pour l'avenir.

Parlons d'un sujet très controversé: le conflit israélo-palestinien.

En premier lieu, je dirai que tôt ou tard, les Palestiniens auront leur État indépendant. Ils l'auront, avec ou sans l'Organisation de libération de la Palestine (OLP), et avec ou contre le gré du premier ministre Begin. S'il faut se rappeler l'histoire, gardons en mémoire la volonté de survie des peuples, en dépit de tout. Les juifs devraient le savoir mieux que quiconque.

Mais en même temps je dis: oublions l'histoire et regardons la situation telle qu'elle est aujourd'hui, sinon nous ne verrons jamais de solution aux problèmes du Moyen-Orient.

Il ne sert à rien, aujourd'hui, de savoir qui se trouvait où du temps de l'Ancien Testament. Essayer de modeler la région à l'image de ce qu'elle était alors est une entreprise futile. Devant un volcan en éruption, il n'a jamais servi à rien, nulle part au monde, de proclamer de soi-disant droits historiques.

Les phénomènes naturels, de même que le taux de naissance, les migrations, les invasions, les sphères d'influence politiques, les guerres, les luttes de pouvoir, le passage du temps et même le tourisme ont toujours eu plus d'impact sur la configuration du monde que les promesses ou les prophéties de n'importe quel messie.

En 1979, les juifs ont leur propre État; et cet État doit être maintenu à tout prix par les Israéliens eux-mêmes, aidés, si nécessaire, de toute la communauté mondiale. On pourrait discuter en vain, pour cent ans encore, le pour et le contre du sionisme. Il n'en demeure pas moins qu'Israël existe et ne se laissera jamais éliminer. Cette réalité, les Palestiniens peuvent la nier, mais ils ne peuvent la changer.

En 1979, les Palestiniens sont encore là, ils n'ont pas disparu de la carte, et ils continueront de se développer malgré tout. On pourrait discuter en vain, ad infinitum, le pour et le contre de leur revendication pour un État indépendant.

Il serait tout aussi futile de nier l'existence de l'OLP. Les Palestiniens existent et ne se laisseront jamais éliminer. Il en va de même de l'OLP: c'est une réalité que les Israéliens peuvent nier, mais ne peuvent changer.

Qui étaient là les premiers? Cela n'a rien à voir. Qui est là maintenant: voilà la question (et la réponse).

Qui devrait détenir le pouvoir? Telle n'est pas la question. Qui détient le pouvoir maintenant, voilà ce qui importe. Les juifs détestent Yasser Arafat et les Palestiniens détestent Menachem Begin. Devraient-ils être remplacés tous les deux? Peut-être. Mais cela n'a rien à voir. Ils sont face à face et ils devront se parler, que cela leur plaise ou non.

Ne faudra-t-il pas mettre fin aux tueries avant

d'entreprendre des pourparlers? Cela n'a rien à voir. Bien sûr que les pourparlers doivent se tenir pendant que les tueries continuent, autrement elles ne finiront jamais.

Pendant que les Israéliens bombardent le Sud-Liban, pendant que les Palestiniens font exploser un édifice public, les pourparlers devraient se poursuivre.

C'est, je l'avoue, un projet difficile. Très difficile. Pour les deux parties, le débat est chargé émotivement. Et les données géopolitiques de la région ne sont pas simples.

Mais l'établissement d'un État palestinien indépendant est tout aussi inévitable que l'était devenue, dans les années 40, la création d'un État indépendant israélien.

Les Israéliens ne devrait pas oublier qu'il y a d'autres peuples aussi courageux, patients et résolus d'eux. Ils ne pourront jamais se débarrasser des Palestiniens.

Les Palestiniens ne devraient pas oublier que la diaspora qu'ils connaissent n'est rien comparativement à celle que les juifs ont vécue durant des siècles. Ils ne pourront jamais se débarrasser des Israéliens.

Jérusalem est un problème. Il ne sert à rien de le cacher. La Cisjordanie est un problème. À quoi servirait-il de forcer une décision?

Mettons les faits avant l'histoire.

Je sais, il m'est facile de parler ainsi. Je sais, je ne suis pas impliqué directement, et n'importe qui pourrait m'accuser de condescendance.

Et pourtant j'ose, moi aussi, dire ce que je pense, parce que je crois que ce qui se passe au Moyen-Orient, comme dans le reste du monde d'ailleurs, nous concerne tous.

L'histoire n'appartient pas seulement au passé.

L'histoire est une affaire de tous les jours. L'histoire appartient à ceux qui veulent la faire.

The Gazette,
le 1er septembre 1979

Les «critères» de Ryan ne sont pas applicables

D'un point de vue historique, la morale est un concept mouvant. D'un siècle à l'autre, d'une génération à l'autre, et même d'un individu à l'autre, la morale change, les règles morales sont modifiées, les attitudes morales s'évanouissent.

C'est précisément à cause de ce caractère évanescent de la morale que l'on se demande toujours comment certains moralisateurs peuvent s'arroger le droit d'imposer des valeurs morales aux individus et aux institutions.

Toutefois, parce que nous croyons que la morale n'est pas nécessairement qu'un concept abstrait, nous sommes toujours en quête d'une définition des règles de base de la morale qui s'appliquerait à toute personne, de tout âge, en tout endroit et en toute circonstance.

Les moralistes auront donc beau jeu de tenter d'analyser les critères établis par Claude Ryan pour les futurs candidats libéraux.

Étant moi-même un self-made-man, je n'accuserai pas M. Ryan de se proclamer moraliste. Être un homme moral, voilà qui est louable. Mais vouloir imposer aux autres ses normes de moralité, c'est une autre affaire.

Un parti doit évidemment se fixer des règles. Mais doivent-elles être d'ordre moral. Ou doivent-elles, pour être plus précis, mettre les gens dans une camisole de force si raide qu'elle étouffe toute lueur de vie?

À quoi bon avoir un monde oral s'il n'est plus qu'un vaste cimetière d'idées mortes?

Un code de conduite moral peut détruire la moralité

aussi efficacement que l'immoralité. Il engendre l'autoritarisme et l'hypocrisie.

La moralité ne peut se définir par un ensemble de règles. Elle ne peut se définir qu'en rapport avec un principe philosophique.

Et pourtant, on a peine à reconnaître un tel principe philosophique derrière les critères établis par Ryan.

Il veut par exemple que ses candidats jouissent d'une indépendance financière, pour qu'ils ne soient pas tentés d'accepter de l'argent en échange de services. Les hommes riches seraient-ils plus vertueux que les pauvres? Pourquoi seraient-ils moins attirés par l'argent? S'ils ont déjà cherché à en amasser, pourquoi ne seraient-ils pas au contraire intéressés à en avoir plus?

Ce critère est immoral parce qu'il prend pour acquis que les gens qui ne sont pas indépendants financièrement sont moins vertueux que ceux qui le sont.

Sur quel principe philosophique est basé ce critère? Absolument aucun. Il repose sur le caprice d'un prince. Le prince croit que les hommes riches ne sont pas attirés par l'argent et qu'ils devraient donc détenir le pouvoir. Mais si le prince était, à son insu, un homme immoral?

Ryan veut aussi que ses candidats habitent avec leur femme. Quel est le principe philosophique derrière ce critère? Aucune idée.

Tout homme doit s'efforcer de prendre soin de sa famille: on s'entend tous là-dessus. Mais qu'est-ce qui rend un divorcé plus immoral qu'un homme qui s'en tient à l'enseignement de l'Église catholique? La moralité peut-elle être basée sur une telle discrimination?

Et les femmes, elles? Que dire de celles qui sont enchaînées par le mariage parce que les hommes ont décidé il y a longtemps qu'il était plus moral que les femmes soient inférieures aux hommes? Comment peuvent-elles accéder à l'indépendance financière si elles ne doivent être que de bonnes mères? Ryan excluerait-il les femmes de sa liste de candidats?

Et les homosexuels? Sont-ils exclus eux aussi?

Ryan dirait probablement qu'ils ne le sont pas, mais qu'étant plus vulnérables au chantage, ils devraient s'abstenir. Et pourquoi sont-ils plus vulnérables au chantage? Parce que les homosexuels sont immoraux, ou parce que la société est immorale envers les homosexuels?

Il est bien évident qu'aucun homme dément ne devrait exercer le pouvoir. Il serait cependant indécent et immoral de laisser au prince le soin de décider qui est sain d'esprit et qui ne l'est pas. C'est pourtant le pouvoir que s'arroge Ryan. Et si le prince lui-même était dément?

Un autre critère veut qu'un candidat libéral possède de préférence un diplôme universitaire. Pourquoi? Un diplôme donnerait-il plus de discernement aux politiciens? Et qu'en est-il de la société québécoise dans son ensemble? La grande majorité des Québécois n'ont pas de diplôme universitaire. Qu'est-ce qu'on en fait? Serait-il moral de les exclure des sphères du pouvoir?

Sur quel principe philosophique repose ce critère? Il y a bien un principe, mais il n'est guère philosophique: c'est que l'élite devrait exercer le pouvoir, voilà tout.

Ryan voudrait aussi que ses candidats aient du succès dans leur vie professionnelle. Et si quelqu'un échoue dans toutes ses entreprises sauf dans sa vie politique? S'il est un homme politique et rien d'autre? Pourquoi Rubinstein aurait-il dû être bon homme d'affaires? Pourquoi Einstein aurait-il dû être bon journaliste, et Jean-Paul Sartre ou Bertrand Russell, bons politiciens? Pourquoi un homme politique devrait-il exceller dans autre chose? Pourquoi Ryan devrait-il être autre chose qu'un bedeau exalté?

Et comment peut-on savoir d'avance si l'on sera

bon politicien? Ne faut-il pas d'abord faire un essai? N'est-ce pas ce que Ryan a fait?

Si l'on force les gens à se plier à des critères moraux, ils poseront à l'homme moral mais la moralité sera absente de leur vie.

La moralité ne saurait exister sans la définition d'un principe philosophique, qui devrait être assez général pour englober toute la vie d'un homme, stimuler toutes ses pensées, guider toutes ses actions, illuminer sa conscience.

«N'exploite pas ton prochain».

Ce principe peut servir aussi bien qu'un autre à définir la morale. Si l'on doit fixer des règles, définissons-les par rapport au principe.

Je crois que Ryan pose à l'homme moral en établissant ses critères. Oublions les critères; Ryan lui-même offre l'exemple d'un homme moral. Les caprices d'un prince sont immoraux.

The Gazette,
le 15 septembre 1979

Monsieur
Gérard Pelletier

Nous sommes au tu et à toi depuis près de vingt ans, ce qui m'épargne les formalités encombrantes et les politesses surannées. En France, et singulièrement à Paris, cela n'est pas peu: les ambassades y ont gardé tout leur prestige, et les ambassadeurs font encore tourner les têtes sur leur passage. Quand on donne du «Monsieur l'Ambassadeur», à Paris, on prolonge une tradition plusieurs fois séculaire, on se prend pour l'interlocuteur privilégié de Talleyrand, on se croit plongé au beau milieu des intrigues les plus charmantes ou les plus sordides, on se prend pour un autre, on croit rêver, on attend le carton d'invitation du Président de la République, on imagine les colonies exotiques, on s'assoit à table chez Maxim's — on est enfin arrivé. En France, l'ambassadeur est un personnage d'élite que la démocratisation des mœurs n'a pas fait déchoir de son piédestal. L'ambassade à Paris c'est le couronnement d'une carrière et ça vaut bien plus et bien mieux que la présidence des nouvelles républiques ou que la majesté des antiques monarchies plus ou moins ruinées.

Monsieur Gérard Pelletier est ambassadeur à Paris. Ambassadeur du Canada en France. Nous sommes de vieux adversaires et de vieux amis. Nous ne nous sommes pas vus depuis quelques années. Nous sommes tous deux fort heureux de nous retrouver. Nous ne faisons plus, ni l'un ni l'autre, de politique partisane, ce qui a l'heur de nous rapprocher instantanément et de nous permettre de privilégier l'ami sur l'adversaire.

Je constate sans étonnement que nous ne sommes toujours pas d'accord, et avec plaisir que nous nous respectons toujours. Nous nous sommes naguère affrontés si souvent que nous n'avons plus grand-chose à nous apprendre l'un et l'autre sur nos prises de position respectives. Nous n'en parlerons que par nostalgie. Nous constaterons que nous n'avons pas changé. Nous ferons le point. Sans plus. Aujourd'hui, c'est l'ambassadeur qui m'intéresse. Cet ambassadeur dont on dit beaucoup de bien dans la capitale française et ce, jusque dans les couloirs de la Délégation du Québec.

Gérard Pelletier n'est pas de la «carrière». Son ambassade, il la doit à une nomination politique. C'est une espèce rare chez les ambassadeurs canadiens: ils sont deux ou trois, pas plus, de cette sorte-là. Il ne s'en émeut pas. Il ne s'en vante pas et ne s'en cache pas. Les relations entre la France et le Canada étant ce qu'elles étaient il y a quelques années, les velléités internationales du Québec commençant à porter des fruits que Pierre Elliott-Trudeau jugeait trop indigestes, c'est lui qui décida de déléguer à Paris son ami et son homme de confiance dans l'espoir qu'il saurait remettre les choses en place.

Un ambassadeur «politique»? Pourquoi pas? Sans expérience de la carrière? C'est à voir.

«J'étais plus préparé qu'on ne le croit à jouer ce rôle, me dit simplement Pelletier. Sur la scène internationale, je m'étais déjà occupé des affaires de la francophonie et je me suis vite aperçu que la fonction d'ambassadeur ressemblait beaucoup, par certains points, à la fonction de rédacteur en chef que j'ai naguère occupée à *La Presse*. Une partie du travail de l'ambassadeur consiste à faire du reportage. Il faut que le gouvernement que je représente soit parfaitement informé, et constamment, de ce qui se pense et de ce qui se passe en

France. C'est du journalisme. Un super service de presse et d'affaires publiques, en somme. Par exemple, dans le cas du problème des réfugiés vietnamiens, il était important pour moi de connaître la politique française à cet égard afin de permettre au gouvernement canadien de coordonner ses efforts avec ceux de la France et d'autres pays.»

On a beaucoup entendu dire, ces dernières années, que le téléphone avait rendu presque inutile le rôle des ambassadeurs. Les chefs d'État communiquent directement les uns avec les autres et les ambassadeurs, finalement, ne font plus que des ronds-de-jambe dans les salons. Mais Gérard Pelletier n'est absolument pas d'accord.

«Il est faux d'affirmer que tout peut se faire par téléphone. Très souvent, les chefs d'État ne se connaissent même pas. Ils peuvent, bien sûr, se parler, mais cela reste nettement insuffisant. Il faut être sur le terrain pour analyser et comprendre une situation. Les gouvernements sont des abstractions, et ils ne se rapprochent pas les uns des autres. Ce sont les personnes qui se rapprochent. Et les bonnes ou les mauvaises relations entre les gouvernements sont souvent le fait de leurs ambassadeurs et autres représentants.»

Visiblement, Gérard Pelletier adore son rôle d'ambassadeur. Débarrassé des aléas et des tiraillements de la politique partisane, installé dans l'une des ambassades les plus prestigieuses de Paris («Il y en a cent quarante-quatre, et celle du Canada est parmi les douze plus importantes.»), fort à l'aise dans une ville qu'il connaissait et qu'il aimait déjà, dépourvu d'illusions mais non d'enthousiasme, agréable et simple causeur dans un milieu qui n'en finit plus de discourir, il affiche la sérénité d'un homme qui a fait dans la vie ce qu'il a voulu faire, et la vigueur de celui qui pourrait tout recommencer sans déplaisir.

Il vient tout juste d'avoir soixante ans, et l'annonce sans détour. Je ne l'ai jamais connu coquet; je ne vois pas pourquoi il le deviendrait à cet âge. Il aime Paris parce qu'il s'y sent à la fois chez lui et à l'étranger. Il dirige une entreprise de deux cent vingt personnes. Déjeuners et dîners officiels se succèdent sans interruption, mais ce n'est plus là la principale tâche de l'ambassadeur moderne. Il doit s'occuper d'immigration, des services consulaires et économiques, du commerce et de l'industrie, du déplacement des personnes. En dernier ressort, tout remonte à l'ambassadeur; c'est lui qui exerce l'autorité suprême.

Il traite, bien sûr, des affaires entre les pays, mais les simples citoyens ont aussi leurs droits. Quand tout va bien, il n'entend pas beaucoup parler d'eux. Mais qu'arrive une affaire de trafic de drogue et c'est l'ambassade qui prend le relais. Quelques douzaines de cas par année. Il faut avertir la famille, dénicher des avocats, porter l'affaire à son terme. Il faut surtout voir à ce que les affaires du Canada en France se portent bien.

On pense tout de suite à l'aspect politique des choses (qui n'est pas négligeable) mais, à moins d'une crise, c'est d'abord d'économie qu'il est question. Industrie et commerce: c'est le plus important des services de l'ambassade. Favoriser les échanges. Débloquer des dossiers. Conseiller. Galvaniser des énergies qui, autrement, s'éparpilleraient au fil des palabres.

Déjeuners et dîners. On y revient parce qu'ils sont, à Paris, d'une importance extrême. On a tendance à n'y voir que mondanités, discussions futiles, pertes de temps. Or, Gérard Pelletier avoue qu'il y a découvert une façon de travailler qui, pour être agréable, n'en est pas moins efficace. «On y discute et on y règle beaucoup plus de choses qu'on ne le croit généralement. Et c'est à ces occasions que s'établissent les véritables contacts, que se forment les réseaux d'amitié qui permettront, par la suite, d'engager une affaire ou de porter à terme un projet. Il suffit d'apprendre à ne pas trop boire le midi. J'y prends moins plaisir, cependant, qu'au début de mon mandat. Quand arrive la saison des réceptions, au printemps, c'est un véritable délire. Il faut apprendre à refuser, apprendre à reconnaître et à choisir l'invitation importante. Les femmes y jouent encore un grand rôle. C'est par les femmes qu'on arrive souvent à inviter tel ou tel personnage à sa table. C'est encore par les femmes qu'on apprend tel ou tel détail important concernant une politique dont on cherche à se faire une vue d'ensemble.»

Gérard Pelletier ne voudrait être l'ambassadeur d'aucun autre pays. Il trouve idéale la situation dans laquelle se trouve l'ambassadeur du Canada: il représente un pays qui n'est pas assez puissant pour être dangereux mais d'importance suffisante pour être considéré parmi les premiers. Ni trop gros, ni trop petit. Ambassadeur politique, Gérard Pelletier l'est, sans l'ombre d'un doute. Fédéraliste convaincu, il doit faire face à une Délégation du Québec (qu'on appelle «Ambassade du Québec» dans l'annuaire téléphonique parisien) qui prend, à Paris, beaucoup de place.

Il explique le Canada et l'idée qu'il s'en fait à tous ceux qui veulent l'entendre — et même parfois à ceux qui s'en passeraient bien. Il le fait avec élégance, et sans acrimonie. C'est ce qui explique sans doute le respect dans lequel on le tient du côté québécois. Il n'est pas le genre à créer des incidents diplomatiques — bien au contraire. Ce qui ne l'empêche nullement de se tenir fermement sur ses positions. Il aura bientôt à faire face à un Yves Michaud plus agressif qui, lui, sait se faire provocant à l'occasion. Mais leur face à face ne durera pas longtemps. Quand j'ai rencontré Gérard Pelletier, en juin, Roch Lasalle ne l'avait pas encore menacé. Il venait plutôt d'être reconfirmé dans ses fonctions par le nouveau gouvernement conservateur fédéral.

Mais, menacé ou pas, il achève. Voilà déjà près de quatre ans qu'il est à Paris. Son mandat se termine l'an prochain et, quoi qu'il advienne, il compte bien rentrer au pays: «Je veux revenir au journalisme, peut-être faire de l'enseignement.»

Mais qu'est-ce qu'ils ont donc tous, ces journalistes, à vouloir toujours revenir au métier? René Lévesque en parle lui aussi avec nostalgie. Pierre Elliott-Trudeau se remet à la plume, et sans doute Claude Ryan lui-même songera de nouveau à ses vieilles amours quand sera passé le temps des ayatollahs. En tous cas, l'ambassadeur Pelletier n'a aucunement l'intention de s'accrocher. Il a fait le tour du job, comme on dit, et il ne voit aucune raison de continuer.

C'est sans doute pour ne pas perdre la main, d'ailleurs, qu'il a écrit un livre dont la parution ne saurait tarder. Il y raconte les années cinquante, telles qu'il les a vécues et telles qu'il les interprète maintenant. C'était le temps de Duplessis, de *Cité Libre*, de ses rencontres avec Pierre Trudeau, Jean Marchand, René Lévesque.

Mais où trouve-t-il le temps d'écrire un livre? On pourrait répondre que bon nombre d'ambassadeurs écrivent des livres; ils doivent bien trouver le temps quelque part. «Le samedi matin, répond-il. Tous les samedis matin. Question de discipline — une discipline de journaliste.»

Il donne aussi des conférences maintenant. On l'invite un peu partout, on commence à le connaître. On sait qu'il est fin causeur, qu'il ne manque pas d'esprit et qu'il a l'expérience de l'homme cultivé sans en avoir l'arrogance. On sait qu'il a des choses à dire. Il se réjouit de se voir invité de la sorte. Ça lui permet de sortir de la routine, mais aussi d'entrer en contact avec «le vrai monde». Ça lui permet de réfléchir sur les expériences marquantes qu'il a vécues et d'en tirer, sinon des conclusions, du moins des analyses qui ne manquent pas de clarté. Peut-être y apprend-il son rôle de professeur? Pendant que nous devisons, je l'imagine en prof. C'est vrai qu'il ferait un bon prof... «Mais on ne m'acceptera jamais dans toutes ces universités séparatistes», dit-il presque avec rancœur.

«Allons donc! Tu te fais des idées, Gérard. Laval a bien accepté Bourassa, alors pourquoi pas Pelletier? Tu te fais une bien vilaine image des séparatistes.» Mais je ne le convaincs pas. Je sens qu'il garde son idée là-dessus. Je n'ai même pas envie de lui rappeler le temps où des centaines de citoyens perdaient leur emploi parce qu'ils étaient indépendantistes.

Pendant un moment, vite passé, nous nous retrouvons quinze ans plus tôt, au plus fort de la bataille. Nous avons en commun de bons et de mauvais souvenirs et nous n'osons pas trop nous rappeler les bons de peur de voir resurgir les mauvais. De toutes façons, nous ne sommes pas là pour cela. C'est l'ambassadeur que je suis venu voir, pas l'adversaire-ami qui m'attaquait sur les tribunes et qui me défendait dans les salles de rédaction. Pendant que je faisais de même. Comme il semble loin de tout cela. C'est à peine si nous parlons de la défaite du Parti libéral, dont il fut longtemps l'un des piliers. On sent qu'il est d'ailleurs, maintenant. Et mieux dans sa peau. C'est comme conscrit qu'il fit de la politique; mais c'est par goût qu'il est devenu ambassadeur. On sent qu'il ne veut plus faire les choses que par plaisir.

Monsieur Gérard Pelletier, aujourd'hui encore

monsieur l'Ambassadeur, mais pas pour longtemps, ne sera plus jamais monsieur le Ministre; il sera peut-être encore monsieur le Rédacteur en chef et, pourquoi pas, peut-être sera-t-il enfin monsieur le Professeur. Et, pour la première fois de ma vie, je pourrai enfin l'appeler «cher collègue».

Nous,
octobre 1979

Lévesque se dégonfle

Voici donc la question. Ce n'est pas, comme on aurait pu le penser, «être ou ne pas être», mais «paître ou ne pas paître».

Six millions de moutons, voilà ce que les Québécois seront s'ils répondent oui à la question. Et s'ils disent non, eh bien, ils seront quand même des moutons. Quel choix!

Les explications du premier ministre Lévesque ne me paraissent pas convaincantes.

Quoi qu'il en dise, la question est claire: il s'agit d'un mandat de négocier la souveraineté et l'association; ce n'est pas, en dépit de ce qu'affirment clairement le livre blanc et le programme du Parti québécois, un mandat de réaliser la souveraineté et de négocier l'association.

Quoi qu'en dise Lévesque, la souveraineté n'est pas négociable. Il appartient au peuple québécois de décider si le Québec doit, oui ou non, accéder à l'indépendance.

Mais la question ne lui présente pas ce choix. Elle demande aux Québécois s'ils veulent que leur gouvernement négocie une nouvelle entente avec le reste du Canada, basée sur la souveraineté-association.

Quoi qu'en dise Lévesque, cela veut dire que tout est négociable, y compris notre droit à l'autodétermination. Quelle stratégie inouïe!

Si j'étais fédéraliste, cette question me ravirait. J'attendrais la prochaine élection, puis j'attendrais le prochain référendum, puis j'attendrais l'élection suivante, et enfin j'attendrais que le Parti québécois meure de sa belle mort, après avoir perdu en chemin tous ses militants. On ne nous demande pas de décider si le

Québec devrait exister en tant que pays, mais si le Canada se prêtera au chantage qui mènerait à sa propre dissolution.

Nous nous présentons à la table de négociation sans aucun pouvoir. Nous laissons l'initiative à la partie adverse. Nous n'exigeons pas, nous quémandons.

Quoi qu'en dise M. Lévesque, ce n'est pas pour cela que le mouvement séparatiste existe, ce n'est pas pour cela que le Parti québécois a été créé, ni ce pourquoi des dizaines de milliers de militants se battent depuis plus de vingt ans.

Le dissident, c'est Lévesque, ce n'est pas moi.

Il pense que personne ne peut répondre «non» à une telle question, mais il se trompe. Ceux qui ont déjà décidé de répondre «non» ne changeront pas d'idée.

D'autre part, il a été démontré maintes fois que les soi-disant indécis ne le sont jamais autant qu'ils le prétendent.

Dans un contexte donné, ils pencheront toujours vers le statu quo, à moins que ce ne soit devenu à tel point insupportable qu'ils se voient forcés de le rejeter.

La plupart d'entre eux seront naturellement enclins à voter non. Et les militants? Je sais qu'ils sont déçus. Ils ne diront rien et ils ne voteront pas non, mais un bon nombre d'entre eux répondront un oui timide, parce qu'ils n'ont pas le choix. Et bien d'autres s'abstiendront.

Lévesque court de bonnes chances de perdre son référendum, non pas parce que la question va trop loin, mais parce qu'elle ne va pas assez loin. Lévesque déçoit ses alliés sans convaincre ses opposants.

Si le référendum est perdu avec une question aussi timide, alors le Québec aussi est perdu. Personne ne nous prendra plus jamais au sérieux après cela. Pas moi, en tout cas. Et si le référendum est gagné avec une question aussi timide, où cela nous mène-t-il? Nulle part.

Comme le vote pourra être interprété de toutes les façons imaginables, personne ne réussira à lui donner une crédibilité, pas même Lévesque.

Ce référendum n'a aucun bon sens. C'est une entreprise inutile, un exercice futile.

What does Quebec want? Le référendum aurait dû nous donner une réponse à cette question. Mais la seule chose dont on pourra être sûr, c'est que le Québec ne sait pas ce qu'il veut.

Confusion, irritation, hésitation. Peur.

Lévesque dit toujours que le Québec a peur. Serait-ce pour exorciser sa propre peur? Comment un peuple peut-il faire preuve de courage si son chef en manque tant?

Cela fait douze ans que Lévesque cherche à se faire excuser de son option séparatiste; comment le peuple québécois pourrait-il ne pas s'en sentir humilié?

Quand ceux qui se sont battus pour l'indépendance du Québec ont tout fait pour salir sa cause, il y a de quoi s'étonner que vingt pour cent des Québécois puissent encore se dire indépendantistes.

Le référendum aurait dû être un moment historique. Après quatre cents ans d'existence en Amérique du Nord, les Québécois devaient, pour la première fois de leur vie collective, choisir librement leur destin collectif.

Ce devrait être un moment d'une grande importance, le moment de vérité. Mais ce sera une journée comme les autres. Rien d'autre qu'un sondage. Un autre sondage, puis un autre encore. S'il a été prouvé que les sondages n'influencent pas le vote des gens, ils amènent les dirigeants qui s'y fient à gouverner comme des poules mouillées.

Que le référendum soit perdu ou gagné, on se retrouve douze ans en arrière, quand Lévesque a décidé que l'histoire commençait avec lui. Le problème, c'est qu'elle pourrait bien aussi finir avec lui.

Tout un cadeau aux générations futures, qui devront livrer la même bataille — si elle n'est pas perdue pour de bon au printemps de 1980.

The Gazette,
le 29 décembre 1979

Les Jeux hors de Moscou

Si l'on en croyait certains rédacteurs et commentateurs sportifs, le monde entier serait manipulé par une poignée d'hommes occupant les plus hautes fonctions politiques, et qui se servent de leur pouvoir pour lancer leur foudre contre le monde magnifique et magnanime du sport.

Selon eux, si ce n'était de ces quelques névrosés, le beau grand monde du sport deviendrait une sorte de paradis où nos pauvres faiblesses humaines seraient remplacées par les vertus de nos dieux des stades et des douches.

Malheureusement, cette vision est partagée par des millions de gens à travers le monde, qui hurlent «Tue-le! Tue-le!» en écoutant la boxe ou le hockey à la télévision; ils ne se rendent pas compte qu'ils déclarent la guerre à quelqu'un qui ne leur a rien fait.

Les chefs politiques sont les hommes du pouvoir et de la guerre, nous dit-on, tandis que les organisateurs sportifs et les athlètes seraient les pauvres anges incompris de notre société. Quelle mauvaise plaisanterie!

On ne devrait jamais mêler politique et sport, nous dit-on encore, et les Jeux olympiques devraient avoir lieu sur une lointaine planète, dans l'atmosphère raréfiée et abstrait d'un nouvel Éden.

Tel n'est pas le cas, heureusement. Les Jeux olympiques et le sport en général se déroulent dans notre monde réel, violent, stupide, magnifique et magnanime, déprimant et très humain. Je dis «heureusement» parce que je ne crois pas que les athlètes devraient avoir le droit, plus que tout autre, de faire fi de leurs responsabilités collectives, tout en posant pour la postérité et empochant les profits qu'ils tirent de leur communauté respective.

Suivant ce principe, j'affirme que le monde entier devrait boycotter les Olympiques de Moscou. Et voici pourquoi:

1. Le sport, c'est comme la guerre, ne l'oublions jamais. Drapeaux ou pas, hymne national ou pas, cela n'a pas d'importance. Le sport, c'est l'agressivité et la compétition, et pour la plupart des athlètes et des équipes nationales, l'important n'est pas de participer, mais de gagner. En dépit des déclarations naïves de Lord Killanin, la plupart des sports sont des actes de guerre.

2. Les dirigeants politiques prennent des décisions en notre nom. Ils ne vivent pas dans un abstrait paradis des sports et ils n'aiment pas le pouvoir et la guerre plus que nous, mais au moins autant que nous.

Nous sommes aussi responsables qu'eux des luttes de pouvoir et des guerres. Et cela inclut les athlètes et les organisateurs sportifs. Les êtres humains — et les athlètes — ne vivent pas leur vie en accord avec le serment naïf des Jeux olympiques, mais suivant la règle terrible de la pratique, de l'abondance et de la pauvreté, de la guerre et de la paix, de la compétition, de la magnanimité et de la survie. Les dirigeants politiques sont assoiffés de pouvoir, soit, mais n'en va-t-il pas ainsi de nous tous?

3. Les athlètes devraient arrêter de nous casser les pieds avec leurs médailles perdues. C'est vrai qu'un boycottage des Jeux voudrait dire pour des milliers d'entre eux plusieurs années d'efforts inutiles. C'est triste, mais pas autant que la mort d'une femme vietnamienne ou d'un enfant afghan. On n'arrête pas les impérialistes, les semeurs de guerre et les assassins avec une médaille d'or.

4. Les Olympiques ne sont plus qu'un gros appareil

de propagande. Les organisateurs sportifs, les athlètes, les mandarins des J.O. le savent bien. Tout en regrettant cet état de choses, ils acceptent de servir d'instruments de propagande. Il faut blâmer la politique, disent-ils. C'est vrai. Mais une participation aux Jeux serait un acte de complicité : les regrets ne suffisent pas.

5. La vie et la mort des athlètes, comme celle de tout le monde, sont régies par la politique de la société. Quelqu'un doit payer pour l'entraînement, les entraîneurs, l'équipement, le transport, l'hébergement, pour les salaires et profits du sport professionnel, pour les gymnases et les stades, les piscines et les terrains de football.

Je paie pour ça. Nous payons tous. Comme pour les hôpitaux, les écoles, les professeurs, les routes et le gouvernement. C'est ça la politique.

Le sport fait autant partie de la politique que le reste. En refusant de parler de politique, les athlètes et les organisateurs sportifs ne nous forceront-ils pas à endosser leurs propres politiques? Refuser de faire de la politique ne revient-il pas à condamner le monde à rester comme il est? Pourquoi laisser la politique aux politiciens?

6. J'ai entendu des gens autour de moi dire qu'après avoir envahi le Vietnam, les États-Unis étaient bien hypocrites de condamner l'invasion de l'Afghanistan par Moscou. Peut-être. Mais ça m'est égal. Ce qui compte, c'est que j'ai toujours — comme des millions de gens partout dans le monde, y compris des Américains — condamné l'intervention américaine au Vietnam et que je ferai de même pour l'intervention russe à Kaboul.

Je suis responsable, nous sommes tous responsables du monde entier. Je refuse de me chercher des excuses pour ne rien dire, pour ne rien faire. Je refuse de rendre une poignée de dirigeants politiques responsables de tous les maux de la terre.

7. Un tel boycottage porterait-il un coup fatal aux Jeux? Eh bien, le flambeau olympique peut s'éteindre, je ne verserai pas de larmes. Peut-être les Jeux doivent-ils mourir pour renaître sous une autre forme.

The Gazette,
le 26 janvier 1980

Les sondages font de nous des lâches

Nous sommes engloutis dans une mer de sondages. Opinion instantanée. Goût instantané. Choix instantané.

Peut-être n'avons-nous jamais d'opinion sur le moindre sujet, mais au moins nous savons ce que pense le voisin.

Alors la vie devient facile. Tout n'est plus une question de choix, mais d'attitude. Pour avoir l'air conservateur, il suffit d'adopter l'attitude de la majorité, et de temps en temps, pour avoir l'air marginal, celle de la minorité.

Personnalité instantanée. Impression instantanée. Les sondages font de nous des lâches.

Certains disent que les sondages n'ont pas réellement d'influence sur les gens. Je n'en suis pas si sûr. En fait, tout dépend du sondage: c'est peut-être le cas si le sujet est insignifiant; mais s'il est controversé, si une crise fait surface et rend les gens insécures, si la question est complexe et ne peut être répondue par un oui ou par un non, alors les gens auront tendance à attendre les sondages avant de se prononcer.

Ainsi, les sondages peuvent fournir excuses et justifications.

— J'aurais bien voté pour M. X, mais comme la majorité votera contre lui, ça ne vaut pas la peine.

— Vaut mieux se ranger du côté du plus fort.

— Je suis pauvre. D'après les sondages, la plupart du monde pense que les gens pauvres sont paresseux.

Donc je suis paresseux.

Ce n'est pas si ridicule que ça. Car en fait, c'est vrai que nous sommes ignorants sur la plupart des questions, que nous sommes naïfs, et que nous ne croyons même pas en nos propres idées. C'est vrai qu'on se fout pas mal du reste du monde et qu'on n'a pas de réponses aux questions compliquées.

Mais les sondages eux ne sont pas ignorants. Ils savent tout. Et ils ne sont pas naïfs non plus: leur jugement est sûr. Ils ne manquent pas de confiance dans leurs opinions.

Les sondages sont ouverts au reste du monde: ils savent tout sur mon voisin, sur l'Iran et sur la nourriture pour chiens qui se vend à Londres. Les sondages ont réponse à toutes les questions.

J'avais l'habitude de lire trois livres par semaine, mais d'après les sondages, la majorité des gens n'en lisent qu'un par année. Devrais-je me débarrasser de cette mauvaise habitude?

Je pensais aller au Mexique cette année, mais les sondages disent que c'est le Maroc qui est la dernière vogue. Peut-être devrais-je aller au Maroc?

Le bleu est à la mode, et pas le rouge. Les femmes sont à la mode et pas les hommes.

Le disco est en vogue, et pas le jazz. L'hiver est en vogue, et pas l'été. Le jogging est «in» et pas l'automobile. Tu es «in», pas moi. Pourquoi être «moi» quand je peux être tout le monde?

Si les sondages font de nous des lâches, ils ont des effets encore plus néfastes sur nos dirigeants politiques, qui exercent le pouvoir à coup de sondages. Plus besoin d'élaborer programmes ou politiques, pas besoin de se battre pour ses idées, pas même besoin d'avoir d'idées: tout est une question d'attitude.

Pour garder le pouvoir, tout ce qu'il y a à faire,

c'est de consulter les sondages et agir en conséquence. Peu importe que les sondages se contredisent d'une année à l'autre, d'un jour à l'autre. Peu importe que l'opinion publique soit si changeante: les chefs n'ont-ils le droit d'être d'humeur changeante?

«Je suis contre la peine de mort, mais un sondage a révélé que la majorité des gens qui m'élisent pensent le contraire. Étant à leur service, je dois me plier à leur décision.»

Excuses et justifications.

Où est passé le chef qui essaie de changer l'opinion publique à force d'explications, qui cherche à tirer la population de son ignorance en faisant montre de courage, de persuasion, en faisant voir les conséquences à long terme, en fournissant chiffres et données, qui essaie de faire de la minorité une majorité?

C'est une espèce en voie de disparition de nos jours. Nous n'avons plus besoin de lui. Il a peut-être raison, mais «il est trop honnête pour faire de la politique». Il doit obéir aux sondages.

Ce n'est pas tout: il doit aussi se conformer à ce que les sondages attendent de lui. Le parfait dirigeant doit porter des culottes vertes, il doit avoir les cheveux courts, parler trois langues, être marié et père de trois enfants, être riche, conduire une Ford, mesurer au moins six pieds, avoir le teint pâle, et adorer les sondages.

Et c'est précisément les résultats que nous obtenons. Les sondages, comme outils scientifiques, sont indispensables. Mais comme outils politiques, ils n'ont qu'une fonction: servir à ceux qui obéissent aux sondages.

Il ne faut cependant pas désespérer. Que fait-on d'un sondage qui affirme, du même souffle, que la majorité des Québécois sont satisfaits du gouvernement Lévesque, et qu'ils vont voter pour Claude Ryan? Il faut le jeter aux poubelles, et effectuer un autre sondage, pour être bien sûr de ce qu'ils pensent.

Au fait, pourquoi ne pas élire un sondeur, un robot... une machine?

The Gazette,
le 9 février 1980

Un spectacle vide
pour la galerie

Ça y est! Il nous a refait le même coup! En un clin d'œil. Sans style et sans contenu, sans programme ni politique. Sans l'Ouest. Sans ferveur. Mais avec un sourire narquois.

Nous savons maintenant que les Canadiens aiment se faire humilier. Avez-vous vu Pierre Trudeau à la télévision le soir des élections? Ce grand homme d'État a fait de la plus grande partie de son discours un exercice de rhétorique partisane. Cet homme cultivé a cité des poètes hors contexte, comme il le fait toujours, ajoutant un manque d'à-propos à un discours déjà vide. Ce grand architecte de politiques internationales a affirmé l'évidence en disant que le Canada se trouvait entre les États-Unis et l'Union soviétique.

Le problème, c'est qu'il n'a jamais fait mieux que cela. Il a toujours été un politicien des plus partisans, il a toujours traité ses adversaires avec mépris, et à ses meilleures heures, il n'a jamais pu aller plus loin que l'appui factice. Il est aussi mesquin envers ses amis que ses ennemis s'ils osent enfreindre les règles de la partisanerie. Il a la stature d'un homme d'État, mais en a-t-il l'esprit?

Il a démontré à plusieurs reprises, dans des dizaines de déclarations, que son bagage culturel était plutôt mince. Il recherche la compagnie de sculpteurs et de peintres, mais il n'a jamais acheté une seule de leurs œuvres. Il a voyagé de par le monde en se regardant le nombril, au lieu d'essayer de goûter à la différence. Il était l'ami des écrivains et des poètes, mais il les a fait emprisonner en 1970. Il sert des menaces à Radio-Canada et à l'Office national du film et il coupe leurs budgets.

Il répète à tout venant les mêmes citations, pour impressionner les imbéciles.

Et les imbéciles sont impressionnés. Au royaume des aveugles, les borgnes sont rois.

Trudeau, un homme d'envergure internationale? Quelqu'un peut-il me dire quelle est ou quelle a été sa politique internationale? Rien d'autre que des discours pseudo-philosophiques sur ce que devrait être le monde, que des phrases creuses basées sur l'ignorance de faits élémentaires et évidents, que des contradictions de toutes sortes, sous le couvert du dialogue et de la modération.

C'est vrai, il a introduit le disco dans les chancelleries. Et puis après. Il a ridiculisé la reine d'Angleterre et traité comme un inconnu l'ex-président de France. Il a feint l'amitié avec les dirigeants russes et cubains tout en poursuivant une politique très dépendante envers les États-Unis. Il a posé au sauveur du Commonwealth alors que tout espoir était déjà perdu. Et le tiers monde? L'avez-vous déjà entendu parler du tiers monde?

Trudeau se donne en spectacle. Mais quelle en est la substance? Ce qui m'échappe, c'est de voir à quel point tant de gens peuvent se laisser amuser si longtemps par une si triste comédie. De la même façon, je n'ai jamais pu comprendre ce qui rendait John Kennedy si populaire. Comparez la législation adoptée sous Lyndon Johnson — qui était, tout le monde le sait, très impopulaire — avec celle adoptée sous Kennedy, et vous verrez ce que je veux dire.

Une grande image vide.

Ce serait trop facile d'accuser les médias : le soir des élections, ils ont transmis très fidèlement l'image d'un homme partisan, creux et usé. Il fallait être aveugle pour ne pas le voir. Le lendemain, les médias ont transmis très fidèlement l'image d'un clown qui s'amuse avec un bout de ficelle. On regarde, on rit, mais on ne voit rien du tout.

Les discours de Trudeau s'offrent à notre analyse : il y en a quelques-uns de bons, écrits par d'autres. Mais c'est quand il improvise, c'est quand il est pris par surprise et qu'il doit riposter à bout portant qu'il faut l'observer.

Si on ne sait pas voir au-delà de cette image, si Trudeau ne nous donne pas ce qu'il ne nous a d'ailleurs jamais promis, il ne faudra s'en prendre qu'à nous-mêmes.

Mais il sera là encore un bon moment. Ce sera amusant de le voir face à René Lévesque, Claude Ryan, Peter Lougheed et Bill Davis. Il n'aime aucun d'entre eux; en fait, il les méprise.

Ces hommes représentent pourtant des idées, des faits, des intérêts bien concrets.

Essaiera-t-il de les diviser pour régner? Je parie que oui. Il ne peut avoir tellement changé. Il les montera l'un contre l'autre, il nous montera les uns contre les autres. Il jouera de confrontation et de division. Il régnera. Avec notre bénédiction.

Pourquoi agirait-il autrement? Il ne nous a rien promis.

Ce sera amusant de le voir affronter Jimmy Carter et Leonid Brejnev. Le problème c'est que Trudeau est un nain qui se méconnaît. C'est difficile à vivre, en particulier en compagnie de géants.

Ce sera amusant de le voir affronter Joe Clark.

C'est un nain lui aussi, mais il le sait. Et je prédis que s'il reste chef de l'Opposition, il couvrira de ridicule notre nouvel ex-premier ministre.

The Gazette,
le 23 février 1980

Une souveraineté
qui a honte d'elle-même

J'ai mis longtemps à me résoudre: on n'attaque pas impunément — en réclamant sa tête — l'homme politique le plus populaire du Québec. Mais cela même serait de peu d'importance si René Lévesque n'était en même temps l'homme qui incarne depuis vingt ans les espoirs de toute une génération de Québécois. Ces espoirs furent aussi les miens.

Ce n'est donc pas de gaieté de cœur que je le dénonce aujourd'hui. J'ai toujours eu quelque plaisir à m'en prendre à mes adversaires mais c'est la mort dans l'âme que je romps avec le meilleur homme politique que le Québec ait jamais produit. Nous avons eu nos querelles mais je ne lui ai jamais ménagé ni mon admiration ni mon amitié. Elles restent intactes en ce jour où je me sens obligé d'exprimer avec lui mon plus profond désaccord.

Certains, qui se montrent d'accord avec moi sur le fond, m'ont déjà reproché d'avoir mal choisi le moment: trop près de l'amère défaite et trop près d'une imminente élection. C'est un prétexte classique: il coupe la parole à tous, même à ceux qui pourraient avoir raison et il transforme en futiles atermoiements les volontés d'agir les plus farouches.

Ce n'est jamais le temps, à ce qu'on dit. M. Lévesque lui-même a trop utilisé cette tactique contre ses propres troupes pour que j'accepte de me voir enfermer dans ce piège. Moi je dis, à tort ou à raison, que c'est le temps avant qu'il soit trop tard.

De quoi s'agit-il au juste? Il s'agit de savoir, tout simplement, si René Lévesque comme chef du Parti québécois et comme premier ministre du Québec peut encore — s'il en a même envie — nous conduire à l'indépendance. J'ai des raisons de croire que non et je veux m'expliquer.

Comme bien d'autres, je m'en suis longtemps pris à Claude Morin en en faisant le bouc émissaire de tous les malheurs du mouvement souverainiste québécois. Comme bien d'autres, je m'accrochais à cette solution de facilité par crainte d'en arriver à une autre conclusion, pressentie mais difficilement avouable: la vraie responsabilité, pour le meilleur ou pour le pire, dans le succès comme dans l'échec, revient à René Lévesque. Claude Morin ne serait rien sans l'aval de celui-ci et s'il a pu imaginer la stratégie qu'on connaît, c'est qu'elle reflétait parfaitement le cheminement idéologique du premier ministre. Voilà l'essentiel, masqué justement par la stratégie. Et c'est pour avoir oublié qu'il ne s'agissait pas que de stratégie que nous en sommes là aujourd'hui.

On a reproché à René Lévesque d'avoir plusieurs fois changé d'idée depuis quelques années. On lui a reproché d'entretenir quelque confusion. Je l'ai fait moi-même. C'est vrai que M. Lévesque a eu quelques hésitations qui ont pu nous faire croire qu'il en était ainsi. Mais cela n'était qu'apparence. René Lévesque n'a jamais changé d'idée depuis qu'il a fondé le Mouvement Souveraineté-Association et tout ce qu'on appelle étapisme et stratégie et tactique ne furent jamais rien d'autre que les instruments au service de cette idée.

Or cette idée n'a jamais rompu et ne rompt toujours pas avec une vision provincialiste des choses. Le mouvement indépendantiste, à son origine, avait rompu avec la révolution tranquille; non pas parce qu'on n'y voyait pas quelques progrès par rapport à la situation précédente mais bien parce qu'elle se voulait réformiste à l'intérieur d'un cadre provincial.

Or, M. Lévesque n'a jamais rompu avec la révolution tranquille. Dans son esprit, le MSA continuait une action qu'il avait entreprise au sein du Parti libéral et, s'il l'avait pu — il a tenté de le faire — c'est au sein du Parti libéral qu'il l'aurait poursuivie. Comment expliquer autrement sa rupture avec le mouvement indépendantiste d'alors, comment expliquer son entêtement à faire coïncider la naissance du mouvement souverainiste avec la fondation du MSA, comment expliquer la campagne du «bon gouvernement provincial» de 1976, comment expliquer l'accent sur l'association plutôt que la souveraineté, comment expliquer une campagne référendaire pendant laquelle les fédéralistes furent à peu près les seuls à parler de souveraineté pour en dire du mal évidemment, comment expliquer autrement la prochaine campagne électorale où il ne sera encore question que du «bon gouvernement provincial» pendant que l'idée de souveraineté sera de nouveau évacuée pour être remplacée par celle qui s'inscrit bien dans la ligne de la révolution tranquille: la bonne gestion du pouvoir provincial?

J'ai accepté, en rechignant, le thème du «bon gouvernement» de 1976. Je me suis laissé convaincre, à peu près, que le Parti québécois au pouvoir serait mieux placé pour faire avancer l'idée de souveraineté. Je me suis réjoui, sans arrière-pensée, des très belles performances de ce gouvernement. J'ai encore accepté, cette fois avec des réticences certaines, de me lancer farouchement dans la campagne référendaire et de donner toutes ses chances à une stratégie que je réprouvais. Mais dois-je encore accepter de me battre pour quatre ou cinq autres bonnes années de bon gouvernement provincial?

Sans doute est-il possible, bien que peu probable,

que le Parti québécois reprenne le pouvoir lors de la prochaine élection. Il est même possible qu'il le reprenne et qu'il l'exerce pendant vingt ans. Et puis après? Et pour quoi faire? Fera-t-on avancer d'un pas l'idée de souveraineté? Comment? En refusant d'en parler, comme on l'a fait pendant quatre ans de pouvoir? En s'excusant même de l'entretenir, comme on l'a déjà si souvent fait en de si nombreuses occasions? En négociant «de bonne foi» avec Ottawa?

Je ne marche plus. Je comprendrais qu'on change d'idée. Je comprendrais qu'on vienne me dire que l'indépendance, après tout, est impossible, et qu'il vaut mieux renoncer maintenant avant de connaître les amertumes de ceux qui ont abandonné trop tard des combats futiles. Je le ferai peut-être moi-même un jour. Mais pousser l'inconscience jusqu'à vouloir refaire le coup de 1976, c'est un peu fort! C'est oublier trop facilement que les idées, comme les hommes, naissent, croissent et meurent. Qu'en sera-t-il de l'idée de souveraineté en 1985? Et René Lévesque, et Jacques Parizeau, où en seront-ils? Où seront-ils? Et nous tous, les Québécois et les Québécoises, ne risquons-nous pas d'avoir oublié que nous avions déjà eu cette belle petite idée, autrefois? Et les militants, et les militantes? Et toute cette nouvelle génération de jeunes qui s'est «embarquée» à l'occasion de la campagne référendaire?

On sait que le moral est au plus bas chez les troupes souverainistes. Le phénomène est-il explicable par la seule défaite référendaire où n'est-il pas attribuable également — et surtout — à la démission politique et morale de nos leaders? On ne veut pas y croire, bien sûr. On continue d'entretenir les illusions. On se dit que ce n'est qu'une partie remise. L'aveuglement est total. Surtout qu'il se nourrit d'un prétexte en or qui se présente sous la forme de la rationalité la plus pure: la majorité a dit non, donc...

C'est Jean-Claude Leclerc, dans *Le Devoir* du 15 août dernier, qui présentait ce prétexte avec le plus d'élégance. Il écrit : «*Dès lors, la thèse principale du Parti québécois ne doit pas seulement être mise au réfrigérateur le temps que l'électorat retrouve l'appétit; la souveraineté-association doit être mise au congélateur pour plusieurs années, quels que soient, entre-temps, les résultats des pourparlers constitutionnels. Le même droit à l'autodétermination, que le peuple a exercé le 20 mai et que le gouvernement Lévesque voudrait voir mieux protégé dans la constitution canadienne, impose au PQ de respecter la volonté populaire exprimée lors du référendum et de ne point tenter de reprendre indirectement, par une élection ou autrement, un mandat qui lui a été nettement refusé.*»

Voilà, tout est clair : le peuple s'est prononcé, il n'y a plus qu'à s'incliner. Ce n'est là qu'une demi-vérité. S'incliner devant le verdict populaire ne veut pas dire renoncer. Moi aussi je m'incline mais je ne renonce pas à convaincre une majorité de la valeur de la cause que je défends. D'ailleurs, comment expliquer que c'est maintenant qu'il faudrait renoncer sous prétexte que l'idée de souveraineté a été battue lors du référendum? C'est oublier que l'idée a toujours été battue par une majorité de Québécois. Elle a été battue en 1966, en 1970, en 1973, en 1976 (l'année du «bon gouvernement») et encore en 1980. Nous aurions bien pu dire, en 1966 ou en 1970, que l'idée de souveraineté n'ayant pas été approuvée par une majorité de Québécois, il fallait dès lors «la mettre au congélateur». Ce n'est pas ce que nous avons fait. Nous avons continué de l'entretenir et de la promouvoir. Trop timidement, il est vrai, mais quand même.

Je m'étonne, pour ma part, de constater que c'est au

moment même où l'idée de souveraineté est à son plus fort chez le peuple québécois (plus de 40% des voix) qu'on se propose de la mettre sous le boisseau. Il aurait fallu y penser avant, il me semble. C'est quand on pense en termes de «pouvoir provincial» qu'on fait de la défaite du référendum une défaite presque définitive. Quand on pense en termes de «pouvoir national» et qu'on constate que, de 1960 à 1980, l'idée de souveraineté a fait son chemin chez plus de 40% des Québécois, on s'aperçoit que la défaite est moins cuisante que jamais et que la victoire est à vue de nez.

Mais c'est parce qu'on a peur de perdre le pouvoir provincial qu'on a peur tout court. Dans une perspective «provincialiste» nous sommes en train de perdre. Dans une perspective «nationaliste», nous sommes en train de gagner. Le pouvoir provincial! Encore une fois pour quoi faire?

Soyons réalistes, nous dit-on de toutes parts. Il vaut mieux être au pouvoir que dans l'opposition. Ce n'est pas vrai. Qu'on me comprenne bien. Moi aussi je crois à la nécessité d'exercer le pouvoir pour atteindre ses objectifs. Moi aussi je suis pour le zonage agricole, et une meilleure sécurité sociale, et l'assurance-automobile, et la loi 101... Mais ce n'est pas là ma raison d'être politique, non plus que ce ne devrait être la raison politique du Parti québécois. Le pouvoir du Parti québécois doit être celui de la souveraineté politique d'abord, du zonage agricole ensuite!

Moi aussi je répugne à voir Claude Ryan à la tête du gouvernement du Québec mais si c'est là le prix qu'il nous faut payer pour nous ouvrir les yeux, eh bien! payons. Parce qu'on ne parle pas assez de l'illusion du pouvoir du Parti québécois. Le PQ au pouvoir n'a pas que Claude Ryan ou Pierre Trudeau comme adversaires. Il a toute l'Amérique du Nord contre lui. Et l'idée qu'il dit défendre, l'idée de souveraineté, est toujours dans l'opposition, malgré les apparences du pouvoir. C'est cette illusion qui nous fait croire qu'il nous faut à tout prix exercer le pouvoir à Québec. Au fond, nous sommes toujours dans l'opposition, nous les nationalistes. Ce qui est au pouvoir, c'est une certaine idée de la gestion des pouvoirs provinciaux, rien de plus.

Or, il m'a toujours semblé que nous n'étions pas là pour faire mieux que les autres mais autre chose. Si l'exercice du pouvoir pour les souverainistes ne conduit pas à l'exercice de la souveraineté du Québec, alors ce pouvoir est vain et illusoire. Il constitue d'autre part un piège dans la mesure où il occulte les véritables enjeux en les reportant à plus tard, au risque de les voir disparaître de nos préoccupations collectives. C'est ce processus, déjà largement entamé, qu'il faut à tout prix stopper. Voilà l'objectif de ma sortie contre René Lévesque.

Je dis qu'il est le premier responsable de tout ce vasouillage qui entoure l'option de la souveraineté. Je dis que la confusion continuera de régner tant qu'il dirigera le PQ et qu'il sera premier ministre du Québec. Je dis que nous sommes aveuglés par sa popularité personnelle et par la franche admiration que nous lui vouons. Je dis que nous sentons bien ce qui se passe, que nous connaissons la cause de notre découragement, de notre démission, mais que nous n'osons pas y croire. Nous préférons nous cacher la tête dans le sable, accuser Claude Ryan et les fédéralistes, voire même tenir le peuple québécois responsable de nos malheurs. Mais c'est nous qui sommes collectivement responsables de suivre un chef qui ne nous mène pas à la souveraineté.

René Lévesque continuera sans doute de nous faire connaître toutes les joies que nous procure la contemplation d'un «bon gouvernement provincial», ce qui n'est pas peu, mais il ne sera jamais le chef d'un Québec souverain. Hélas! Je ne m'en réjouis pas. Je constate. Je dis que la seule façon pour les souverainistes de sortir de leur léthargie et de s'ouvrir enfin les yeux, c'est de perdre la prochaine élection et d'inviter René Lévesque à quitter honorablement la scène politique. Là-dessus, M. Lévesque m'a déjà répondu en disant qu'il s'agissait là d'une attitude suicidaire. Il a raison dans la mesure où on pense «gouvernement provincial». Il a tort si on pense «gouvernement national». Le pouvoir, s'il ne nous permet pas d'atteindre notre principal objectif, est vain.

Moi je dis qu'il est suicidaire, pour les souverainistes, d'abandonner leur idée — tout en disant qu'on ne l'abandonne pas — au moment même où cette idée a atteint sa plus grande force depuis vingt ans. Il faut en parler de plus en plus, quitte à nous retrouver dans l'opposition, là où se trouve notre idée, de toutes façons. Mais si l'étapisme ne consiste qu'à abandonner notre idée par étapes, alors qu'on ait le courage de nous le dire.

Si cette idée, acceptée et défendue par plus de 40% de Québécois, ne vaut même plus la peine d'être prônée ouvertement, alors que le Parti québécois et ses chefs aient le courage de la retirer du programme. Car à qui fera-t-on croire qu'on y tient encore quand elle ne sert plus qu'à masquer notre volontaire impuissance?

À quoi bon toujours parler de la peur des autres quand on sait bien qu'on ne tient ce discours que pour exorciser sa propre peur à soi. Faudra-t-il que nous perdions le «pouvoir provincial» pour retrouver notre conscience d'un «pouvoir national»? J'ai bien peur, hélas! qu'il nous faudra passer par cette épreuve. J'aurais voulu qu'il en soit autrement mais je n'y crois plus. C'est pourquoi je m'abstiendrai de voter lors des prochaines élections provinciales. Je n'en continuerai pas moins de prôner de toutes mes forces l'idée de l'indépendance du Québec. J'y crois encore. Plus que jamais.

Quant à René Lévesque, on sait déjà depuis quelque temps, qu'il préfère Rodrigue Biron. Ben voyons, soyons réalistes!

Le Devoir,
le 21 août 1980

Les travailleurs polonais choisissent la liberté

J'ai découvert la Pologne quand j'étais adolescent. À cette époque les mots «courageux» et «polonais» étaient synonymes, et plus d'un livre pour les jeunes mettaient en valeur des héros polonais. Ces livres ne nous apprenaient pas grand-chose sur la Pologne et sur ses habitants, sur les Polonais ordinaires, mais ils nous apprenaient tout sur ses héros.

Aujourd'hui, trente ans plus tard, je commence à me rendre compte que peut-être ces livres nous parlaient vraiment des Polonais et des Polonaises ordinaires, héros et héroïnes tous autant qu'ils soient.

À la lumière des derniers événements en Pologne, on ne peut qu'admirer le courage, la patience et la détermination de tout un peuple, qui tient à préserver sa liberté contre toute tentative de la restreindre.

Bien sûr, il y a des lâches en Pologne, comme partout ailleurs. Comme aussi des exploiteurs, des hypocrites et des démagogues. Mais la nation dans son entier semble les «assimiler» sans être mortellement atteinte par leur venin.

Les grévistes de Gdansk et de Silésie n'auraient pu sortir vainqueurs de leur récent affrontement avec le gouvernement si le peuple dans son ensemble n'avait pas été derrière eux.

La détermination tranquille des grévistes devait se nourrir de la détermination tranquille du peuple polonais. Leur courage devait être puisé au cœur de la nation. Et ils sont sortis vainqueurs, gagnant du même coup notre admiration.

Je ne peux toutefois m'empêcher de trouver étrange que des gens qui aimeraient bien se débarrasser des syndicats libres dans notre pays, qui seraient heureux de pouvoir limiter considérablement le droit de grève des travailleurs d'ici, encouragent les actions des grévistes dans un pays communiste. Ils ne comprennent pas que la bataille est la même.

Croyant, comme on le leur a enseigné, que notre société est parfaite, ils sont prêts à appuyer, en théorie, toutes les revendications formulées par les travailleurs d'un pays communiste — parce qu'ils tiennent le communisme en horreur. Ils ne peuvent pas comprendre l'angoisse et les craintes que vivent des milliers de nos concitoyens, qui ne jouissent pas de l'abondance de notre société capitaliste.

Ils ne connaissent pas le courage dont plusieurs des nôtres ont fait preuve pour l'obtention de droits, les mêmes que les travailleurs polonais réclament aujourd'hui. Ces droits peuvent être mis en veilleuse, mais ce ne sera jamais de façon définitive.

Ces mêmes gens ne se souviennent pas de la barbarie du capitalisme au 19e siècle. Ici, en Amérique du Nord, des milliers de personnes sont mortes en luttant contre l'exploitation qui les assujettissait.

La liberté est infaillible; quelle que soit la société en place, les combattants de la liberté devraient être à l'honneur.

Par ailleurs, il y a des gauchistes qui disent que dans un pays communiste, où l'on jouirait de libertés fondamentales, il ne servirait à rien de se battre pour les prétendues libertés officielles que nous connaissons ici. Cela n'a aucun sens. Je sais que ces droits officiels peuvent créer une illusion de liberté et de bonheur absolu. Je sais que certaines personnes brandissent ces droits pour mieux en nier d'autres, plus fondamentaux.

Mais je sais aussi que je ne pourrais pas vivre dans une société où ces droits ne seraient pas reconnus : ils me sont chers et je ne serais pas prêt à les laisser tomber sous prétexte que ce ne serait qu'un mirage. Quand ils exigent l'abolition de la censure, les travailleurs polonais ne pensent pas que la liberté de parole soit une illusion. Quand ils réclament le droit de créer des syndicats libres, hors du giron du Parti communiste, ils ne croient pas que le droit de se syndiquer et, au besoin, de faire la grève, soit illusoire.

Ce ne sont peut-être que des droits reconnus sur papier, mais des millions de gens à travers le monde se battent encore pour une telle reconnaissance formelle de leurs droits. Ils ne peuvent être tous dans l'erreur. Et par ce combat, ils mettent en pièce l'illusion du paradis sur terre que véhiculent différents systèmes, confondant vertu et liberté.

La vertu doit être imposée aux hommes, et ceux qui vivent sous des régimes fascistes et communistes le savent bien.

La liberté, par contre, doit être conquise par chacun de nous, chaque jour de notre vie. La liberté laisse place au vice autant qu'à la vertu. Elle nous laisse le choix entre l'un ou l'autre. Tandis que la vertu prend toute la place. La vertu est une composante de la liberté, mais la liberté n'entre pas dans la définition de la vertu.

Le système communiste est le plus vertueux qui soit. Dans un pays communiste, la vertu est une obligation. À moins qu'il ne s'agisse de vertu «officielle»? Ou même l'illusion de vertus officielles?

Les travailleurs polonais préfèrent les libertés officielles aux vertus officielles. Et je crois qu'ils ont raison.

The Gazette,
le 6 septembre 1980

Où sont passés les séparatistes?

L a plus importante victoire que Pierre Trudeau pourrait tirer de sa stratégie de rapatriement unilatéral pourrait bien passer inaperçue. Il ne l'avait probablement pas escompté lui-même.

En obligeant tout le monde à parler de son projet, en bien ou en mal, il parvient à évacuer de la discussion d'autres projets, en particulier le projet de séparation du Québec.

Un étranger qui viendrait ici sans savoir ce qui s'est passé au cours des vingt dernières années pourrait ne jamais apprendre qu'il y avait, il n'y a pas si longtemps, un mouvement séparatiste très fort au Québec. Et que c'est d'ailleurs ce mouvement qui a provoqué au Canada, chez ses habitants et ses politiciens, les actions et les réactions dont nous sommes témoins aujourd'hui.

C'était il n'y a pas si longtemps, mais déjà personne ne se souvient. Et ceux qui semblent avoir oublié le plus vite sont les séparatistes eux-mêmes.

Ils étaient des centaines de milliers l'an dernier. Ils étaient forts, organisés, articulés et turbulents. Ils clamaient qu'ils ne se contenteraient de rien de moins que l'indépendance. Ils ne nourrissaient que mépris pour le fédéralisme canadien, ancien ou nouveau. Ils avaient l'air de croire dans leurs actes et dans leurs paroles.

Où sont-ils tous passés? Dieu seul le sait.

Nous savons qu'il doit en rester quelques-uns, quelque part. Mais quiconque tente de les trouver cherche en vain.

Prenons le cas de René Lévesque: n'est-ce pas lui

qui nous disait, il y a quelques années, que le fédéralisme canadien était voué à l'échec et qu'il fallait envisager le nouvel aménagement qu'il nous proposait sous l'appellation douteuse de «souveraineté-association»? Si ma mémoire est bonne, c'est avec une grande ardeur militante qu'il nous incitait à le suivre sur le chemin de la liberté.

Une fois les cartes sur table, toutefois, son ardeur a passablement diminué, et il semblait même regretter d'être allé si loin. Personne ne s'attendait cependant à ce qu'il se tienne bouche cousue.

C'est pourtant ce qu'il fait maintenant : alors que Trudeau nous fait accepter de force sa constitution, tout ce que Lévesque trouve à dire, c'est qu'il ne devrait pas le faire. Et pour tenir tête à Trudeau, il ne trouve rien de mieux à faire que d'essayer de convaincre les autres premiers ministres provinciaux de lui tenir tête eux aussi, oubliant que ces mêmes individus se sont opposés avec virulence à ce qui était alors considéré comme l'essence de son propre projet.

Si l'un d'entre eux le salue comme un grand Canadien, il esquisse même un timide sourire. Et si un autre lui dit que sa vision du fédéralisme est plus proche de la sienne que de celle de Trudeau, il roucoule comme un pigeon bienheureux.

Et quand il affirme que le fédéralisme a encore une chance de survivre, des centaines de milliers de séparatistes l'applaudissent.

Bizarre, n'est-ce pas?

Peu importe que l'entreprise de Trudeau soit ou non couronnée de succès : il gagnera une bataille bien plus importante, en plantant le dernier clou dans le cercueil du mouvement séparatiste au Québec. Mieux encore, il le fera avec le consentement des séparatistes eux-mêmes.

Lévesque nous dit qu'au lendemain de cette bataille, il nous dira tout ce que nous voulons savoir sur la souveraineté-association? À quoi cela sert-il, car personne ne saura de quoi il parle.

Et personne ne voudra en entendre parler.

Lévesque lui-même se souviendra-t-il de ce qu'il nous proposait dix ans plus tôt?

Quelle victoire savoureuse pour Trudeau! Peut-être mènera-t-il quand même le Canada à sa destruction, comme je l'ai déjà affirmé, mais il le fera avec notre bénédiction.

Les séparatistes rêvaient d'un Québec fort et d'un Canada fort. Grâce à Trudeau et Lévesque, on se retrouvera avec un Québec affaibli et un Canada divisé.

«C'est comme deux scorpions dans une bouteille», disait René Lévesque. Pour ne pas avoir eu le cran de briser la bouteille quand il était encore temps, leur poison nous atteindra tous. Il y a de quoi être fier d'être canadien.

The Gazette,
le 25 octobre 1980

Lise Payette pourrait redonner vie au PQ

J e parle très rarement de mes amis en public. Me permettrez-vous de le faire aujourd'hui? Je présume que oui, d'autant plus qu'il s'agit d'une personnalité publique très importante: Lise Payette.

Je l'ai rencontrée il y a plus de vingt-cinq ans, quand nous travaillions ensemble dans un poste de radio de Trois-Rivières.

Durant ces vingt-cinq dernières années, elle a exercé une très grande influence sur notre société. Parce qu'elle est intelligente, forte, courageuse, militante et compétente. Ce que la plupart des gens ne savent pas, c'est qu'elle peut aussi avoir ses moments de faiblesse (qui ne durent jamais longtemps). Elle peut cependant faire preuve d'une volonté si sévère qu'elle indispose son entourage.

Elle est consciente de son importance, de sa compétence, et elle en exhibe une sorte de fierté qu'on pourrait prendre, à tort, pour de l'arrogance. Elle est, aussi, consciente de ses limites, et elle en parle avec une humilité que d'aucuns qualifieraient de fausse modestie. Mais elle n'est ni vide, ni affectée: elle est fière et humble.

Elle prend son travail et sa vie au sérieux. Elle n'aime pas qu'on traite à la légère des questions qu'elle juge sérieuses. Et si elle est sérieuse et que vous ne l'êtes pas, attention! son jugement sera sans appel.

C'est une femme d'une grande force et d'une profonde loyauté.

Elle ne peut tolérer l'incompétence. Exigeante envers elle-même, sans toutefois s'en vanter, elle le sera également envers vous.

En somme, je l'aime beaucoup. Et ce sentiment s'est raffermi il y a un peu plus de deux semaines, quand elle a annoncé qu'elle ne se présenterait pas aux prochaines élections, parce qu'elle voulait retrouver sa liberté d'expression.

Ce n'était pas seulement un bon ministre, c'était le meilleur : assurance-automobile, protection des consommateurs, condition féminine, affaires sociales. Elle savait défendre sa cause, ainsi que toutes les autres, fussent-elles perdues. Elle a affronté seule, avec succès, la plupart des membres du cabinet, lorsqu'il s'est agi de défendre les travailleurs du textile de Tricofil.

Je répéterai ce que j'ai dit il y a deux ans : elle ferait un excellent premier ministre du Québec.

Bien qu'elle ne l'ait jamais admis publiquement, peut-être était-ce ce qu'elle avait en tête depuis le début? Et pourquoi pas?

Elle démissionne — mais elle demeurera membre du Parti québécois — parce qu'en tant que ministre, elle se sentait assez de pouvoir, mais pas assez de liberté.

Mais quelle liberté? La liberté de faire quoi? Essentiellement deux choses : parler de la souveraineté du Québec — un sujet qui ne semble plus intéresser personne dans le cabinet, René Lévesque moins que tout autre — et pouvoir poursuivre la bataille qu'elle mène depuis toujours pour la libération des femmes.

En tant que ministre, elle a déjà fait beaucoup pour ces deux causes. Mais elle sent maintenant qu'elle aura plus de crédibilité si elle se défait d'un pouvoir parfois très illusoire.

Je crois qu'elle a raison. N'allez cependant pas penser qu'elle quittera complètement la scène. Et déjà elle s'est mise à l'œuvre, en demandant au parti de faire preuve de plus d'imagination sur le plan politique et de plus d'indépendance face au gouvernement.

Personne ne niera que René Lévesque exerce, depuis quelques années, une certaine terreur sur son parti. Il y a bien eu des sursauts ici et là, mais tout le monde conviendra que le parti, loin d'avoir pris le devant de la scène au cours des cinq dernières années, a sombré dans la somnolence.

L'illusion du pouvoir a eu un effet très dévastateur sur le parti, car même si quelques membres détenaient un certain pouvoir provincial au Québec, l'idée de l'indépendance restait, et reste encore, dans l'opposition.

C'est une idée encore valable. Mais parce que le gouvernement a décidé, pour les raisons les plus absurdes, de ne plus en faire la promotion, le parti doit prendre la relève, retrouver ses esprits et se faire le défenseur d'une cause qui a déjà recueilli l'appui de quarante pour cent des Québécois.

Le parti a besoin d'un nouveau leadership. Est-ce que Mme Payette l'assumera?

Peut-être. En tout cas, je l'espère. Si elle décidait de s'engager dans cette voie, on ne pourrait trouver au Québec quelqu'un de mieux préparé et de plus compétent qu'elle pour accomplir cette tâche des plus nécessaires.

Nous entendrons encore parler d'elle. Peut-être plus que jamais.

The Gazette,
le 21 février 1981

Tragique victoire

On oublie trop souvent que les idées meurent, tout comme les hommes. Elles peuvent languir long-temps, avant de disparaître pendant que leurs porteurs, témoins inconscients de leur agonie, continuent d'entre-tenir l'illusion de leur éternité. Elles n'en meurent pas moins. Parfois de leur belle mort, souvent assassinées. C'est à cette réflexion morose que je m'adonnais en cette nuit du 13 avril 1981 en contemplant cette immense foule de militants et de militantes du Parti québécois qui faisaient un triomphe à leur bon vieux chef, René Lévesque, qui, après l'amère défaite du référendum du 20 mai, savourait, presque imperturbable, l'écrasante victoire dont le gratifiait le peuple québécois.

Tragique victoire... me dis-je alors, en songeant qu'elle n'avait été assurée qu'en sacrifiant sur l'autel du «bon sens» et du pouvoir une grande idée: celle de l'indépendance du Québec. Tragique illusion de ces milliers d'hommes et de femmes qui scandaient encore «Le Québec aux Québécois» pendant que leur chef, presque indifférent, leur parlait d'autre chose.

En 1976, René Lévesque avait faire élire le Parti québécois en promettant à ses concitoyens de «mettre entre parenthèses» son projet de souveraineté-associa-tion pour mieux leur vendre l'idée d'un «bon gouverne-ment provincial». On s'inquiétait déjà, en certains milieux, de ce truc électoral. Mais puisqu'il devait y avoir bientôt référendum sur la question, on finit par se convaincre que ce n'était que partie remise. Pendant les quatre années qui suivirent, mis à part les quelques propos velléitaires de René Lévesque et de quelques-uns de ses ministres, qui ne visaient qu'à rassurer leurs plus farouches militants indépendantistes, on n'entendit plus guère parler de souveraineté autrement que par les adversaires les plus acharnés de celle-ci.

Puis vint la campagne référendaire. Une question «molle», qui se voulait rassurante. Une campagne pendant laquelle il fut beaucoup plus question d'association que de souveraineté. Encore une fois, seuls les adversaires en parlèrent, pour la décrire sous le jour le plus noir.

20 mai, c'est la débâcle: le «oui» n'obtient que quarante pour cent des voix contre soixante pour cent au «non». Le prétexte est trouvé: puisque le peuple n'en veut pas, l'idée de souveraineté sera «mise en veilleuse». Et elle le restera pendant toute la campagne électorale.

Le peuple québécois ne s'y est pas trompé: le 13 avril, il reconduisait au pouvoir son «bon gouvernement provincial». Malgré certaines apparences trompeuses, voilà bientôt huit ans qu'on ne parle à peu près plus d'indépendance au Québec. Comment espérer qu'on en reparlera demain quand René Lévesque vient de se convaincre, pour la deuxième fois, que c'est en n'en parlant pas qu'on gagne des élections. Et il n'en parlera probablement plus jamais. En principe, son parti reste «souverainiste». Il y aura bien quelques bagarres dans les rangs, pour la forme. Baroud d'honneur.

Mais l'idée se meurt, assassinée par celui-là même que la foule acclame en faisant le plus de bruit possible pour ne pas entendre la petite voix intérieure qui lui murmure qu'elle a été trahie. On ne vend pas une idée en s'excusant de l'entretenir. Le réveil sera brutal pour tous ceux qui y croient encore, malgré tout. Ils sentiront alors peser sur leurs épaules le poids de cette tragique victoire du 13 avril. Ils comprendront dès lors, mais trop tard, que la «mise en veilleuse» était une mise à

mort. Je n'ai jamais eu aussi peu envie d'avoir raison.
Devrais-je encore espérer d'avoir tort?

Le Monde,
le 23 avril 1981

Contre le raid israélien

Il est temps qu'Israël cesse d'en faire à sa tête en matière de politique internationale, en écartant tout obstacle sur son passage.

Allons droit au but : je ne me sens pas coupable de l'holocauste des nazis et j'en ai assez de voir Menachem Begin se servir de ce drame et de la Bible pour justifier chacune de ses actions injustifiées.

Cette semaine, Israël a attaqué et détruit la centrale nucléaire d'Osirak, en Iraq, avant qu'elle n'entre en opération, proclamant qu'il s'agissait d'une action préventive. Le monde entier, y compris les États-Unis et le Canada, a condamné cet acte de terrorisme international.

Mais personne n'est allé plus loin, parce que Begin a invoqué l'Holocauste et a encore essayé, bien sûr, d'éveiller en nous des sentiments de culpabilité. Et il se pourrait bien qu'il y parvienne encore une fois.

Israël a fait montre à maintes reprises de son mépris du droit international. Il a été l'objet de nombreuses condamnations aux Nations unies et sur d'autres tribunes internationales.

Mais il s'en sort indemne, parce qu'une incroyable opération de propagande nous a fait croire qu'Israël n'était pas un État comme les autres. Parce qu'on nous a fait croire que nous devrions tous nous sentir responsables des actions d'Hitler.

Évidemment, les Israéliens ne parlent jamais des Indiens d'Amérique ou des noirs du monde entier, ni des Kurdes ou des Palestiniens.

Ils ont décidé qu'ils étaient les seules grandes victimes de la barbarie des hommes. Une telle présomption leur permet de justifier toutes leurs actions et d'oublier que d'autres peuples, parfois à leur côté, se battent aussi pour une juste cause.

Ils nous ont fait croire que condamner les politiques d'Israël équivalait à s'en prendre aux juifs du monde entier, ce qui est faux, bien sûr. Mais nous ne savons pas encore comment réfuter une telle accusation. Quant à moi, je n'essaierai même pas, cela n'en vaut pas la peine. Mais personne ne m'empêchera de dire que j'en ai marre.

Je croyais qu'Israël devrait être traité comme tous les États du monde et qu'il devrait se plier aux règles du droit international.

Je crois qu'on ne peut substituer la Bible au droit international, et qu'Israël devrait arrêter de s'en servir pour justifier toutes les violations de ce droit.

Aucune autre nation au monde ne pourrait s'en tirer à si bon compte avec un dossier noir aussi chargé. Pensez-vous que les Allemands pourraient détruire impunément une centrale nucléaire française? Bien sûr que non. Mais Israël, lui, peut détruire une centrale nucléaire iraquienne, et il se trouve même des gens pour le féliciter. Pas moi.

Et les Palestiniens? C'est une question encore plus grave, parce que notre crainte de protester avec assez de vigueur autorise Israël à les traiter de la façon la plus barbare qui soit. La Bible sert de rempart et l'Holocauste, de justification.

Israël parle de paix, mais toutes ses actions tendent vers la guerre, qu'il croit, dans sa naïveté, pouvoir toujours gagner.

Israël travaille à sa propre destruction. Il fait tout pour s'isoler du reste du monde. Il n'écoute personne, pas même ses meilleurs amis.

Je crois que les Israéliens devraient se sentir coupables d'un certain nombre de choses eux aussi. Je crois qu'ils devraient écouter la voix intérieure qui leur dit qu'ils peuvent se tromper, eux aussi.

Ils devraient se rendre compte que le terrorisme d'État est bien pire que le terrorisme individuel. Cela, ils devraient le savoir, et savoir aussi que c'est sur cette voie que Begin les conduit.

Ils devraient se rendre compte que le jour où le monde arrêtera de se sentir responsable des actions d'Hitler, ils seront dans de mauvais draps, et que le banditisme international n'est pas un remède à l'inflation et à un mauvais gouvernement.

Israël a besoin de ses amis. S'il choisit de se les aliéner tous, il ne pourra s'en prendre qu'à lui-même.

Je dis: «Vive Israël»... en autant qu'il choisisse de vivre.

The Gazette,
le 13 juin 1981

Le maître américain
mène le bal

E ntre le maître et l'esclave, les rapports sont souvent ambigus. On serait porté à croire qu'à la première occasion, l'esclave se rebellera contre son maître. Mais la plupart du temps, il ne le fera pas. Il s'écoulera des années et des années avant qu'enfin quelqu'un se décide à transformer cette domination.

Plusieurs auteurs se sont penchés sur ce sentiment d'obéissance, de gratitude même, qui lie l'esclave à son maître.

Le problème, c'est que la nature humaine s'adapte à toutes les situations, même les plus terribles. On s'adapte à la misère, à la douleur, à l'asservissement. Il nous manque la volonté de riposter. On s'invente même des mythes pour justifier misère, douleur et asservissement.

C'est alors qu'on découvre la peur — peur du maître, peur de l'inconnu, peur de notre propre faiblesse. Et on devient reconnaissant envers notre maître pour la sécurité qu'il nous procure, fût-ce celle d'une prison.

L'asservissement devient un mode de vie, on s'y habitue, on s'y complaît. On peut être asservi par des hommes, des systèmes, des gouvernements, des politiques, des habitudes, des traditions. Et si notre maître n'est pas trop méchant, s'il nous sourit et nous fait savoir qu'il nous aime, alors nous sombrons dans un état de somnolence, proche de l'inconscience. Non seulement aimons-nous notre maître, mais nous trouvons des raisons de plus d'accepter sa domination.

Si le maître parvient à nous convaincre qu'il est le

seul à pouvoir nous donner plaisir, sécurité, confort et liberté (quelle liberté?), alors nous nous soumettons complètement et essayons de nous convaincre que tout est pour le mieux.

Voilà, c'était une longue introduction pour un sujet bien simple: les taux d'intérêt. La hausse des taux d'intérêt est une politique américaine. Elle ne tient pas compte du reste du monde. Elle a été pensée par des Américains et pour des Américains, dans l'espoir de subjuguer l'inflation.

Cette politique portera peut-être fruit aux États-Unis, mais ce qui devient de plus en plus évident dans le reste du monde capitaliste, c'est que ce remède peut être mortel.

Quelques timides dénonciations de cette politique américaine se sont fait entendre lors du récent sommet économique de Montebello. Mais il est vite devenu évident que les alliés des États-Unis avaient une peur bleue de jouer les empêcheurs de tourner en rond.

Le plus peureux de tous est le gouvernement canadien. Tandis que l'économie du pays est à bout de souffle, tout ce qu'il trouve à dire, c'est qu'il faut attendre que les Américains changent de politique.

Bien sûr, les États-Unis sont puissants et peuvent user de représailles. Bien sûr, ils ont un poids énorme dans l'équilibre des forces. Et bien sûr, ils sont en position de recourir au chantage contre quiconque leur résisterait.

Cela signifie que nous ne sommes pas indépendants et que nous ne pouvons pas faire comme bon nous semble en toutes circonstances. Mais cela signifie aussi qu'il nous manque l'esprit d'imagination nécessaire pour inventer des solutions partielles à nos problèmes, sans se référer aux politiques américaines.

Au lieu d'affronter la réalité, nous jonglons avec

des symboles. Prenons l'exemple du dollar canadien. Il est à son point le plus bas depuis cinquante ans. Plus que tout autre chose, ce seul fait joue sur l'imaginaire des gens. Il s'agit donc de livrer bataille pour «sauver le dollar», sans égard aux conséquences. Il s'agit de sauver le symbole à tout prix.

Pendant ce temps, il ne semble pas que ceux qui détiennent le pouvoir à Ottawa se préoccupent outre mesure de ce que tôt ou tard, les citoyens canadiens n'auront plus un seul dollar en poche — quelle que soit sa valeur. C'est plus que de l'asservissement, c'est de l'ensorcellement.

Nos maîtres américains nous ont procuré des plaisirs, sous forme de voitures, de télévisions et de gadgets de toutes sortes. Ils nous ont convaincus que le Canada ne pouvait pas se passer d'eux, et avec un peu de chantage, ils nous ont forcés à nous soumettre. Et non seulement nous nous plions à leurs politiques mais nous les approuvons! Ce qu'il nous manque, plus encore que les moyens concrets de combattre les maux qui ravagent notre économie, c'est la volonté politique de le faire.

Quelqu'un a déjà dit que la politique était l'art du possible. Nos gouvernements se sont servis de cette phrase pour justifier leur inaction.

Je dirais que la politique est l'art de rendre possible ce qui est nécessaire, mais cela exige plus de cœur.

The Gazette,
le 1er juillet 1981

Trudeau rate
le bateau historique

C omme il est drôle, et triste à la fois, d'entendre le premier ministre Trudeau dire que le Québec manquera encore une fois un rendez-vous historique.

C'est drôle, parce que tout en pointant du doigt le gouvernement actuel du Québec, il oublie de dire que depuis vingt-cinq ans, il porte la même accusation contre tous les gouvernements québécois. En accusant le «gouvernement séparatiste» actuel, il semble oublier qu'il nourrissait le même mépris pour les gouvernements fédéralistes qui l'ont précédé.

C'est triste, parce que ce qu'il qualifie d'événement historique n'aurait pas lieu aujourd'hui si, depuis vingt ans, des Québécois et leurs gouvernements n'avaient pas fait d'efforts pour susciter le débat constitutionnel.

Trudeau se plaît à parler de cet événement, parce qu'il veut s'en approprier toutes les retombées. Ce qu'il omet de dire, c'est que sans les séparatistes et la crainte qu'ils ont inspirée au reste du Canada, il aurait été chassé du pouvoir il y a longtemps et personne au Canada anglais n'aurait soufflé mot de la réforme constitutionnelle.

C'est triste aussi, parce que Trudeau feint de ne pas voir que le présent gouvernement du Québec, tout comme ceux qui l'ont précédé depuis les vingt dernières années, ont mené l'histoire sur une voie beaucoup plus progressiste que Trudeau ne le fait aujourd'hui.

Qu'est-ce qu'il y a de si historique dans sa charte des droits? Il soutient qu'il n'y en a pas de meilleure au monde. Il n'a certainement pas lu la charte des droits du

Québec, qui va beaucoup plus loin que la sienne. Elle n'est pas parfaite, mais c'est l'une des plus avancées et des plus progressistes au monde. Elle compte peut-être quelques trous, mais ce n'est rien comparé au morceau de gruyère que Trudeau nous met sous le nez.

Et au chapitre des droits linguistiques, que fait-il? Il parle d'événement historique qui assurera enfin aux minorités francophones du Canada anglais une protection de leurs droits égale à celle dont jouissent les anglophones du Québec.

Qu'y a-t-il d'historique là-dedans? Les gouvernements qui se sont succédés au Québec, jusqu'à nos jours, ont écrit il y a longtemps une page d'histoire au sujet des droits des minorités. Il y a cent ans, la minorité anglophone du Québec avait déjà cent fois plus de droits — et certains privilèges — que les minorités francophones du reste du pays.

Qui a raté le rendez-vous historique? Et qui le ratera encore? Est-ce le Québec, où les droits de la minorité sont bien protégés, plus que partout au monde, ou est-ce l'Ontario, la Saskatchewan, ou le Manitoba, où Trudeau, dans sa générosité, a accordé aux minorités françaises le droit de se prévaloir des tribunaux pour exiger des écoles françaises?

Trudeau aime choisir ses événements historiques. Il oublie qu'il y a un siècle s'est produit un autre événement historique, hors du Québec: c'est quand le gouvernement fédéral a pendu Louis Riel. Vous souvenez-vous?

Qui revendique des droits égaux pour les femmes, les Indiens et les Inuit? Si seulement Trudeau pouvait détourner son attention du Québec pour une minute, il se rendrait compte que c'est dans le reste du Canada que cette bataille se livre. Si quelqu'un n'est pas au rendez-vous de l'histoire sur ces questions, ce n'est certainement pas le Québec.

Qui insite pour imposer la clause «nonobstant» pour les droits judiciaires: est-ce le Québec ou d'autres provinces? Qui rate le rendez-vous historique?

Ce que Trudeau fait aujourd'hui, il y a longtemps qu'au Québec on y est arrivé. Où était-il quand s'écrivait l'histoire du Québec?

Comment peut-il oublier que la majorité des droits dont jouissent aujourd'hui les Canadiens ont été gagnés par des Québécois? Comment peut-il oublier que bien avant qu'il ne soit né et que le Canada anglais ne brise ses liens avec la Grande-Bretagne, des Canadiens français se battaient pour l'indépendance du Canada?

Trudeau est très fier du drapeau canadien, de l'hymne national, de la loi des langues officielles, du bilinguisme de Radio-Canada, de l'indépendance du Canada et de son projet constitutionnel. Mais les Canadiens français et les Québécois se battaient déjà pour tout ça quand le Canada anglais était encore une colonie britannique et rejetait obstinément son identité canadienne.

Qui a raté l'événement historique? L'événement historique de Trudeau appartient au siècle dernier. C'est un événement pour les WASP. Et il a été mené avec les moyens les plus totalitaires jamais employés dans ce pays.

Mais, Dieu merci, l'histoire n'a pas commencé et ne finira pas avec Pierre Trudeau. Autrement, on ne se rendrait jamais à l'an 2000.

The Gazette,
le 21 novembre 1981

La vraie question

L e canon tonne et la musique éclate. C'est la bataille. Le vieux général, en compagnie de son aide-de-camp, complète sa stratégie. Cette fois il a pensé à tout: il ne peut pas perdre. Le référendum: gagné! Le droit de veto: retenu! L'association: maintenue!

Le vieux général jubile. Son aide-de-camp, prenant son courage à deux mains, souffle dans l'oreille de son chef: «Mais la souveraineté, mon général?» Le général hausse les épaules, esquisse une grimace et éconduit l'aide-de-camp.

Il reste seul à savourer son triomphe.

D'un seul coup d'œil il embrasse toute son armée de soldats de plomb rangée en bataille sur son bureau.

Il est vengé. Les batailles perdues ne sont plus que souvenir. Il gagne maintenant. Et il se retrouve enfin seul, comme il l'avait toujours souhaité.

Tout autour de lui le terrain est occupé par l'ennemi. Qu'à cela ne tienne! Il gagne, seul contre tous. Il suffisait d'y penser.

René Lévesque a bazardé le droit de veto du Québec. Aujourd'hui, seul dissident de son parti, il impose son droit de veto à ses troupes.

René Lévesque a été trahi par le Canada anglais qui a fait sauter l'association qu'il avait mis tant de peine à construire. Qu'importe! Il commande à ses troupes de maintenir l'association.

René Lévesque a perdu le référendum du 20 mai. Qu'à cela ne tienne! Il en tiendra un autre au sein de son parti pour se convaincre qu'il est toujours le chef d'un peuple en désarroi.

Les batailles qu'il a perdues sur le terrain, il les reconstitue maintenant sur son bureau avec son armée de soldats de plomb, et il gagne! En tournant ses canons contre sa propre armée. Ça c'est de la stratégie!

Dans la pièce d'à côté le général Trudeau rigole doucement.

Et moi je suis à la fois triste et furieux. Triste de voir tomber si bas un homme en qui nous avions mis tous nos espoirs. Furieux de le voir nous entraîner avec lui dans sa chute.

Jonestown! Trois cent six mille personnes, les membres du Parti québécois, le verre de Kool-Aid à la main, attendent l'ordre du chef.

Car c'est bien de cela qu'il s'agit. René Lévesque, rageusement, s'apprête à détruire son parti, et peut-être son gouvernement. Fasse le ciel qu'il ne soit pas conscient de ce qu'il fait. Autrement, comment pourrions-nous jamais lui pardonner?

Tout cela a commencé il y a près de quatorze ans, au premier congrès du MSA. Les délégués s'apprêtant alors à voter une proposition devant faire du Québec un pays unilingue français, René Lévesque fit savoir à tous qu'il démissionnerait si la proposition était adoptée. Elle fut battue.

Le lendemain, Jean Lesage demandait à quelqu'un des nouvelles du congrès du MSA. «Lévesque a mis sa tête à prix» lui fut-il répondu. Et Jean Lesage d'ajouter: «Déjà!»

C'est qu'il se souvenait, Jean Lesage, de ce René Lévesque qui, pendant six ans, avait maintes fois menacé de démissionner du Parti libéral quand on osait s'opposer à ses prétentions.

Combien de fois, depuis quatorze ans, René Lévesque n'a-t-il pas mis sa tête à prix quand son parti osait n'être pas totalement d'accord avec lui? Le «crois ou meurs!» de René Lévesque, je l'ai vécu dans mes tripes à maintes reprises, comme des milliers d'autres membres du Parti québécois.

Mais cette fois, c'en est trop. Il ne fait plus de manières le père Lévesque. Il frappe à tour de bras, ouvertement, sans plus tenter de cacher son jeu. Au risque de tout détruire ce que des dizaines de milliers de militants et de militantes ont mis tant d'années et tant de peine à construire.

Il organise un référendum-bidon au sein de ses troupes pour se faire plébisciter. Il exige la soumission, par écrit, de ses députés et ministres. Il maintient un suspense qui menace la stabilité même de l'État québécois. Il se donne en spectacle au monde entier qui ne peut que conclure que le Québec est dirigé par un irresponsable.

Quelle tragédie!

Et tout cela au nom de la démocratie. Quelle farce!

Il dénonce «le visage aberrant du huitième congrès du PQ». Deux mille délégués qu'il frappe d'illégitimité. Parce qu'ils ont osé s'opposer, pour une fois, à la volonté du chef.

L'association d'abord. Les délégués ont décidé de la maintenir au programme mais en appendice de la souveraineté. Ils ne veulent plus qu'elle ait le même poids que René Lévesque lui avait donné ces dernières années.

Il n'y aurait jamais eu de querelle sur cette maudite association si René Lévesque lui-même, en octobre 1979, ne l'avait rendue indispensable au même titre que la souveraineté, et cela en contradiction avec le programme officiel du parti.

C'est pour se prémunir contre ces déviations de René Lévesque que les délégués ont décidé de lui enlever la possibilité d'agir unilatéralement en cette matière importante.

C'est parce qu'ils se sont fait fourrer dans deux élections où l'on avait mis la souveraineté en veilleuse et dans un référendum où l'on parlait plus d'association que de souveraineté qu'ils ont décidé de couper la langue à un chef trop bavard sur l'accessoire et trop muet sur l'essentiel.

René Lévesque tente aujourd'hui de faire croire que les délégués sont contre l'association avec le Canada. Il n'en est rien. Même au temps du RIN, nous parlions d'association avec le Canada mais nous ne nous en servions jamais pour évacuer de nos discours l'essence même de notre combat : l'indépendance du Québec.

Il en fut de même au Parti québécois jusqu'en 1974. Puis vint le grand virage. Il ne fut plus dès lors question que d'association.

Les délégués du huitième congrès n'ont fait que revenir à l'essentiel.

On a dit qu'ils se radicalisaient. On veut rire sans doute. Des indépendantistes, dans un parti voué à l'indépendance du Québec, veulent parler d'indépendance et on dit qu'ils se radicalisent?

Les délégués du huitième congrès ont mis l'association en veilleuse en espérant que René Lévesque parle enfin de souveraineté. Où est le mal? Est-ce là une raison pour démissionner de la présidence du parti?

Et puis on a voté une proposition qui reprenait la politique officielle du parti à ses débuts : une proposition qui veut que le Parti québécois, à la suite d'une élection où il aurait obtenu la majorité des sièges, pourrait engager le processus devant mener à l'indépendance. Proposition assortie de l'obligation pour le gouvernement de soumettre au peuple, par voie de référendum, la nouvelle constitution du Québec.

Je répète qu'il s'agissait là de la politique du parti pendant plusieurs années. Politique entérinée par René

Lévesque lui-même dans des déclarations publiques proférées en 1971.

Il n'y a donc pas de quoi en faire une maladie.

On peut ne pas être d'accord et on peut trouver moralement agaçant l'absence du recours à une majorité des voix. Cela s'arrange. Et, à la suite du congrès, les plus «radicaux» des délégués ont affirmé sans ambage que cela pouvait s'arranger. Mais René Lévesque a fait semblant de ne pas les entendre.

D'autre part, quelques hystériques encouragés par René Lévesque lui-même ont prétendu qu'il s'agissait là de la mesure la plus anti-démocratique qui soit.

Tout notre système est pourtant basé sur ce mécanisme. Tous nos gouvernements sont élus à la majorité des sièges. Le système n'est peut-être pas parfait mais personne ne prétend qu'il soit anti-démocratique.

Monsieur Trudeau, à ce que je sache, n'a pas obtenu une majorité des voix lors de la dernière élection fédérale. Cela ne l'empêche pas de faire l'indépendance du Canada, comme il dit.

Boiteux, certes. Perfectible, sans doute. Anti-démocratique? Mon œil.

Les droits des minorités? Une proposition visant à les réduire a été battue au congrès. Il est malhonnête de s'en servir pour tenter de prouver que les délégués avaient perdu les pédales. Et René Lévesque a tort de s'en servir comme prétexte.

La mécanique du congrès? C'est vrai qu'elle est aberrante. Elle l'a toujours été et elle l'était également au temps du RIN. Elle l'est dans tout congrès démocratique.

Il n'est pas facile de faire fonctionner une machine démocratique et René Lévesque devrait le savoir plus que quiconque. Est-ce une raison suffisante pour frapper d'interdit deux mille congressistes qui ont tenté, malgré tout, de se débrouiller comme ils le pouvaient avec cette maudite machine?

Ajoutons que toutes les propositions qui ont eu l'heur de faire sortir René Lévesque de ses gonds avaient été votées démocratiquement dans les comtés au mois de septembre et que le cahier complet de ces propositions avait été distribué à tous plus de trois semaines avant le congrès.

Donc, pas de surprises. Tout le monde savait à quoi s'en tenir et les batailles pour ou contre telle ou telle proposition auraient dû se faire avant et pendant le congrès, non pas après comme le fait René Lévesque.

Améliorer le mécanisme? Bien sûr. Mais désavouer le congrès sous ce prétexte, c'est désavouer toute l'action démocratique du Parti québécois depuis sa fondation.

C'est exactement ce que fait René Lévesque et je le dis sans détour : il s'agit là d'un geste totalitaire sans précédent dans l'histoire politique récente du Québec.

Toujours au nom de la démocratie René Lévesque désavoue deux mille délégués démocratiquement élus, il leur passe par-dessus la tête pour en appeler aux trois cent mille membres du parti.

C'est un geste tout à fait odieux. Il rappelle étrangement ces petits dictateurs d'extrême-droite qui dénoncent les congrès syndicaux où des milliers de délégués, selon leurs dires, ne seraient pas représentatifs de la base.

Nous avons souvent entendu cette chanson. Mais elle fait mal à entendre dans la bouche de René Lévesque.

Et il parle d'agents provocateurs? Qu'il les nomme au lieu de laisser planer le doute sur la tête de deux mille personnes.

C'est deux mille personnes qu'il envoie promener du revers de la main en exigeant qu'on reprenne l'élection des délégués dans tous les comtés avant la tenue d'un congrès spécial.

Cela est grave, extrêmement grave. René Lévesque accuse les membres militants de son parti comme aucun adversaire n'aurait osé le faire. Il discrédite dans la population son propre parti. Il le traîne dans la merde. Il le détruit.

Il invente de toutes pièces une situation dramatique qui ne peut servir que des intérêts mesquinement personnels.

Mais puisqu'il désavoue le huitième congrès, puisqu'il décide, unilatéralement, que toutes les propositions qui y furent votées sont nulles et non avenues, il faut qu'il aille au bout de sa logique. Le nouvel exécutif du parti n'a pas été élu et Louise Harel est toujours vice-présidente du parti. Allons plus loin: puisque l'exécutif n'a pas été élu, comment peut-il prendre la décision de tenir un référendum dans le parti?

M. Lévesque nous dit qu'il n'y a pas eu de congrès. Soit. Allons jusqu'au bout. Et décidons ensemble que le congrès n'a pas eu lieu.

Étrange ressemblance entre René Lévesque et Pierre Trudeau. Celui-ci ne prétend-il pas que le gouvernement de René Lévesque n'a jamais existé et que le peuple québécois l'appuie?

Tenons donc un référendum.

Un référendum-bidon, avec une question-bidon, comme dans le vrai référendum. Une question à laquelle tout le monde ne peut que répondre oui sans se renier soi-même. C'est truqué. C'est arrangé pour gagner coûte que coûte. Et il va gagner.

Mais ce n'est pas la bonne question. La bonne question, osons enfin la formuler: «L'indépendance du Québec ou René Lévesque, choisissez».

Parce que cet homme-là ne nous a jamais menés à l'indépendance et il ne nous y mènera jamais.

Petit référendum-bidon de petit despote de province.

Et la démocratie là-dedans? Il faudra combien de réponses pour que le référendum soit valide? Cent mille, a dit René Lévesque. Un tiers du parti. René Lévesque accepterait-il de former le gouvernement si seulement le tiers des Québécois votaient lors d'une élection provinciale? Et c'est lui qui répugne à la majorité des sièges? Étrange.

Et pendant que nous y sommes, peut-être faudrait-il que M. Lévesque pose aussi sa question en anglais pour respecter la diversité du parti! Pourquoi pas? L'absurde ne commande-t-il pas l'absurdité?

Et la majorité des voix c'est quoi? Cent cinquante-trois mille, Monsieur Lévesque. Cent cinquante-trois mille!

Quelle folie!

Un beau petit référendum sur la tête de René Lévesque. M'aimez-vous? dit-il. Oui ou non, et une fois pour toutes, pour l'éternité. Pendant ce temps le bon chef n'a pas besoin de discuter les idées, il peut passer à côté des questions, il peut renvoyer tout le monde dos à dos.

Étirons la crise jusqu'en février. Maintenons les gens dans l'incertitude. Partira, partira pas? Quel enjeu sinistre et quel sinistre chantage!

Le terrain est occupé par l'ennemi. Le chef tonne et éclate de rage. Les troupes le suivent, elles sont gonflées à bloc. Maintenant la vraie bataille.

Mais le chef se dégonfle et démobilise tout le monde. Il se venge sur son parti. Il se suicide et demande à tous d'en faire autant. La terre brûlée. Allons-y gaiement. Le parti en désordre, le peuple en désarroi.

Pendant que l'ennemi occupe le terrain, nous discutons du sexe des anges. Le petit homme a simplement oublié qu'il était aussi premier ministre du Québec. Ça ne se fait pas mais il le fait.

N'ayons pas peur des mots: le chef a perdu la tête et il nous demande à tous d'en faire autant.

Et pendant ce temps, que font nos quatre-vingts élus à Québec? Ils signent leur soumission en s'en prenant aux soixante-treize d'Ottawa qu'ils accusent de bêler devant Trudeau.

Trudeau gagne, lui, au moins!

Et vienne la purge, au plus tôt.

Encore une fois on revient au début. Lévesque n'a jamais été le rassembleur qu'on a voulu faire de lui. L'unité des indépendantistes s'est faite contre sa volonté en 1968.

Il aurait souhaité, à l'époque, que le RIN continue d'exister pour servir de repoussoir et faire les jobs sales.

Il souhaite encore aujourd'hui que des milliers, parmi ses plus farouches militants et militantes, quittent le parti pour aller en fonder un autre. Un autre parti, sur sa gauche, qui pourrait servir de repoussoir et faire les jobs sales.

Monsieur ne négocie pas, il rompt. Monsieur ne veut pas d'alliés, il veut des fantassins inconditionnels qui font du porte-à-porte, qui ramassent de l'argent, qui se font chier à l'année longue dans les sous-sols d'église, qui entretiennent et qui huilent la-machine-à-faire-élire-Lévesque. Ils les veut muets et sans nom. Comme Duplessis. Comme Trudeau.

Quelle honte! C'est avant tout ce sentiment qui m'habite aujourd'hui. Après avoir été humiliés par Trudeau, voici que nous devons passer sous les fourches caudines de Lévesque. Ce qu'on l'a massacré ce pauvre peuple depuis vingt ans. Et croyez-moi, j'en prends ma part de responsabilité.

Vivement qu'on nous débarrasse de ces deux hommes qui détruisent le Canada et le Québec. Ces deux hommes qui, au fond, ont toujours méprisé les Québécois et les Québécoises. Le Québec, pour eux, n'est qu'une vue de l'esprit. Un Québec qu'on peut brader, associer à n'importe qui et n'importe comment, détourner de ses fins, vendre pour une bouchée de pain, se le disputer, s'asseoir dessus.

Mais les Québécois et les Québécoises là-dedans? Qu'ils se taisent, nous disent-ils tous les deux.

Qui a parlé du Québec refroidi de l'an 2000? On y court, on s'y engouffre.

Au fil des référendums-bidons, des chicanes de famille, et des espoirs traînés dans la boue.

Qu'on nous débarrasse enfin de l'arrogance impudente de Trudeau et de la modestie trop spectaculaire pour ne pas être suspecte de Lévesque.

Au lieu de demander à tout le monde de démissionner, qu'ils aient le courage de commencer les premiers.

L'histoire d'amour est finie et c'est ce qu'ils refusent de comprendre.

«Je vous ai menés au bord du gouffre», nous dit Trudeau. «Faisons encore un pas», nous dit Lévesque.

«L'élection du 13 avril n'a pas eu lieu», nous dit Trudeau. «Le huitième congrès du Parti québécois n'a pas eu lieu», nous dit Lévesque.

Et moi je réponds: le peuple québécois n'existe pas. Parce que s'il existait il se lèverait d'un seul bond pour vous foutre à la porte tous les deux.

Vingt ans de travail pour en arriver là!

Il faudrait un sursaut inimaginable pour nous sortir du pétrin où ces deux hommes nous ont fourrés. Où nous nous sommes fourrés nous-mêmes avec eux.

Pour ce qui est de ce qui nous occupe aujourd'hui, une seule chose est certaine: il n'y aura pas de gagnants.

Que Lévesque gagne ou perde son référendum, cela n'a pas d'importance. Il restera à jamais marqué. Le chantage l'aura détruit.

Et le parti? Que peut-il gagner? Quoi qu'il arrive, il restera marqué par les dénonciations, voire par les purges de son chef. Il aura perdu tant de crédibilité aux yeux de la population qu'il aura toutes les peines du monde à rester sur pied.

À moins que... à moins qu'il se passe quelque chose qu'on n'ose plus espérer.

À moins que le Parti québécois, dans un sursaut presque désespéré, se refuse à mourir assassiné par son idole.

C'est la dernière chance.

1. René Lévesque doit démissionner de la présidence du parti.

2. Les membres du Parti québécois doivent boycotter par tous les moyens le référendum-bidon de Lévesque.

3. Les délégués du huitième congrès doivent refuser farouchement d'être remplacés.

4. Les membres du parti doivent affirmer solennellement leur attachement à la cause de l'indépendance du Québec.

On n'en sort pas. La vraie question est là: c'est Lévesque ou l'indépendance. Et c'est Lévesque ou le parti.

Le salut est dans le sursaut du parti.

Si le parti en est incapable, ce sera la fin, et pour longtemps.

Le bateau coulera. Quelques-uns réussiront à échapper au naufrage parce qu'on les aura jetés par-dessus bord. Quand on est sur un bateau on n'en voit pas le nom.

Les naufragés, dans leurs chaloupes, verront enfin le nom du bateau qu'on leur avait fait quitter de force: Titanic.

Quoi faire de plus? Je n'en sais rien. Puisqu'on

n'écoute que Trudeau et Lévesque en ce pays, c'est à eux qu'il faut le demander. Moi, je n'ai plus rien à dire.

Le Devoir,
le 18 décembre 1981

Table des matières

TABLE DES MATIÈRES

TABLE DES MATIÈRES

TABLE DES MATIÈRES

CET OUVRAGE
COMPOSÉ EN PALATINO MÉDIUM CORPS 12 SUR 14
A ÉTÉ ACHEVÉ D'IMPRIMER
LE VINGT-SEPT SEPTEMBRE
MIL NEUF CENT QUATRE-VINGT-DEUX
PAR LES TRAVAILLEURS DES PRESSES
DE L'IMPRIMERIE GAGNÉ LIMITÉE
À LOUISEVILLE
POUR LE COMPTE DE
VLB ÉDITEUR.

FABRIQUÉ AU QUÉBEC (CANADA)